中国国际人力资源合作创新发展

金钢　金科　著

中国海洋大学出版社
·青岛·

图书在版编目（CIP）数据

中国国际人力资源合作创新发展 / 金钢，金科著

. -- 青岛：中国海洋大学出版社，2021.4

ISBN 978-7-5670-2796-1

Ⅰ. ①中… Ⅱ. ①金… ②金… Ⅲ. ①人力资源管理－国际合作－研究－中国 Ⅳ. ① F249.21

中国版本图书馆 CIP 数据核字（2021）第 058915 号

中国国际人力资源合作创新发展

ZHONGGUO GUOJI RENLI ZIYUAN HEZUO CHUANGXIN FAZHAN

出版发行	中国海洋大学出版社
社　　址	青岛市香港东路 23 号
邮政编码	266071
出 版 人	杨立敏
网　　址	http://pub.ouc.edu.cn
电子信箱	j.jiajun@outlook.com
订购电话	0532 - 82032573（传真）
策划编辑	邓志科
责任编辑	姜佳君
电　　话	0532 - 85901040
印　　制	青岛中苑金融安全印刷有限公司
版　　次	2021 年 4 月第 1 版
印　　次	2021 年 4 月第 1 次印刷
成品尺寸	170 mm × 230 mm
印　　张	16.75
字　　数	265 千
印　　数	1～1500
定　　价	58.00 元

如有印装质量问题，请致电 0532-85662115，由印刷厂负责调换。

关于中国国际人力资源合作行业
前途命运与创新发展的对话

　　2020年春节过后,新冠肺炎全球蔓延,国际人力资源合作行业业务全线停顿。笔者应邀就"国际人力资源合作创新发展"话题先后10次做线上公益系列直播,反响热烈,观众对直播内容表现出浓厚的兴趣,直播达到意想不到的效果。直播扩大了我的网络朋友圈,于是,便又有了一些与业内同行的私聊讨论,话题较多地集中在中国国际人力资源合作行业的发展与前景上面。

　　笔者感觉到这些关于中国国际人力资源合作行业前途命运与创新发展的对话对行业所具有的启示意义,于是对重点内容做了整理归纳,记录于此。

　　问:

　　近两三年来,对外劳务合作的负面声音开始多起来,如"人越来越难招了,出国劳务要干到头了""国内工资高了,舍家撇业到国外也多挣不了太多""人口出生率下降,出国的人越来越少了"……

　　咱们这个行业到底是不是"夕阳产业"?

　　突如其来的疫情对我们行业冲击很大,会不会是"最后一根稻草"?

　　答:

　　这种"夕阳产业"的观点代表了一部分业内人士的想法。

　　尽管世界经济低迷,但是国际人力资源市场的需求依然呈现增长态势。在跨国公司扩大投资和全球服务贸易快速增长的带动下,在经济结构调整、经济全球化、高科技和老龄化等因素的催生下,全球范围内的人员跨国流动更为频繁,国际劳务市场对外籍劳务的需求不断增加,规模正稳步扩大。

世界已经步入21世纪的第三个十年,在国际经济格局变化与中国国内形势发展的交相作用下,中国国际人力资源合作行业面临两条道路:一条是几十年走过来的传统老路,以不变应万变,用熟悉的渠道、资源,向熟悉的市场继续派遣中低端劳务;一条是在深入分析国际市场需求和国内资源优势的基础上,按照以市场为导向的原则,找准定位,探明路径,大刀阔斧,横扫藩障,走创新发展之路。

问:

能不能进一步说明这两条道路以及各自的前途?

答:

两种选择带来两种命运。第一条路是轻车熟路,无须大动干戈,不用转型升级,虽然大势不好,眼前还可以勉强维持。然而,国内社会发展、收入增长会使低端劳务的资源逐步消失,东南亚发展中国家在蚕食我们的中低端市场,国内外的市场形势天天都在发生变化。试问,这种局面还能撑多久?第二条路是闯荡新路,向着确定的方向,开拓进取,百折不挠。当我们翻过一座座山头,看到一片新天地的时候,我们或许会惊叹:啊,原来世界人力资源市场很有魅力,潜力巨大!

两条道路,两种结果,暗合了一句哲言:"奋斗,就是每一天都很不容易,但一年比一年容易;不奋斗,就是每一天都很容易,但一年比一年难。"中国业内的企业家要做奋斗者;不能做温水里的青蛙,看似每一天都很容易,却难逃最终走向衰亡的命运。

问:

很清楚,如你所说,中国国际人力资源合作产业打破桎梏、另辟蹊径、努力奋斗、创新发展才是我们的唯一选择。

那么,第二条路我们怎么走,你有没有具体的思考?

答：

走发展创新之路，必须在关系全局的关键要素、重点环节上实施突破与推进。企业领导人必须明确地回答：

产业发展的方向、定位是什么？

制约产业发展的弊端和问题是什么？

准备通过什么途径和方式去实现产业发展？

我们的市场区域、营销目标是什么？

在业务运营的各个环节上，根据产业发展定位，我们的工作重心是什么？

为了保证创新之路的畅通与顺利推进，在思想观念、制度创新和人才准备上，又要实现哪些积极的转变？

创新是企业的永恒主题，创新、发展、突破是中国国际人力资源合作产业得以不断发展壮大的动力源泉。

问：

你说的这些问题都是些事关行业发展的大题目，能否在今后给我们具体详细的讲解？

答：

可以，很愿意与业内同行互相交流学习。

我的第二本国际人力资源合作专著《中国国际人力资源合作创新发展》已经完成初稿，预计今年年底前后出版发行。

该书就是围绕上述问题，试图做出系统地阐明和解答，以求在调整结构的基础上，突破发展僵局，建立全新商业模式，形成综合竞争优势，实现中国劳务外派公司实质性地向国际经济合作公司的战略转型。

恳切期待业内领导、同行的帮助指导，并就相关论题进行研究探讨。

金　钢

2020 年 3 月 16 日

目 录

Contents ●●●

第一章
中国国际人力资源合作行业

第一节 国际人力资源合作概况

一、国际人力资源合作的基本概念

1. 人力资源管理

人力资源是指一定范围内的人所具有的劳动能力的总和,或者说,是指能够推动整个社会经济和社会发展的、具有智力劳动和体力劳动的总和。

人力资源管理是指根据企业、事业、机构等组织发展战略的要求,有计划地对人力资源进行合理配置,通过招聘、培训、使用、考核、激励、调整等一系列过程,为组织创造价值,带来效益,确保组织目标实现的一系列人力资源政策以及相应的管理活动。人力资源管理可分为宏观管理和微观管理。人力资源宏观管理是对社会整体的人力资源的计划、组织、控制,从而调整和改善人力资源状况,使之适应社会再生产的要求,保证社会经济的运行和发展。人力资源微观管理是通过对企业、事业、机构等组织的人力资源管理,处理人与人之间的关系、人与事的配合,充分发挥人的潜能,并对人的各种活动予以计划、组织、指挥和控制,以实现组织的目标。

2. 国际人力资源合作

国际人力资源合作是国际化人力资源管理。

国际人力资源合作也称为国际劳务合作或国际劳务输出,是一国的各类技能人才和普通劳务,到另一国或地区为另一国的政府机构、企业或个人提供各种生产性或服务性劳动服务,并获取应得报酬的一种国际经济技术合作方式。从经济学角度讲,只要世界经济发展水平存在差异,劳动力跨地区流动就必然存在。地区间经济发展水平差距越大,劳动力价格水平的差距越大,则劳动力流动的内在动力越大,流动的规模也越大。从总体上看,国际劳务市场的需求呈现增长趋势。在跨国公司扩大投资和全球服务贸易快速增长的带动下,全球范围内的人员跨国流动更为频繁,国际劳务市场对外籍劳务的需求不断增加,规模正稳步扩大。人才自由流动是经济发达的重要标志。人总是向高机遇、高发展、高收入的方向流动,其中包括跨国流动。全世界大约有 1.4 亿人在境外工作,国际性流动人口约占世界总人口的 1.8%。

大多数发展中国家政府都非常重视对外劳务输出,将其视为解决就业问题的一条重要途径。

目前全球每年劳务人口流动达 6 000 万人,比 20 世纪末有了大幅度增长。在需求结构上,呈现出"两多一少"的特点,即对高技术劳务需求多,发达国家对脏、累、险工种需求多,其他普通劳务需求量减少。从国际劳务政策看,流动限制逐渐宽松。据世界银行统计,2018 年,全球范围内的劳动移民向本国汇款金额创历史新高,达到 5 290 亿美元,比 2017 年增长了 9.6%。这些汇款流向中低收入国家。其中,印度排名第一,境外劳务汇款为 786 亿美元。中国为 674 亿美元,居全球第二位。特别值得一提的是,总人口不到 1.1 亿的菲律宾,常年有 800 万人在海外就业,2018 年的境外劳务汇款为 338 亿美元,全球排名第四。

二、人才国际化与国际人力资源合作

国际化人才,就是有在全球范围内适应国际级企业工作要求、具有与高层对话的能力和共同语言的人才。人才国际化,重在能力和素质的国际化,以本土人才国际化为基础。人才国际化是一种过程。这种过程是各种文化交流碰撞的过程,是相互学习、相互渗透、互通有无的过程。

人才国际化是经济全球化导致人力资源在全球范围流动的必然结果。人才已不再局限于一个地区或国家的范围内,而是以本民族的文化为背景,超越国家的范畴,在全球范围内开发、配置,即人力资源的开发、利用呈现国际化的格局。人才国际化具有人才构成的国际化、人才流动的国际化、人才素质的国际化、人才教育培训的国际化以及人才评价与人才政策法规的国际化等特点。

人才国际化也给我们带来了机遇。把人才放到全球范围内进行评价、开发、培养和使用，有利于我们拓展和更新人才观念，有利于发现在人才资源开发方面存在的差距，吸取别国的经验，为我们制定新的人才发展战略和政策提供借鉴。把我国人才与外国人才放在同一个国际平台上竞争，可以提高我国的人才素质。人才国际化是一个人才双向流动的过程，我国人才既可以流向国外，国外人才也可以流向我国。创造吸引人才的发展空间和制度环境尤为重要，哪个国家发展空间广阔、制度环境优越，人才就会往哪个国家流动。

人才国际化为国际人力资源合作创造了巨大的市场，同时也对国际人力资源合作经营公司产品结构的升级、经营模式的改变和服务水平的提高提出了更高要求。

三、中国国际人力资源合作

在中国，国际人力资源合作称为对外劳务合作或国际劳务合作，大多情况下是指中国有经营资格的企业与境外企业或机构签订劳务合作合同，按照合同约定组织和协助中国公民赴境外务工的活动。国外的企业、机构或者个人不得自行在中国境内招收劳务人员赴国外工作。

中国官方使用的"对外劳务合作"，是三四十年前出国工作人员以承包工程项下的建筑工人为主体的情况下使用的称呼，一直沿用至今。然而，当今情形下，一说到"劳务"，给人感觉是比较低端的体力劳动，对历史敏感的人会联想到100多年前饱含血泪的华人劳工。笔者认为，时至今日，"劳务合作"的外延得到扩展。出国求职者当中，大学生、技能性人才的成分正在增加，他们不会喜欢被冠以"劳务"的头衔；从国外引进高端技能型人才，则更无法用"劳务合作"涵盖。将"出国劳务"改称为"出国工作"，将"国际劳务合作"改称为"国际人力资源合作"更符合现今的实际情况。

中国稳步推进国内人力资源市场对外开放，欢迎外资公司进入开展人力资源服务业务，但对外派遣业务只能由中国本土有经营资格的企业经营。我国通过吸取他国的经验并结合我国的实际，采取促进国际劳务合作的政策，主要体现在以下几点：

（1）改革劳务输出管理体制，法制化管理，规范化经营。中华人民共和国国务院令第620号公布了自2012年8月1日起施行的《对外劳务合作管理条例》，进一步完善了对外劳务合作管理机制，是从法规和制度上解决对外劳务合作中存在的问题,维护劳务人员合法权益,促进对外劳务合作健康发展的保证。

(2)全方位拓展人力资源输出市场。鼓励经营公司与境外相关机构开展合作,探索国际人力资源合作的新方式、新途径。

(3)加强出国工作人员素质培训。国际人力资源市场的竞争实际上是出国工作人员素质的竞争。加强出国工作人员素质培训,有利于贯彻实施"以质取胜"的发展战略。

(4)改善和疏通人力资源输出信息渠道,整合人力资源供求信息资源。

(5)建立完善的财政和社会服务支持体系。

(6)实施生源地政府商务主管部门对外派劳务招募、登记、备案的源头管理体系。

(7)加强人力资源输出的国际多边磋商,创造公平竞争的外部环境。

《中国对外劳务合作发展报告2018—2019》分析认为,中国对外劳务合作行业仍将保持相对稳定的发展规模。

第二节 中国国际人力资源合作行业的形成与发展

作为中国参与国际经济、融入经济全球化的重要形式和改革开放的重要组成部分,对外劳务合作伴随着改革开放风雨兼程40年,从无到有,成果丰硕,书写了自己辉煌的历程。

——《中国对外劳务合作发展40年 1979—2018》

一、中国国际人力资源合作行业的形成

融入经济全球化,是中国改革开放的重要内容。中国国际人力资源合作事业,伴随中国改革开放,经历40多年发展历程,取得巨大成就,成为中国对外开放的组成部分。

1978年,中国确立改革开放政策,成为中国经济发展的转折点,也是中国对外承包工程和对外劳务合作行业诞生的直接起因。

改革开放时代的到来,开启了一场深刻的经济社会改革。特别是农村承包责任制极大地提高了生产力,解放出大量农村劳动力,成为对外劳务合作丰富的人力资源。

中国逐步建立起来的外交友好关系为对外劳务合作的开展提供了良好的环境,为对外劳务合作的发展提供了有利的条件。

在具备一定的国内外条件的基础上,1979 年,四家中央企业窗口公司率先开展对外承包工程和劳务合作业务,揭开了中国对外承包工程和劳务合作业务的序幕。随后三年,按照国务院关于"每个省市、每个部委设立一家公司"进行试点的指示精神,国家先后批准了 20 余家专业公司及省市窗口型企业。

1979 年前,中国已经先后与 40 多个非洲国家建交,并开展对非援助。第四次中东战争和两伊战争之后,石油价格大幅度提升,中东国家纷纷提出建设港口,修建机场、道路、学校、医院和住房等计划,一度成为全球最大的国际工程承包劳务市场。据统计,1982 年年末,中国派往中东的劳务人员达到 2.2 万人。

二、行业的快速发展与清理整顿

1989 年后,亚洲取代中东成为全球最大的国际承包工程市场,带动了对外劳务合作业务。与此同时,日本、韩国和新加坡迅速增长的劳务需求,使亚洲同时成为主要的劳务输入市场。在此期间,国家指导文件和支持政策相继出台,为对外劳务合作发展确定了发展方向。经国务院或对外经济贸易部批准的对外承包工程和对外劳务合作公司达到 91 家,业务经营规模也随之增长,1989 年年末在外劳务人员约 4.3 万人。

进入 20 世纪 90 年代,中国对外劳务合作行业步入快速发展期。在外人数由 1990 年的 3.61 万人猛增到 2000 年的 42.57 万人。其中,亚洲占 31.94 万人;赴新加坡劳务人员达到 7.37 万人,居首位。

业务的快速发展使不法分子有机可乘,加上境内外巨大工资差对出国求职者的吸引,"黑中介"以欺诈手段收取费用、卷款潜逃事件不断发生,在境外也出现被蒙骗劳务人员聚众闹事事件,造成很坏影响。针对发展过程中出现的问题,国家不断加强和完善管理,中国对外承包工程商会充分发挥行业组织的管理协调作用,国家有关部门先后两次开展全国性清理整顿外派劳务市场专项行动,为行业规范运行奠定了基础。

三、纳入法制轨道,发展经营队伍,行业初步形成

2012 年,《对外劳务合作管理条例》的发布施行具有里程碑意义,标志着中国对外劳务合作步入法制化管理的轨道。经过 40 多年发展,到 2019 年 5 月,

中国有经政府批准的对外劳务合作经营企业 812 家;2018 年年末在外劳务人员 99.7 万人,累计派出各类劳务人员 951.4 万人次,劳务合作遍及全球 180 多个国家和地区。

经营企业是国际劳务合作行业的经营主体,经营主体的优劣强弱决定整个行业的生存和未来。经过 40 多年发展成长,经营队伍从无到有,由小到大,由最初的四家窗口公司,发展到 812 家专业经营企业,每年派出各类劳务人员约 50 万人次,令人欣喜。成绩的取得非常不易,除了政府的主导、管理、扶持和行业商会的指导、协调、服务,全体经营企业特别是早期拓荒的中央企业,开拓进取,攻坚克难,在国际承包工程和人力资源市场寻找适合自身生存发展的路子,创出了一片新天地。在初创和发展过程中,国家主管部门适时研究分析出现的问题,不断推进建立和完善法规、制度和规范,不断总结推广经验,警示问题和教训,保证行业平稳健康发展。经营企业在新挑战、新机遇背景下思考研判,研讨应对措施,着眼国际人力资源大市场,面对世界经济新格局,做出长远发展的战略安排。

四、国际人力资源合作行业的社会贡献

国际人力资源合作行业对社会的贡献主要体现在以下方面:一是为解决劳动力就业做出了贡献,41 年累计派出 951.4 万人次各类求职人员,近百万期末在外工作人员合计年收入 1 000 多亿元人民币。二是对提高国内劳动力的综合素质起到了积极作用。绝大多数出国工作人员在外努力工作,增长见识,提高了本职技能和自身素质。三是劳务扶贫发挥积极作用。对外劳务合作 40 多年来,特别是在前半期,国内外工资差距大,对贫困人员有更大吸引力。不少劳务人员在外开阔了视野,转变了观念,回国创业,为带动贫困地区经济发展做出了贡献(参见本书第七章)。在一些出国劳务基地广泛流传"一人出国,全家脱贫""出去一个人,富了一家人"等说法,说明出国工作对于改善出国人员家庭经济状况发挥了重大作用。据统计,2018 年年底,中国在外贫困地区劳务人员 35 467 人,涉及 1 017 个国家级和省级贫困县。

五、经营企业的现状初析

根据中国对外承包工程商会、对外经济贸易大学《中国对外劳务合作发展报告 2018—2019》公布的数据,在中国 812 家对外劳务合作企业中,中央企业

（包括有独立经营资质的中央企业子公司）有 55 家，"中字头"地方窗口公司、地方国有企业、企业集团等大中型企业合计 97 家。55 家中央企业大都是综合性公司，具有雄厚的实力，是业内的"领头羊"。97 家地方实力公司，有些是国家首批地方窗口公司，具有几十年业务积累和丰富的管理经验；有的是大型建筑工程企业或专业人力资源合作公司；还有的是综合性集团公司，是各省市对外劳务合作行业的重点骨干企业。上述两类企业合计 152 家，占全部企业数量的 18.7%，但它们的经营业绩却占据大半壁江山。

其余 660 家经营公司情况比较复杂：有经营几十年、年外派上千人、运行稳健的老公司，有成立时间不很长、经营结构合理、业务增长快速的新锐公司，也有经营结构单一老化、勉强维持的濒危公司。在这 660 家公司中，小型、微型和处于初创期的公司占了很大一部分。不少经营公司营销理念仍停留在"生产观念"阶段，营销方式同质化，经营结构、市场结构和产品结构单一，缺乏核心竞争力；面对劳务合作的发展困局，没有足够的思想准备。

第三节　国际人力资源市场分析

客观分析国内外形势，既要看到严峻的挑战和困难，也要善于发现发展的空间和机会。

国际人力资源合作使劳动力在国际流动，对世界经济的发展产生了积极而深远的影响。不仅加深了生产的国际化，促进了国际贸易的发展，而且加速了先进的科学技术在国际的转化，促进了劳务输出国与劳务输入国的经济发展。

一、各国输出人力资源的主要形式

各国输出人力资源主要有以下几种形式：

（1）在劳务输入国和劳务输出国政策法规许可的范围内，通过签署劳务合作合同的方式，由输出国机构向需求劳务国家的雇主派遣各类劳务人员，如工程师、护士、海员、厨师、酒店服务员、不同工种的工人等。

（2）国际工程承包中的考察、勘探、设计、施工、安装、调试、人员培训等工作，需要派出一定数量的施工、技术和管理人员。

（3）技术的出口国在向技术的进口国出口技术时，进口国往往要求出口国派出有关技术人员进行技术指导，或对进口国的有关技术人员进行培训。这种方式派出的劳务人员一般是专业技术人员。

（4）通过在海外投资设厂，派出一些技术、管理人员。经所在国允许，还会派出一些有经验的一线操作人员。

二、当代国际劳务合作的特征

当代国际劳务合作是主权国家间的经济合作行为，相互尊重主权、坚持平等互利是开展国际人力资源合作的必要前提。当代国际人力资源合作始于第二次世界大战，它同更早的劳动力国际流动相比，呈现出以下特征：

（1）当代国际劳务合作以实现合作双方自身的经济目的为动力，即通过双方生产要素的重新组合配置、优势互补，以获取最佳的经济效益。

（2）当代国际劳务合作中，双方以短期雇佣或提供劳动力为主。第二次世界大战前的劳动力国际流动以移民定居为主要形式。随着世界经济全球化及经济技术合作形式的发展，许多国家对外来移民的政策做了调整。目前，短期滞留提供劳动服务的形式盛行，成为当代劳动力国际流动的主要形式。

（3）当代国际劳务合作呈现出全方位、多侧面、多层次形态。历史上的劳动力国际流动伴随着地理大发现和殖民主义扩张，流向单一，主要是从非洲、亚洲和欧洲流向美洲、大洋洲。而当代国际劳务合作的范围扩大到世界大多数国家和地区，劳动力流动的方向日趋多样化。

三、国际人力资源市场需要关注的几种现象

1. 世界经济增长乏力与新的市场需求

从国际环境看，根据联合国《关于难民和移民的纽约宣言》的约定，各成员国以《2030年可持续发展议程》为指导，启动政府间谈判进程。2018年12月19日，联合国大会通过《全球性难民和移民协议》（简称《全球移民协议》），该协议不具法律约束力，允许各国制定自己的移民政策，但要求各国提高全球移民合作，是国际移民活动共同的原则和方法。由输出国、过境国和目的国的政府代表、私营部门、有关国际和区域组织、专家、学术界和民间社会组织等多方面参与的全面国际合作框架已经初步建立，必将影响今后国际组织、各国立法机关和社会合作伙伴的职责行为。

同时，我们也看到，近年来"逆全球化"思潮和贸易保护主义影响全球经

济增长,国际金融市场波动,中美贸易摩擦升级,使世界经济不确定性增加。部分国家为保障国内就业,提高准入门槛,对外籍劳工的语言、技能等提出严格要求,导致中国人力资源供给与国际市场需求之间的结构性矛盾更加突出。国际市场需求的变化,给中国国际人力资源合作企业带来新的挑战。

全球科技的发展、产业结构的调整和老龄化社会的到来,使医疗卫生、信息技术、生物科技、金融保险、环保工程、养老、旅游等产业对高级人才的需求日益旺盛,对普通劳务的需求比重继续下降。欧美国家市场对外籍人员准入政策的共同特点是对普通劳务严格限制,对专业技术人员的要求相对宽松。在这种趋势的推动下,国际人力资源合作市场结构发生变化,并且逐步形成以中高端知识和技术型人才为重点的多层次、多行业的需求格局。

2. "一带一路"建设与人力资源服务

"一带一路"(The Belt and Road,缩写 B&R)是"丝绸之路经济带"和"21世纪海上丝绸之路"的简称。"一带一路"沿线共计 66 个国家。中国共产党十九大报告提出"推动形成全面开放新格局""要以'一带一路'建设为重点,坚持引进来与走出去并重""在中高端消费、创新引领、绿色低碳、共享经济、现代供应链、人力资本服务等领域培育新增长点、形成新动能"。截止到 2020 年1 月底,中国已同 138 个国家和 30 个国际组织签署了 200 份"一带一路"合作文件。中国政府与有关国家沟通力度将进一步加大,双边合作框架下的基建项目预计将保持一定规模。未来一段时期,对外承包行业将迎来新一轮良好政策环境。随着沿线各国项目的推进,沿线各国有关行业的人才需求不断增长。"一带一路"建设的社会基础和长久保障在于民心相通,劳务人员是促进民心相通的实践群体之一。在此背景下,如何充分利用大好时机,为"一带一路"沿线项目提供优质人力资源服务,是人力资源行业面临的一次大机遇。历史赋予经营公司重任,经营公司做好这篇大文章,将极大地推进中国人力资源产业国际化发展。

3. 国际基建市场需求扩大与人力资源需求

从国际基建市场需求看,新兴经济体和发展中国家新建基建基础设施的需求将持续扩大。据麦肯锡公司测算,到 2030 年,为适应全球经济增长的步伐,各国需要在道路、桥梁、港口、发电厂、供水及其他基础设施领域投入 57 万亿美元。国际货币基金组织 2018 年 10 月发布的《世界经济展望报告》预测,亚洲经济将继续增长,保持全球领先地位;撒哈拉以南非洲地区经济增长加速,预计达到 3.8%。亚洲、非洲地区经济的较快增长和各国工业化、城镇化进程的加快,将扩大各国的基础设施建设需求。

4. 中国巨大的人口体量与外派资源瓶颈

随着中国人口老龄化加剧,16～59 岁的劳动年龄人口总量已经出现下降态势,人口红利的逐渐消减和国内工资水平的不断提高,为外派劳务带来难度。从市场供求情况看,有效资源培育和储备机制尚未形成,不能满足市场拓展需要。但是,即使劳动年龄人口总量下降,中国仍然具有人力资源数量的巨大优势。

随着"90 后""00 后"加入出国求职者队伍,他们的知识水平、思想观念和法律意识有了很大提高和增强,出国期望已经由单纯的经济收入转向对高收入、安全可靠、附加值高的行业工种的多元化追求。

这些年来,中国居民工资水平提高较快,与出国目的地国家收入水平的差距缩小,中国中低端求职者的出国意愿下降,导致发展中国家逐步挤占中国的中低端派遣市场份额。然而,中国与西方发达国家收入相比,还有很大差距。2019 年世界人均收入前五名的国家为卢森堡(119 719 美元)、挪威(86 362 美元)、瑞士(83 832 美元)、爱尔兰(81 477 美元)、冰岛(78 181 美元)。美国的人均收入为 64 906 美元,排名第七。澳大利亚的人均收入为 58 824 美元,排名第十。2019 年中国居民人均可支配收入为 30 733 元,折合 4 435 美元。国际人力资源流动的动力在于两地之间存在较大的工资差距,这正是开发西方发达国家人力资源市场的机会所在。

第四节　中国国际人力资源合作行业的发展瓶颈

一、产业结构缺失

中国国际人力资源合作行业的产业结构缺失主要表现在以下方面:

(1) 中国国际人力资源合作产业初步形成,但还很弱小,始终未融入国际主流市场,所占份额过小。

到目前为止,与中国签订政府间劳务合作类协议的国家有日本、韩国、新加坡、俄罗斯、以色列、阿联酋、新西兰和奥地利等。其中,以色列和奥地利分别与中国签订建筑工派遣和双向厨师派遣合作备忘录。绝大多数西方发达国家没有与中国签订劳务合作谅解备忘录。在未签约市场政策环境下，经营公司只能在各种不同门槛的限制下开展经营活动。

西方发达国家都有十分发达的人力资源产业，由于历史、政策和我们自身工作的原因，我们只做了一些边缘补缺，还没有真正参与进去。全球每年流动劳务约 5 000 万人的市场中，我们只有 50 万人上下，仅约占全球流动量的 1%，其中有一半是国内的工程承包企业以及对外投资项下的建筑工。中国派往西方发达国家（除日本外）的劳务少量、零星，游离于国际人力资源主流市场。

（2）以全球人力资源大市场为背景审视，中国业内公司经营结构单一、狭小，市场覆盖有较大缺失，限制了产业的发展。

所谓"单一"，指的是单向对外派遣。几十年来，中国人力资源合作企业做的就是一件事——把中国人派出去，而并没有以国际人力资源配置者的身份来设置自己的经营结构。

所谓"狭小"，指的是在全球人力资源市场中，我们的经营渠道狭窄，市场覆盖面较小，在北美、欧洲和大洋洲发达国家市场上，除去"三中"（中餐厨师、中文教师、中医），别的项目很少了。总体呈现倚重亚洲，缺失北美，欧洲、大洋洲不成气候的局面。

二、面临挑战，形势严峻

进入 21 世纪以来，中国传统劳务外派行业面临日益严峻的挑战。在市场经营中，经济不发达国家成为国际低端劳务市场的强劲竞争者，不断蚕食中国劳务的市场份额。国际高端劳务较高的语言要求与中国生源的语言短板，成为外派高端劳务的严重障碍，来自英语国家等具有语言优势的人才占据了大多数中高端劳务市场。

从国内情况看，中国劳动力价格水平的不断提升与中国经营公司派遣低端劳务为主的惯性，导致低端劳务项目对中国务工者日益失去吸引力；而国内一、二线城市的较高工资又吸引分流了部分劳动力。国际中高端劳务需求增长的态势与中国中高端劳务资源瓶颈的矛盾，致使中国中高端劳务长期处于低位徘徊的局面。

三、陷入发展僵局态势明显

中国国际人力资源合作行业的发展陷入僵局，表现出五个具体特征：

（1）部分企业陆续被淘汰出局。中国以低端劳务为主打产品的局面未有根本改变，导致失去竞争优势，逐步被市场挤出。2018年，具有商务部对外劳务合作业务统计信息的经营企业共2 166家。其中，当年具有劳务人员派出业绩的经营企业有1 212家，无派出业绩的经营企业有954家。当年年末有在外劳务人员的企业有1 834家，无在外劳务人员的经营企业有332家。在800多家资质企业中，能体现业务实绩的企业仅有500多家。

（2）外派劳务规模长时间徘徊不前。

（3）国内高端劳务资源瓶颈难打通，大学生就业难与高端订单招人难并存。

（4）西方发达国家外派劳务政策门槛高，中国很难融入主流市场，长期充当边缘替补。

（5）中国经营主体总体上思想观念滞后，明知低端劳务日薄西山却难以割舍，经营结构单一，无法适应形势发展的新要求。

面对发展困局和种种结构性缺失的发展瓶颈，中国国际人力资源经营公司如何保持战略定力，坚持创新驱动，夯实持续发展基础，更加注重转方式调结构，增强国际人力资源合作的新动能，寻求可持续发展道路，已成为我们业内共同面临的课题。

第二章
中国国际人力资源合作产业的
发展方向

在国际经济格局变化与中国国内形势发展的交相作用下,中国国际人力资源合作行业面临两条道路:一条是几十年走过来的传统老路,用熟悉的渠道、资源,向熟悉的市场继续派遣中低端劳务;一条是在深入分析国际市场需求和国内资源优势的基础上,按照以市场为导向的原则,找准定位,探明路径,走创新发展之路。

第一节　确立产业定位,协调产业发展

一、中国国际人力资源合作的产业定位

中国国际人力资源合作产业必须告别小生产作坊式经营模式,摒弃以产品为中心的营销理念,根据市场需求和中国实际,以市场为导向,对外派劳务合作的产业发展方向进行定位。

首先,要开阔视野。国际人力资源合作前景广阔,市场容量巨大。调查发现,劳动力增长在发展中国家和发达国家很不均衡,与发展中国家"人丁兴旺"形成鲜明对比的是发达国家老龄化严重,人口负增长,劳动力供应日趋紧张。国际劳工组织统计,仅欧洲发达国家、美国、日本等国劳动力缺口就达 6 000 万人。发达国家劳务市场的需求表现为"两多一少":对高端劳务(包括技术工人、服务业从业人员)需求多,并保持持续增长;对脏、苦、累、险工种需求多;对其他普通劳务需求量少。

其次,要看准市场发展趋势和前景。高端劳务需求的上升,是世界经济、社会发展的必然产物,也是中国人力资源面临的巨大市场。所谓高端劳务,目前

还没有官方定义。一般讲，达到高学历、高技能和高收入其中一项的，都归为高端劳务，具体包括航空乘务员、机场客服人员、豪华邮轮服务员、海员、酒店服务管理、高档百货店售货员、免税店、高级专卖店售货员、护士、中医、中文教师、中餐厨师、设计咨询、项目经理、IT 设计、技术工人、技师、农技人员等工作。在未来很长一段时期内，发达国家普遍面临着高科技人才，特别是信息技术、生物工程等人才短缺的危机，急需从国际人才市场得到补充。

中国内地目前在世界各地的高端劳务份额较低，主要分布在新加坡、中东、欧洲、日本、大洋洲等国家和地区，有较大的市场空间。2017 年，中国派往日本的技能实习生有 3 万多人，受日本政府政策限制，70％以上是低端劳务。新加坡每年输入 60 万人，近半数为建筑类。其中，大酒店服务员、商场销售员、老年护理、保姆和技工等中高端劳务的需求量占有很大比重，但多数为菲律宾、印度等英语国家的人。由于受欧盟国家输入劳务首先从欧盟内部解决的限制，中国目前可向欧洲输出的劳务主要是中餐厨师、护士和护理工、中文教师、中医等。

再次，要分析我们的条件和优势。可以清楚地看到，我们在资源上相对于经济不发达国家具有明显的优势；在收入上境外工资更能满足劳务人员的预期；在语言上汉语优势显现，会说当地语言的中国人更受欢迎；在准入门槛上限制较少；在市场空间上具有广阔发展前景。

综上，开拓发展高端劳务将是中国对外劳务合作发展的长远趋势，是今后的战略发展目标；经营公司担当起国际劳务合作的职责，做国际人力资源中介，是我们的产业定位。

二、协调产业发展，打造专业化经营生态环境

我国对外劳务合作历经 40 多年发展，已经形成一个产业。人力资源合作经营公司实施的市场调研、开发和项目设计安排属于产业链上游，从事出国资源教育培育、输送的机构处在产业链中游，出国前面试、培训、派遣和境外管理属于产业链下游。各产业链之间存在相互依存、密切合作的供求关系。产业的运行和发展，需要依托具有良好生态环境、具有相关服务功能的平台，使之整合成为一个统一有序、协调发展的产业系统。目前，产业上游势单力薄，缺乏足够的力量耕耘开发、获取市场订单，需要自身的努力和政府的扶持、引导；在中游，出国工作人力资源"生产"（组织招聘、培训、供应）是个薄弱环节，应该在以市

场为导向的前提下,充分发挥社会上各类教育培训机构的资源,实施有计划、有建制、规模化的生产,供应出国所需人力资源。

根据国家和省市一级政府出台的现行政策,通过发挥、扩大对外劳务合作服务平台的服务、管理功能,建设国际人力资源合作示范产业园,将有利于推进上述目标的实现。

对外劳务合作服务平台建设将在本书第四章有专题论述,在此只就建设国际人力资源合作示范产业园提出几点设想。

1. 园区功能

整合外派劳务产业链上下游机构,为外派劳务输出机构和组织机构等单位提供各类标准化流程化服务,为对外劳务合作提供出国工作报名、培训咨询,出国培训证考试辅导,日本"特定技能"考试辅导,出国工作手续办理,金融、法律等方面的服务,打造专业化经营生态圈,为产业链条上不同机构之间的供给与需求及价值交换搭建综合性服务平台,形成国际人力资源合作全产业链的市场集聚效应,打造本地乃至辐射周边区域的国际人力资源的集散中心。

为了扩大园区服务功能和规模,也可以将国内国际人力资源产业园功能合在一起。

2. 入驻单位

入驻单位覆盖产业链上、中、下游有关的各类机构或部门,具体包括对外劳务合作输出机构,对外劳务合作服务平台(可采取政府主管、企业运营模式),以出国前培训和社会招聘短训班为主的出国人员培训中心,相关社会培训机构,院校的招聘部门,其他有资格的出国人力资源中介机构,国内人力资源中介机构,为出国工作求职者提供出国政策、出国手续、出国培训咨询、金融、法律等方面的服务窗口(由对外劳务合作服务平台承担)。入驻单位需经过政府主管部门审核批准。

入园出国人员培训中心引入优秀出国人员培训学校的培训理念、先进的外语教学课件和"适应性培训 + 成才教育"的教学模式,打造成当地出国工作培训示范点,同时作为出国培训证考试点。为了方便日本"特定技能"项下的培训和考试,为培训中心积极申请"特定技能"考试点。

3. 示范园区的建设和管理服务工作

示范园区的管理服务机构由政府主管部门选定,负责配合有关部门实施园区的建设并承担国际人力资源合作业务的有关服务工作。园区主要的管理服务工作是实施入驻单位引进和办公场地的安排;为组织出国输出机构与院校、人力资源中介机构、出国求职者搭建交流对接平台,实现出国工作订单与出国求职者合适匹配;组织举办园内机构参加的政策、信息发布会,业务交流会,主题研讨会等多种活动,使之做到信息互通、业务互动,促成资源共享、合作共赢;为园内机构提供各项所需服务,保证园区工作的正常运行。

第二节 调整产品结构和经营结构,构建新的发展模式

调整产品结构的出发点是立足于国际人力资源市场的需求和中国人力资源的实际,引入差异化竞争概念,积极推进经营创新,驱动中国经营企业结构调整,形成核心竞争力。产品结构调整的主攻方向是发展高端劳务,这是实现结构调整的重点突破口。

调整市场结构是根据新形势下的主攻目标重新布局市场,为调整产品结构做支撑,为降低市场风险做铺垫,为培养经营队伍建平台。调整市场结构的方向是向高工资、经济发达、有发展前景、有利于发挥中国人力资源优势的国别市场转移。

一、调整产品结构的措施

1. 政府推动,整合大学生就业难与高端劳务资源瓶颈

重点做好以下几方面工作:一是政府宣传、鼓励和支持大学生走出国实习、工作的职业发展之路。大学生出国实习、工作,符合《国家中长期人才发展规划纲要(2010—2020年)》的要求,是培养国际化职业人才的重要举措,有利于缓解我国大学毕业生就业的严峻形势。二是政府搭建校企合作的平台,解决经营公司招不到人、大学生不知道或找不到出国渠道的矛盾,实现市场与资源的良好对接。三是政府出台奖励政策帮助支持经营公司开发中高端劳务市场,加大宣传发动力度,克服各种困难,推进大学生出国工作。

2. 建立校企合作战略联盟,打造多边合作平台

校企合作高端国际劳务的要求是在政府的指导推进下,着眼于世界劳务市

场发展大势,是多职种、高层次、着眼长远的战略合作,而不是临时性、单批次、一校一企之间的合作。根据这样的要求,设计与打造如下功能。

(1)校企统筹规划。按照社会化大生产的方式和多职种、高层次、长远战略合作的要求,总体策划,逐项计划,从前期的高端劳务项目开发、生源招收、教育培训、选人面试到后期的管理服务指导,全程合作,不断完善,形成良性运行周期。

(2)创新合作模式。建立科学有效的校企合作模式,积极探讨定向开发、对口培训、专业经营、携手共管的方式。校企密切合作,相互配合。校方介入项目的前期开发,参与劳务人员派出后的管理。经营公司要站在长远发展和企业社会责任的高度,积极参与和配合院校的招生、培训和职业规划指导等有关工作,根据项目的具体情况和政府主管部门的要求提出课程设置的意见建议,把大学毕业生作为高端劳务的主要资源。

通过输送职业素质高、外语好的实习生或毕业生,巩固发展海外实训基地,不断开拓服务类和高级技工等劳务市场,打造高端精品劳务项目,实现互利共赢,形成良性循环。校企合作创立"培养国际化职业人才—开发高端国际劳务—建立院校海外实训基地—打造高端劳务品牌"的商业模式,将为劳务企业打破资源瓶颈,更好地开拓国际高端劳务市场,为职业院校与国际人力资源市场接轨,为职业院校学生搭建成长发展的平台闯出一条新路。

(3)多边合作构架。建立多边校企合作战略联盟,发挥联盟平台的作用,在政府主管部门的推动和协调下,搞好经营公司与院校、院校与院校、经营公司与经营公司间的多点对多点的交流、合作互动,实现联盟内校企资源的互通、互补和共享,成为信息互通、资源共享和经验交流的平台,项目推介、对接的平台,市场开拓的后台。

(4)职业发展平台。校企合作高端国际人力资源项目,为实训学生或毕业学生提供职业生涯的良好起点和个人成长发展的平台。现有高端国际人力资源派遣项目的情况也一再证明,大学生到国外实习、工作是一条通向多彩职业人生的成功之路。青岛环太经济合作有限公司经营丽星邮轮服务生项目15年,派出服务生3 800多人次,被国家商务部评为优秀劳务项目,参加中国企业"走出去"发展成果展览会。在丽星邮轮工作4年回国的黄海先生是该公司的回国发展先进个人,被山东省商务厅选为优秀典型在全省大学生海外就业推介说明会上发言,引起热烈反响,被济南大学聘为"就业实习导师"。

3. 多渠道多方式开发、培育、储备高端劳务资源

（1）整合有关部门、各类社会团体和机构的力量，调动各方面积极性，为培养和储备高端生源服务。

（2）对外劳务经营公司发挥自己培训学校的作用，开展高端劳务招收、培训工作。依托对外劳务合作服务平台对生源的汇集、整合功能，实现机构优势互补和人才有效利用。

（3）通过电子商务、公司网站、专业媒体等宣传，发动、募集社会高端劳务资源。

通过以上三项措施，重构价值支点，逐步实现产品高端、市场多元的结构调整目标。

二、调整经营结构从三个层面展开

1. 突破传统做法，做国际人力资源配置者，构建全方位国际人力资源合作业务模式

中国的劳务外派经营公司虽然都叫国际经济合作公司，但实际上大都只经营外派劳务业务。这种单一的经营模式无法应对中国工资水平不断上升带来的生源问题，也很难抵御来自越南、菲律宾等经济不发达国家的竞争。

有人说："最珍贵的资源不是人才，而是经营人才的人。"有的国际机构将人力资源行业列入"最好的十大行业"。由劳务的单向派出向双向、多向流动转变，全方位拓展人力资源的中介领域，将为我们打开新的视野，可从如下四个方面入手：一是实施国际化跨国人力资源合作经营。以国际人力资源合作公司的身份，以海外分支机构或海外合作伙伴为依托，开展跨国中介服务。二是面向对外投资企业和工程承包企业提供人力资源输送、管理等专业化服务。国家商务部下文将在国外依法注册的中资企业或机构纳入"国外雇主"管理，为劳务合作企业向对外投资企业和对外承包工程企业在外设立的企业开展劳务外派提供了政策依据。三是为国内用人单位引进外国人才。国家"十三五"规划对经济发展提出了新的要求，转方式调结构必将带来新的人才需求，通过整合现有优势，开发新的渠道，为中国用人单位引进急需的外国工程技术、管理人员，实施全方位国际人才派遣服务（详见本书第八章）。四是延伸劳务中介服务链，把回国人员介绍到国内适合岗位工作，开展国内人才、劳务的中介业务。

2. 突破业务经营自我束缚,将国际劳务合作向国际人才合作、国际经济合作业务领域延伸,构建国际大经贸合作的经营格局

党的十八届三中全会通过的《中共中央关于全面深化改革若干重大问题的决定》对境外投资、承揽工程和劳务合作项目做了专门阐述(一个"扩大",一个"确立",三个"允许"),使我们看到了国际经济合作的光明前景。国际劳务合作不应该是国际经济合作公司经营范围的全部。在多年开展国际劳务合作的基础上,实现向国际经济合作、国际贸易的延伸发展,将为经营公司打开广阔的业务合作前景。

在国际经济合作和国际贸易领域,经营公司具有一定的基础和优势。海外合作机构和劳务雇主是拓展投资合作、咨询、中介的潜在客户;海外分支机构、业务相关机构以及对海外法律、市场情况的了解,是开展国际合作的有利条件和依托。

青岛环太经济合作有限公司利用国际劳务合作平台做了一些积极的尝试。自2012年以来,该公司每年组织中日两国间的经贸考察、项目对接和洽谈活动。其中,2012年11月,公司与日本赞岐市商工会合作,在青岛国际会展中心举办了两市的经济贸易洽谈会,达成原料采购、委托加工和投资合作项目六个,其中原料采购和委托加工项目成为该公司出口贸易的优质项目。2018年11月,在日本赞岐市举办的第二届城市间中日经贸洽谈会上,双方的十家企业签订了日方委托钢结构加工、机械设备进口、人力资源合作和旅游合作等六个合作意向书。《人民日报》(海外版)做了大篇幅报道:"20年前,青岛环太经济合作有限公司与日本赞岐市商工会通过人员研修、技能实习生交流开启合作。……累计向日方22家会社派出400名研修、技能实习生。数批研修、实习的人员交流在两地展开,也带动了信息交流,擦出合作的火花。"

3. 突破国际经济合作领域,以服务贸易为基础,向实体产业发展,构建以国际经贸合作为主导的集团化经营的战略配称

具备一定实力的经营公司,根据各自的实际情况和业务优势,在教育产业、商业服务业或农业等领域建立中小规模实体产业,开辟劳务经营公司战略发展的新战场,是做强做大企业的长远之策。

发展实体产业,既能拓展经营公司的发展渠道,壮大实力,又可以为劳务外派提供实习、培训基地,为回国的劳务人员提供发展、创业的机会。以教育产业为例,大多数经营公司有自己的培训机构,可以此为基础通过独资或合作的形式,在国内或海外建立产业化教育培训机构,定向规模化培训国际劳务市场急需的中高端生源,形成与主营业务紧密连接、协调一致、相互加强和投入最优化的战略配称。

综上,在调整产品结构、市场结构的基础上,实施"三个突破",建立全新商业模式,形成综合竞争优势,是中国国际人力资源合作公司实质性转向国际经济合作公司的长期而艰巨的战略选择。

第三节　中国国际人力资源合作企业突围路径

承接本章第一、二节所述两个结构调整,本节进一步探讨中国人力资源合作企业打通发展瓶颈、实施战略突围的路径。

一、参与对外人力资源产业基地建设,从生源荒漠中突围

谁都没有想到,中国的人力资源外派这么快地进入了资源紧缺型模式。经营公司抢生源,基地公司要高价,报名人员挑单子,抢到人的惨淡维持,抢不到的直接停盘。有没有生源,已经关系到经营公司的生死存亡。对此,经营公司只能积极应对,有所作为。

经营公司联合有关机构深入研究并积极参与生源基地建设,已是当前生源紧缺状态下的大势所趋。青岛环太经济合作有限公司在中国对外承包工程商会和省、市商务主管部门的支持下,就企业进入服务平台实施市场化运营课题做了深入调研,并于 2013 年下半年选择山东省邹城市对外劳务服务平台实施在政府主管下的市场化运营,构筑起以经营公司为运营主体,以生源市场开发培育为基础的对外劳务合作生源市场的雏形,初步形成对外人力资源市场效应(详见本书第四章第四节)。

应该看到,解决国际人力资源合作的派遣资源问题,仅仅是满足了经营公司最低的生存需要,并没有使经营公司逃出总体困境局面。

二、以高端项目为突破口,从低端劳务的"温水"中跳出来

低端劳务干的是脏、苦、累、险工作,拿的是最低工资。当前形势很清楚,中国低端劳务已经在国际上缺乏市场竞争力,并逐渐失去了对务工人员的吸引

力。由于高端劳务市场开发困难，人又不好招，致使多数经营公司甘愿当温水锅里的青蛙，明知前途不妙却依然不能自拔。

从国际人力资源市场的需求情况和中国人力资源的实际看，在维持低端劳务的同时积极发展高端劳务，实现产品结构的合理调整，是中国经营公司转变发展方式的重点课题。

国际人力资源市场容量巨大，国际劳务市场对高端劳务的需求不断上升，这是中国人力资源面临的巨大市场。

中国有高端人力资源的庞大潜在资源。一是庞大的大学毕业生数量。根据教育部公布的数据，截至 2019 年 6 月 15 日，全国高等学校共计 2 956 所，其中，普通高等学校 2 688 所（含独立学院 266 所），成人高等学校 268 所。每年有大中专毕业生 800 多万。二是齐全的产业门类，丰富的高技能人才资源。根据国家有关部门发布的标准，中国的第一、二、三产业共有 13 个门类 413 个小类 1 838 个细类，充分体现技能人才的生长土壤肥沃、资源丰富。

一边是巨大的需求市场，一边是庞大的潜在资源，中国的高端劳务却一直没能发展起来。2019 年，中国对外劳务合作派出各类出国工作人员 48.7 万人，初步估算高端出国项目占 30% 左右，大多数经营公司做的都是日本、新加坡的低端项目。高端项目资源丰富，却因观念、渠道等原因，而不能成为外派出国的生源；中国日益发展的教育产业，没有成为派遣高端出国项目的生源支撑；出现了大学毕业生找工作难，国际人力资源经营公司找生源难的窘境。解决上述问题的基本着眼点是大学和职业院校毕业生。相对于普通劳动者，大学生具有语言、专业优势，是最合适的高端项目资源。通过校企合作、对口培训，把潜在资源变成现实生源，为国际人力资源合作企业打破资源瓶颈，更好地开拓国际高端出国工作项目市场，为职业院校与国际人力资源市场接轨，为职业院校学生搭建成长发展的平台闯出一条新路。

调整产品结构需以调整市场结构做支撑。调整市场结构是根据新形势下的主攻目标重新布局市场。调整劳务结构和市场结构，能够提升劳务合作的层次，增强我国劳务经营公司在国际市场上的竞争力，为今后的发展打下基础。但也应看到，这种改变并没有从根本上扭转中国国际人力资源合作行业走向夕阳的颓势。

三、定位国际人力资源中介，从本土的樊篱中突破

全方位拓展人力资源的中介领域，将为我们打开新的视野。一是由劳务的单向派出向既派出又引进的双向流动转变，为国内用人单位或建设项目引进急需的工程技术、管理人员提供人才中介服务。二是跳出中国本土，以海外分支机构或海外合作伙伴为基点，开展第三国派遣等跨国劳务经营。笔者发现，新加坡的不少中介公司做的是跨国生意，有的是把马来西亚、菲律宾等地的人派到欧盟国家或大洋洲，有的是把越南、泰国的人派到日本去。新加坡中介的这种国际化经营模式值得中国经营公司借鉴。三是为对外投资和工程承包企业提供专业化劳务派遣服务。习近平主席在北京亚太经济合作组织（APEC）会议上指出："预计未来 10 年，中国对外投资将达 1.25 万亿美元。今后 5 年，中国进口商品累计将超过 10 万亿美元，出境旅游等人数将超过 5 亿人次。"这是经营公司面临的重大机缘，千载难逢，特别是随着"一带一路"的全面展开，面向中国对外投资企业和工程承包企业提供人力资源输送、管理等专业化服务，将为经营公司打开宽阔的经营空间。有国际机构将人力资源行业列入"最好的十大行业"，我想，如果中国的经营公司能抓住这次机会，进入"最好的十大行业"大有希望。

定位国际人力资源中介，告别单向输出劳务的经销模式的意义在于摒弃陈旧落后的以产品为中心的营销理念，转向以市场为导向的现代市场营销方式。这是经营公司对自身的一次变革，将大大拓宽经营公司的视野。

四、搭建国际人力资源合作产业构架，打破小生产模式的束缚

新的产品结构，新的市场开拓，新的经营定位，需要新的运行机制和新的合作模式做支撑，需要具体务实的行动方案。

1. 建立中外方高端人才磋商、合作机制

一是建立中外方多边、长效交流平台，如论坛、研讨会、电子通信平台等。二是建立人力资源需求与储备多向流动数据库，发挥各自优势，打通交流渠道。三是建立组织机构合作框架，即"中国经营公司 + 国际人力资源机构 + 高等院校或职业院校"。

2. 创立规模化经营的合作模式

任何一种商业模式都是建立在一定规模之上的,否则没有商业价值。"手工小作坊"没有大前途。

中国派出模式包括六个步骤:

(1)外方(人力资源中介机构,下同)调研市场需求,征集雇主订单,据此制订阶段性批量订单计划。

(2)外方向中方(经营公司,下同)下达订单计划,衔接落实订单合作工作。

(3)中方根据外方订单计划编制对应的工作实施计划。

(4)中方启动学校定向招生,安排或调整课程设置,实行对口培训,安排工作实习。

(5)组织面试,按要求办理批次出国手续。

(6)外方根据雇主的订单要求,指导招生、培训、管理。

中国引进模式包括四个步骤:

(1)中方调研高端人才需求,征集用人单位订单,据此制订阶段性批量订单计划。

(2)中方向外方下达招聘计划,衔接落实招聘工作。

(3)外方通过国际人才市场有关渠道开展招选工作。

(4)组织面试,由中方按要求办理入境工作手续。

中外方联手开发国际中高端劳务市场模式:以中国经营公司与新加坡中介公司合作开发澳大利亚技工市场为例,中新双方公司建立紧密的合作或合资经营体制,以新方为主、中方协助开发澳大利亚市场,以中方为主组织生源招收,由中新双方合作实施培训。

3. 制定人才战略,前移经营组织

我们说,最珍贵的资源是经营人才的人,人才对于经营人力资源的机构尤为重要。在定位国际人才中介的构架下,根据国际高端人力资源市场开发和规模化经营模式的要求,制定人才战略规划,加快实施经营人才的培养和引进。

经营组织是产业运行的承载体,适应外派劳务向国际劳务的转变,经营公司把营销重心前移到境外主战场,把经营管理人员派出去,在目标市场建立独资或合资经营机构,开展属地化开发运营,已是必然的选择。

第三章
国际人力资源合作市场营销

国际人力资源合作实务分为信息采集、市场营销、生源招收、客户面试、素质培训、出国派遣、海外服务管理和回国管理等多个环节。其中,市场营销是整个合作业务系统中的先导,决定了合作业务质量、派出人员结构、经营规模和管理格局,因而在产业链条中居于上游位置,在经营管理中占有主导地位。国际人力资源合作市场营销要研究解决的是如何根据市场需求配置人力资源的问题,通俗地讲,就是把合格的跨境工作者与经营公司良好的服务,有效地传递给雇主。本章由浅入深,从市场调查、营销对象到营销策略逐步剖析,进而以"用团购思维创新市场营销""差异化竞争战略"和日本介护市场开发设想为题,对营销策略做进一步展开论述。

从广义上讲,国际人力资源合作市场营销涵盖企业经营销售的全过程,而本章着重从狭义的角度研究市场开发营销。

第一节 营销观念概述

现代市场营销学于 19 世纪末到 20 世纪初在美国创立,源于工业的发展。经济学界较为认同美国市场营销协会给市场营销下的定义:市场营销是创造、沟通与传送价值给顾客及经营顾客关系,以便让组织与其利益关系人受益的一种组织功能与程序。

一、生产观念、产品观念与推销观念

生产观念产生于 20 世纪 20 年代前。企业的经营哲学不是从消费者需求出发,而是从企业生产出发。其主要表现是"我生产什么就卖什么"。

产品观念认为,消费者喜欢质量好、功能多和具有特色的产品;企业应致力于生产高价值产品,并不断加以改进。由此导致企业不适当地把注意力放在产品上,而不是放在市场需求上,在市场营销管理中只看到自己的产品质量好,看不到市场需求在变化。

生产观念和产品观念都是在物资短缺、市场产品供不应求的卖方市场条件下产生的,如资本主义工业化初期、第二次世界大战末期和战后一段时期、中国计划经济体制时期。

推销观念产生于资本主义国家由卖方市场向买方市场过渡阶段。随着科学技术进步,生产能力和效率得到迅速提高,逐渐开始有一些产品供过于求,卖主之间的竞争越来越激烈。在这种态势下,企业经营者感觉到想要在激烈的竞争中生存下来,就必须重视产品的推销工作。推销观念以卖主需要为出发点,注重的是如何把产品变成现金。这种观念虽比前两种观念前进了一步,开始重视广告术及推销术,但其实质仍然是以生产为中心的。

二、现代市场营销观念

市场营销观念是作为对生产观念、产品观念的挑战而出现的一种新型的企业经营哲学,以满足顾客需求为出发点,即"顾客需要什么,就生产什么"。这种思想的核心原则到 20 世纪 50 年代中期基本定型。当时,西方社会生产力迅速发展,市场趋势表现为供过于求的买方市场;居民的个人收入也得到提高,有可能对产品进行选择;企业间为实现产品价值的竞争加剧,企业经营者开始认识到,只有转变经营观念,才能求得生存和发展。实现企业各项目标的关键,取决于比竞争者更有效地满足目标市场的需要。

目前,校企合作举办高端出国项目定向培训班的做法,是现代营销观念的实施。

三、现代市场营销观念与传统推销观念的差别

市场营销观念的出现,使企业经营观念发生了根本性变化,也使市场营销学发生了一次革命。市场营销观念同推销观念相比具有重大的差别。

现代营销学的奠基人之一,已故哈佛商学院资深教授西奥多·莱维特(Theodore Levitt)曾对推销观念和市场营销观念做过深刻的比较。他指出,推销观念注重卖方需要,市场营销观念则注重买方需要。推销观念以卖主需要为

出发点,考虑如何把产品变成现金;而市场营销观念则考虑如何通过制造、传送产品以及与最终消费产品有关的所有事物,来满足顾客的需要。可见,市场营销观念的支柱是市场中心、顾客导向、协调的市场营销和利润,推销观念的支柱是工厂、产品导向、推销、赢利。从本质上说,市场营销观念是一种以顾客需要和欲望为导向的哲学,是消费者主权论在企业市场营销管理中的体现。

在当今国际人力资源市场上,如果经营公司都能树立起以客户为导向的现代营销理念,就会发现这个市场上还有一块很大的空间。

第二节　国际人力资源市场调研

市场调研是市场营销的第一步,也可以说是开展有效市场营销的基础。因此,研究市场营销应先从市场调研开始。

一般意义上的市场调研,是指运用科学的方法,有目的、有计划地收集、整理和分析有关市场供求和有关资源的各种信息和资料,把握市场现状和发展趋势,为企业营销策略制定和决策提供正确依据的信息管理活动。市场调研是市场预测、经营决策和市场开发过程中必不可少的组成部分。

根据市场营销的总体目标,市场调研需厘清如下几项:

第一,人口、就业状况。人口及劳动力就业状况是市场营销的主要环境因素,具有重要意义。任何一项鼓励、允许或限制劳工引进政策,都可以从人口和劳工就业状况上找到根据。了解当地的人口及就业状况,便于我们深入观察人力资源的流动以及政府制定政策的原因和依据。

第二,人力资源的需求和供给。全面分析市场对人力资源的需求和供给,确定市场调研对象,为实施营销策略与派遣做先期准备。

第三,外籍劳工引进、移民政策。各国对外籍劳工的输入管理,总是在用工需求、劳动就业、经济、政治等因素的影响下,定期地变化调整。要求我们不断了解掌握相关政策法规和新的调整变化情况。

第四,工资收入。经济全球化加速资本流动,而资本总是向成本低、利润高的地方流动。与资本的逐利相同,人力资源是从较低收入区域流向较高收入区域。与劳务人员来源地形成的收入差,是我们选择人力资源合作目标市场和工作岗位的主要依据。

我们先对人力资源服务业有一个总体了解。国际人力资源服务业是一个 4 000 多亿欧元的大市场。根据世界就业联合会(World Employment

Confederation）报告，国际人力资源服务行业为全球范围劳动力市场提供超过5 000万人员，市场规模约4 170亿欧元（约合3.2万亿人民币），从业机构数约16.9万家，从业人员约150万人。其中，人力中介业务（agency work）包括管理服务提供商（managed service provider，MSP）市场规模为3 740亿欧元。3 740亿欧元中，美国市场占1 163亿欧元，英国434亿欧元，日本377亿欧元。从人力资源服务的渗透率角度看，全球渗透率为1.7%，其中，英国3.8%，澳大利亚3.7%，美国2.2%，日本2%。

下面分区域国别市场做一个大体的扫视。

一、日本市场

1. 日本的社会人文及经济发展

历史上，日本并不是一个劳动力资源贫乏的国家，明治维新后的很多年里，日本一直在为如何养活众多的人口而发愁。日本的国土面积只有不到38万平方千米，不到中国的1/25，人口却约为中国的9%。直到进入经济高速增长期，日本的人口问题才算得到了解决。但是这段时间并不长，作为现代文明象征的工业社会带来的肯定是人口增长率的降低，而生活质量的提高和现代医学的发展又使得长寿成为可能，老龄化社会便随之而来。日本的人口近20年来总体变化不大，近十年来略有下降，但是人口结构却发生了巨大的变化。劳动人口不断下降，而65岁以上的人口快速增长。当今日本社会背负着赡养老人的沉重包袱。据经济合作与发展组织（OECD）统计，2017年日本年平均工资为40 845美元，列全球第18位。

2. 日本引进外籍劳工的制度及演变过程

日本公益财团法人国际研修协力机构（JITCO）于2010年9月出版的《面向技能实习生的技能实习指南》这样表述："是以接受各国的青壮年劳动者等作为技能实习生在日本的企业等学习日本的产业及职业方面的技能等，并在实践中进一步熟悉所学的技能等，使之在回国后能将学习掌握的技能等应用于经济和产业的发展上的制度。"

1981年，日本法务省在签证类别上设立了"研修"在留资格，允许接收外国人来日本研修。1991年，设立JITCO，全面负责指导外国研修生接收工作。

1993年，日本又在研修生制度的基础上，创立了技能实习制度。2009年7

月,针对该制度实行中出现的问题,修订了《出入国管理及难民认定法》。2014年,日本调整了接收技能实习生及入管的相关政策并逐步开始实施。主要是技能实习生的实习期由原来的三年延长至五年;技能实习生回国一年之内重新返日的可再工作两年,满一年以上的重新返日可再工作三年;建筑工按照"特定活动在留资格"可在日本工作五年;在特定区域放开护工(家政)的引进,该项政策正在制定过程中。为了吸收人才,《出入国管理及难民认定法》设立了新的在留资格种类——"高级专门职业第1号",即"特定活动"在留资格;已有"高级专门职业第1号"在留资格的人员还可以申请"高级专门职业第2号",取得该在留资格的人员在留时间没有期限;同时减少对高级人才活动的限制。

2019年3月,日本出台特定技能运用细则,获取"特定技能"在留资格的必要条件是具有健康的身体,同时要求接收方要与外国劳动力签订合同并提供与日本人同样水准以上的报酬待遇。新的在留资格制度分为具有一定技能的"特定技能1号"以及具备熟练技能的"特定技能2号"。"特定技能1号"主要涉及看护、农业等14个行业,"特定技能2号"涉及建设业、船舶工业、汽车制造业、航空业和酒店业。

中日特定技能工人劳务合作是在中日两国政府主管部门指导下,在《对外劳务合作管理条例》框架下,由经营企业开展的双边劳务合作,在中日两国政府间签订谅解备忘录规定实施细则后正式启动。中日特定技能工人劳务合作是一项新型劳务合作,与现行中日技能实习合作存在一定差异,在具体业务环节上不能简单照搬中日技能实习合作的经验和做法。

日本自1981年设立"研修"在留资格以来,到2019年4月1日起实行特定技能制度,历经近40年时间修改补充完善。

3. 中国人力资源进入日本的基本状况

日本近几年来整体经济走势良好。日本经济财政大臣石原伸晃在2016年度《经济财政报告》中认为,日本经济正在度过危机,走向良性循环。截至2018年10月,日本的外籍劳动力达146万人,创2007年以来最高纪录,较2017年增加了18万人,同比增长14.2%。在日外籍劳动力中,中国人占比最高,达26.6%,有38.9万人;其次是越南人,占比21.7%,有31.6万人;菲律宾人占比11.2%,有16.4万人。日本20多年来几乎没有提高工资,而日元汇率从2018年金融风暴以来长期处在低位,对在日本工作人员的收入造成很大影响。目前,月到手收入在 14 万日元以上的工作还在中国技能实习生的接受范围之内,12 万日元以下的单子已经由越南等国家来承接。

二、欧盟及欧洲国家市场

1. 欧盟引进劳务的政策规定

欧盟总部设在比利时首都布鲁塞尔,是由欧洲共同体发展而来的,创始成员国有 6 个,分别为德国、法国、意大利、荷兰、比利时和卢森堡。欧盟现拥有27 个成员国,正式官方语言有 24 种。

1991 年 12 月,欧洲共同体马斯特里赫特首脑会议通过《欧洲联盟条约》,通称《马斯特里赫特条约》。1993 年 11 月 1 日,《马斯特里赫特条约》正式生效,欧盟正式诞生。

欧盟机构仅负责就移民的问题制定总体政策。欧盟委员会于 2001 年提出欧盟范围内制定劳务引进的条件和标准的立法建议。由于成员国对人员和劳务引进方面的主权不愿让渡,该立法建议最终被成员国否决。2004 年,欧盟通过"海牙计划",促进欧盟内部在移民等问题上的自由、安全和公正性。此后,欧盟委员会于 2005 年发布关于欧盟人员和劳务引进政策绿皮书,邀请成员国就欧盟移民政策的目标和范围进行讨论。迄今为止,在劳务引进方面,欧盟仅通过了吸引外国高技术人才的"蓝卡"计划。

"蓝卡"计划于 2009 年 5 月 25 日获得通过,主要内容是规定了欧盟引进高技术移民的标准和给予的待遇,各国在符合欧盟"蓝卡"框架下,可根据本国需求招揽所急需的技术人才。通过审核达到欧盟要求的技术移民,只需在最初欧盟内移民申请国工作和居住两年,就可以自由选择至其他欧盟国家工作。申请"蓝卡"计划的条件:① 申请者的薪金至少为该国同等职业平均薪酬的 1.5倍;② 申请者必须拥有合法的身份证件和居留许可;③ 申请者必须拥有医疗保险;④ 申请者必须拥有欧盟成员国所认可的大学文凭或五年以上的工作经验。同时,"蓝卡"计划对技术移民也给予了优惠条件。例如,可以优先获得家庭团聚签证;工作满 18 个月后,可选择到另外一个欧盟国家工作;工作结束后返回原籍地,将来也可以自由进入欧盟工作;能够享受与欧盟成员国公民同等的社会保障和劳动条件;等等。欧盟 27 个成员国都有权根据本国情况决定"蓝卡"的发放数量及允许工作的领域,但"蓝卡"的发放条件必须遵循欧盟统一制定的标准。欧盟各国在"蓝卡"计划大框架下,根据实际情况调整原有的移民政策,决定发放数量和工作领域,并在 2011 年 6 月 19 日前完成制定相应的国内法。欧委会预计,如实施顺利,"蓝卡"计划有望在未来 20 年内吸引至少 2 000 万来自亚洲、非洲和拉丁美洲的高技术人才到欧盟国家就业。

欧盟劳务引进的管理权限由欧盟机构与成员国共享,权力主要在成员国。在成员国层面,各国政府有权制定引进外籍劳务的原则、计划和规定,审核外籍劳工,并签发工作签证。例如,德国颁布《就业促进法》《移民法》,对输入外籍劳工的原则和具体实施做了明确规定。欧盟法律规定,欧盟引进劳务工作签证的政策和具体发放、管理专属成员国权限,欧盟机构在该领域并无权力。

所有欧盟的法院在决定涉外劳动合同所适用的法律时,都会援引《罗马公约》。《罗马公约》的主要原则之一是法律选择自由。通过法律选择条款,缔约方可以选择适用于整个合同的法律,或仅选择适用于合同部分条款的法律。

2. 荷兰的外籍劳工引进政策

欧盟公民(除罗马尼亚、保加利亚、克罗地亚以外的所有欧盟成员国公民及挪威、冰岛、列支敦士登的公民)在荷兰工作享受优先就业权,其他国家劳务人员来荷兰工作需要符合《外国人就业法》(*Aliens Employment Act*,荷兰语简称 WAV)的规定。《外国人就业法》规定,除短期工作或部分特殊性质的工作外,雇主不得雇佣未持工作许可证的外国公民。工作许可证申请程序根据雇员的不同国籍、在荷就业期限及工资水平而有所差异。在确认空缺岗位没有欧盟成员国公民可胜任,并同时满足其他一些规定(如对于工作环境、雇用合同条款等的规定)的情况下,才对非欧盟成员国公民发放工作许可。

2014 年 4 月 1 日起,荷兰政府将居留许可和工作许可整合,以落实欧盟相关指令。非欧盟雇员在荷工作时间如超过三个月,应向移民局申请单一的居留和工作许可(GVVA),但发放条件不变。荷兰具体负责签发外国人工作许可的部门是荷兰劳工局(UWV)(网址:www.uwv.nl),负责签发居留许可的机构是荷兰移民局(IND)(网址:www.ind.nl)。

知识移民是荷兰政府针对高端知识型人才所设置的政策。该政策规定:

(1)一定条件下,外国雇员可以申请知识移民居留证。一旦获得,在荷兰工作就不再需要工作许可证。知识移民是得到荷兰境内企业支持或所聘用的受聘者,他们所获得的年收入总额有以下限定:30 岁以上者,不少于 5.02 万欧元;年龄不到30岁者,不少于3.68万欧元。此类雇员必须签订劳动合同。此外,雇主必须向荷兰移民归化局担保该雇员不会依靠荷兰国家救济生活,雇主也需取得知识移民的雇佣和担保资格(需缴纳5 116欧元)。

(2)攻读博士学位者可以被认为具有知识移民资格,不受年龄和收入限制。博士后或大学老师,不管收入多少,都被视为知识移民。

公司间职员调动申请工作许可证的条件:跨国集团年营业额在5 000万欧元以上;被派到所属的荷兰分支机构工作的雇员符合担任管理工作所需的专门知识和经验要求,年收入总额不少于5万欧元。

荷兰餐饮业发达,全国有2 000多家中餐馆。雇主录取条件是23～40岁,工作态度好,敬业,持有中级以上厨师证,有三年以上厨师工作经历。2013年,荷兰政府迫于就业压力,关闭引进中餐厨师的大门。荷兰政府认为,中国餐馆可以培训荷兰的失业人员成为中餐厨师。这引起荷兰餐饮协会和中餐馆的抗议。经过几年交涉,荷兰国会下议院通过了有关从亚洲引进厨师的议案,该议案规定如下:

(1)亚洲餐饮业在2016年10月1日开始,仍可从亚洲申请厨师来荷兰工作,有关申请中国厨师工作准证的新条例将持续三年,至2019年10月1日,每次申请两年内有效。

(2)劳工居留卡的有效期为两年。

(3)在引进厨师数量方面,政府有限制,但以不影响亚洲餐饮业发展为出发点,未来将继续增加厨师工作准证的下发数量。

图3-1　笔者拜访位于海牙的西荷兰外国投资局

三、澳大利亚、新西兰市场

澳大利亚领土面积 769 2024 平方千米,位于南太平洋和印度洋之间,四面环海,是一个奉行多元文化的移民国家。总人口 2 544 万(截至 2019 年 7 月),其中,74% 为英国及爱尔兰裔,5.6% 为华裔,2.8% 为土著人口,其他族裔主要有意大利裔、德裔和印度裔等。官方语言为英语,汉语为第二大使用语言。澳大利亚是一个高度发达的资本主义国家,是全球第十二大经济体,是南半球经济最发达的国家,是全球第四大农产品出口国,多种矿产出口量全球第一。澳大利亚人口高度都市化,近一半国民居住在悉尼和墨尔本两大城市。据 OECD 统计,2019 年澳大利亚平均工资为 5 3597 美元,排名第十位。

澳大利亚劳动力严重短缺,对技术工人的需求呈上升趋势。据澳官方介绍,目前,全国需求各类技术工人近 50 万人,特别是农业、畜牧业、矿业、肉类加工业、餐饮业等技术工人严重短缺。而本国劳动力资源严重不足,只能引进外籍工人来弥补不足。据澳大利亚一家经济合作公司介绍,澳政府开发北半个澳大利亚的计划如果成功实施,将会对劳工签证产生积极影响。外派澳大利亚技能型人才前景广阔。

澳大利亚是比较典型的高端劳务市场。每年折合 30 万~40 万元人民币的收入以及绿卡政策,对劳务人员产生很强的吸引力。但是要进入澳大利亚工作也并不容易。澳大利亚在引进外籍劳工方面的政策经历过多次变化。2004 年 10 月,澳政府对非英语国家的技工取消了雅思成绩的要求;2007 年 7 月开始,要求雅思四个 4.5 分;2013 年要求雅思平均 5 分;2017 年 4 月,澳总理声明将废除 457 签证,2018 年 3 月开始实施 482 签证(TSS),要求雅思四个 5 分。

图 3-2　笔者拜访澳大利亚大型建筑公司 CEO

新西兰国土面积 26.8 万平方千米，人口 495 万（截至 2019 年 12 月），其中就业人口 264.8 万，是一个高度发达的资本主义国家，被世界银行列为世界上最方便营商的国家之一。2018 年，新西兰被联合国评为全球最清廉的国家。2018 年全球幸福指数新西兰排名第八。近年来，新西兰经济表现强劲，经济增长位于发达国家前列。旅游业和建筑业的快速发展是新西兰经济快速增长的重要因素。据 OECD 统计，2017 年新西兰年平均工资为 40 043 美元，列全球第 19 位。

新西兰经济的快速发展使得较多行业劳工短缺，特别是技术工人及低技术含量的工种。新西兰对外籍技能型人才的需求非常大。以建筑行业为例，2017 年新西兰建筑业从业人员大约有 25.6 万人，但预计在未来五年还将需要 5.5 万至 6 万名建筑工人，而这一数字还是在没有额外建筑项目前提下的保守估计。新西兰劳工法律规定，当地公司雇佣外籍劳工必须获得移民局的批准。新西兰政府允许雇主雇佣海外临时劳工来满足暂时的特殊劳工需求。政府实施《熟练工行动计划》（*Skills Action Plan*）的主要目的就是在全球范围内吸引有技术、有才能的人到新西兰工作。2016 年 10 月，新西兰移民局宣布减少绿卡发放数量，提高技术移民门槛，雅思成绩将成为移民硬指标。

2008 年 10 月生效的《中华人民共和国政府与新西兰政府自由贸易协定》（以下简称《中新自贸协定》）中，规定了两国劳务合作的基本框架内容，开启了中国劳务人员准入之门。根据协定，新西兰劳工部和移民局专门制定了中国临时雇佣人员进入新西兰的政策，即"中国特别工政策""中国熟练劳工政策"和"假期工作机制"。根据"中国特别工政策"，新方每年向中国提供 800 个特色技术工人的准入名额，包括厨师、中文教师、中医、武术教练。"中国熟练劳工政策"项下，新方同意确保对于电工、钳工、车工、焊工、管道工、计算机应用工程师、电路设计工程师、造船师、幼教、电影制作师、护士、兽医等 20 个新西兰长期短缺的职业，中国劳工每年得到最多 1 000 个免劳动力市场测试的市场准入机会。"假期工作机制"项下，新方同意每年为 1 000 名中国学生提供赴新西兰休假为主、工作为辅的勤工俭学机会。签证期一年。

目前，中国对新西兰劳务输出规模不大，其主要原因一方面是《中新自贸协定》项下的名额有限，另一方面是中新两国还没有互相承认执业资格的协议，且中国建筑工人在国内"五险一金"不到位，纳税证明不完备，在申请务工许可时很难得到新方认可。

四、新加坡市场

新加坡有 724.4 平方千米的国土和 570 万（截至 2019 年 6 月）人口，是一个多元文化的移民国家和发达的资本主义国家，以稳定的政局、廉洁高效的政府而著称。新加坡是第四大国际金融中心，是亚洲重要的服务和航运中心。近年来，生物药业、交通工程及一般制造业持续衰退，服务业全年增长微弱，总体经济处于低速增长期。

受经济发展放缓的影响，新加坡劳务市场表现疲软。但由于新加坡劳动力短缺，经济发展对外籍劳工依赖程度高。据统计，2018 年，在新外籍劳工总数达 113.23 万人，占当地就业人数的 30％以上。近年来，为推动经济重组和提升生产力，增加本地人口就业机会，新加坡政府持续收紧外籍劳工政策，主要表现在以下方面。

（1）对就业准证（EP）最低薪金要求进一步提高。2014 年 1 月，EP 最低薪金从 3 000 新元／月提高至 3 300 新元／月；2017 年 1 月，又从 3 300 新元／月提高至 3 600 新元／月。

（2）从 2016 年 7 月起，建筑和服务业工作准证（WP）、S 准证外劳税进一步上调。

（3）外劳配额顶限从 83.3％下调至 81.8％，2018 年进一步下调至 77.8％。

图 3-3　笔者在新加坡中高端劳务合作恳谈会上做主题演讲

新加坡是中国外派劳务第三大市场。据中国商务部统计，2018 年中国共向新加坡派遣各类劳务人员 31 317 人，年末在新劳务 9.7 万人，加上自行谋职人员,合计匡算在 15 万人以上。110 多万外劳岗位的大市场,中国只占 10% 的份额。究其原因,低端工种工作条件较差,工资水平偏低,对中国新生代出国工作者缺乏吸引力;高端工种没有解决好资源瓶颈问题,人不好招;新加坡中介收费过高,导致中国不少经营公司失去合作兴趣而退出经营。

五、澳门市场

澳门全称中华人民共和国澳门特别行政区。位于中国南部,地处珠江三角洲西岸。北与广东省珠海市拱北相接,西与广东省珠海市的湾仔和横琴相望,东与香港特别行政区、广东省深圳市隔海相望。南临中国南海。澳门由澳门半岛和氹仔、路环二岛组成,陆地面积 329 000 平方千米,总人口 67 600 人(截至2019 年第四季)。1553 年,葡萄牙人取得澳门的居住权,1887 年 12 月 1 日,葡萄牙正式通过外交文书的手续占领澳门。1999 年 12 月 20 日中国政府恢复对澳门行使主权。几百年东西方文化的碰撞,使得澳门成为一个风貌独特的城市,留下了大量的历史文化遗迹。澳门历史城区于 2005 年 7 月 15 日正式成为联合国世界文化遗产。

澳门实行资本主义制度,澳门是中国两个国际贸易自由港之一,货物、资金、外汇、人员进出自由。世界旅游休闲中心、世界四大赌城之一。主要产业有纺织制衣业、博彩等娱乐服务业、旅游业、建筑业。2019 年入境游客超过 3 940万人。

澳门已经跃居我国内地对外劳务合作第一大海外市场。据《中国对外劳务合作发展报告 2018—2019》数据显示,澳门劳务市场以劳务合作项下为主。2018 年期末在澳各类劳务人员 132 198 人,同比增加 3 551 人,其中承包工程项下期末在外 1 279 人,同比减少 66 人;对外劳务合作项下期末在外 130 919人,同比增加 3 617 人,占期末在外各类劳务人员数量的 99.03%。输澳劳务服务超过 14 000 名雇主,其中 95% 以上为中小微企业,有效缓解了澳门中小微企业招工难问题。

2020 年 10 月底,内地在澳劳务 114 000 人,占澳门外雇总数的 63%。其中,酒店及餐饮业 36 000 人,建筑业 26 000 人,批发及零售业 19 000 人,不动产及工商服务业 13 000 人。主要工作岗位有:酒店餐饮服务业服务人员(酒店迎宾接待、清洁员、房务员、厨师、厨房杂工)、建筑工人(泥水工、木工、园林工、电工、管道工、钢筋工等)、制衣工、送货员、商场售货员等。家政、保安输澳业务的试点进展顺利。由于赴澳工作岗位具有收入较高，路程很近，又可住在珠海，节省费用等优势，去澳门工作成为很多求职者的选择。同时，内地输澳劳务对促进两地经济、文化的交流融合发展起到积极作用。

中国内地与澳门的劳务合作起源于 20 世纪 70 年代末。伴随澳门经济快速发展，澳门制衣业等劳动密集型产业用工日趋紧张，一些厂商开始到内地招收工人。1979 年内地第一批劳务人员由珠海输送到澳门工作，开启了内地与澳门的劳务合作。澳门回归后，为适应内地改革开放的新形势和输澳劳务工作的新变化，更好地服务于澳门经济社会发展需要，2004 年，中资（澳门）职业介绍所协会（简称"中职协会"）在澳门注册成立。内地劳务经营公司在澳设立的 19 家职业介绍所，均为中职协会的会员单位。40 年来，内地输澳劳务工作经历了从零散化到规模化，从无序发展到有序管理的过程。

内地与澳门的劳务合作实施行业协会、会员单位两级管理体制。澳门中职协会负责内地在澳劳务人员的协调、服务、监督和管理工作，并加强与各界社团和雇主的沟通协作，有效维护劳资双方的合法权益。19 家具有经营资质的中资职业介绍所为内地劳务人员到澳门工作提供全过程、保姆式服务。

中资（澳门）职业介绍所协会是经商务部批准依法在澳注册的非营利性自律组织，由经批准开展输澳劳务业务的经营公司在澳职业介绍所组成。协会在国家主管机构的指导下，本着公正、公平、公开的原则，负责做好内地输澳劳务人员在澳门的内部协调、服务、监督和管理。中职协会成立以来，团结和指导 19 家职业介绍所，围绕服务澳门融入国家发展大局，高质量建设粤港澳大湾区的要求，遵守内地有关政策，依法履行内地输澳劳务在澳门的内部协调、服务、监督和管理职责，加强与各界社团和雇主的沟通协作，协助特区政府妥善处理劳资纠纷或突发事件，为推动内地输澳劳务成为补充澳门人力资源不足的主要来源、保障澳门经济繁荣和社会稳定做出了积极贡献。

近年来，澳门经济开始逐步转型为多元发展模式，人才需求正面临一些新的变化。2019 年国务院发布《粤港澳大湾区发展规划纲要》，提出"打造教育和人才高地"，支持大湾区建立国家级人力资源服务产业园；建立紧缺人才清单制度，定期发布紧缺人才需求。推进职业资格国际互认。完善人才激励机制，健全人才双向流动机制，为人才跨地区、跨行业、跨体制流动提供便利条件，充分激发人才活力。支持澳门加大创新型人才和专业服务人才引进力度，进一步优化提升人才结构。大湾区建设为内地与澳门的劳务合作提出了新的要求，内地与澳门劳务合作也进入了新的时代。

面对内地输澳劳务的新形势,《中国对外劳务合作发展报告2018—2019》指出:"探索构建内地与澳门新型劳务合作关系,建立和完善合作平台,培育合作渠道,全面提升合作质量、水平和效益;坚持主动服务澳门经济适度多元发展,确保内地劳务人员成为补充澳门人力资源不足的主要来源;在巩固发展建筑业、酒店餐饮、批发零售、不动产及工商服务业等传统行业劳务队伍的同时,进一步向会展业、特色金融、中医药产业、文化创意等新兴产业扩展,促使内地输澳劳务从低端层次为主走向高中低端并举,在培育多元产业发展中扩大劳务规模并优化劳务结构"。

六、中东主要国家市场

中东指从地中海东部、南部到波斯湾沿岸的部分地区,包括除阿富汗外的西亚大部分与非洲的埃及、地处于俄罗斯边界的外高加索地区。中东面积为1 500多万平方千米,有4.9亿人口。气候类型主要为热带沙漠气候(包括亚热带沙漠气候)、地中海气候、温带大陆性气候,其中热带沙漠气候分布最广。地形以高原与平原为主。中东的战略地位极其重要,由于稀缺的淡水资源和宝贵的石油资源,也由于宗教文化差异,"二战"之后常年局势动荡。

中东地区是中国重要的对外投资和工程承包市场,也是中国重要的工程项下劳务输出的目的地。由于工程项下劳务派遣项目的市场切入点在工程承包企业或境外投资企业,故不列入国别地区的市场调查范围。

在中东,我国一般劳务的派往国是经济比较富裕的少数几个国家,主要有阿拉伯联合酋长国、沙特阿拉伯王国、以色列、卡塔尔、科威特等。

1. 阿拉伯联合酋长国市场

阿拉伯联合酋长国简称阿联酋,位于阿拉伯半岛东部,北濒波斯湾,西北与卡塔尔为邻,西和南与沙特阿拉伯交界,东和东北与阿曼毗连。海岸线长734千米,总面积83 600平方千米,人口930万(截至2018年),首都阿布扎比。菲律宾和伊斯兰国家的劳工占多数。随着中国旅游、投资、贸易等群体的大量涌入,其商场、酒店、免税店、高档专卖店的中国员工的需求量与日俱增。

阿联酋《联合报》报道,2017年2月5日,内阁召开会议宣布实施高级人才引进计划。阿联酋副总统兼总理、迪拜酋长穆罕默德•本•拉希德•马克图姆在会上强调,阿联酋以开放立国、包容为先,为生活在这片土地上的人们实现自己的梦想和价值创造条件,致力于成为人类各领域特殊人才的首选之地。为此,阿联酋决定实施引智计划,第一步是开放旅游、医疗和教育签证,第二步是在卫生、科研、技术和文化等领域引进优秀的企业家和特殊专业人才。据阿联酋《国民报》2019 年 10 月 17 日消息,全球人力资源咨询公司美世(Mercer)最新调查显示,阿联酋员工 2019 年和 2020 年平均收入预计将增长 4.5%;尽管国际货币基金组织(IMF)将阿联酋 2019 年经济增长预期从 2.8%下调为 1.6%,但针对超过 500 家阿联酋公司的年度调查显示,45%的被调查者计划在 2020 年增加员工人数,52%表示维持其人员规模,只有 3%考虑减少员工人数。

2. 沙特阿拉伯王国市场

沙特阿拉伯王国简称沙特,位于亚洲西南部的阿拉伯半岛,东濒波斯湾,西临红海,同约旦、伊拉克、科威特、阿联酋、阿曼、也门、巴林、卡塔尔等国接壤。国土面积 225 万平方千米,人口 3 255 万(截至 2017 年)。沙特是名副其实的"石油王国",石油储量和产量均居世界首位,使其成为世界上最富裕的国家之一。沙特是世界上最大的淡化海水生产国,其海水淡化量占世界总量的 21%左右。沙特实行自由经济政策。麦加是伊斯兰教创始人穆罕默德的诞生地,是伊斯兰教徒朝觐圣地。

盛产石油的沙特经济繁荣且生活富足,吸引众多阿拉伯和亚非贫困国家的人前来打工谋生。由于沙特气候炎热干燥,室外劳动条件艰苦,再加之宗教管制严格,社会文化生活单调,需要做好充分的心理与生理上的准备。截至 2013 年 3 月,在沙特打工的外国人接近 1 000 万。《中国对外劳务合作发展报告 2018—2019》显示,中国对沙特工程项下派出劳务人员 11 953 人,相比 2017 年的 16 625 人减少 4 672 人;期末在外 18 516 人,同比减少 3 564 人;对外劳务合作项下新签劳务人员合同工资总额 0.13 亿美元,劳务人员实际收入总额 0.18 亿美元,派出劳务人员 1 630 人,期末在外 8 441 人;当年累计派出各类劳务人员 13 583 人,期末在沙各类劳务人员 26 957 人。

外国公民要到沙特工作必须由具有一定经济实力和商业资质的沙特人为其作担保,担保人将从该外籍人的劳动报酬中提成。在没有担保人许可的情况下,私自调换工作、打黑工、更换保人、擅自离境都将被视为违法行为。中国企业在沙特主要从事工程承包、电信、能源、医疗卫生等行业的工作。在沙务工的中国人主要是通过中国劳务公司的劳务承包赴沙特工作,也有个别通过个人渠道来沙特进行零散服务业工作。

工作申请须经沙特劳动部批准。申请人需持带有工作签证号码和日期的批准文件,本人护照所填写的职业与工作签证所填写的职业须相符,专业技术人员则需提供经本国有关官方机构和沙特使馆领事部认证的学历证书复印件,须提供公认的医院或卫生机构颁发的并经有关单位(国家卫生健康委员会和外交部)认证的体检报告(需按照沙特外交代表机构指定的样本制作)。工作签证所需文件:业主出具的委托函、女性劳工监护人出具的同意旅行和工作的书面信函、所申请职业的从业资格证书、体检报告等及以上文件的复印件。

3. 以色列市场

以色列是中东地区唯一的发达国家,国土面积(实际管辖面积)为 25 740 平方千米,总人口 902 万人(截至 2019 年),其中犹太人口共 669 万人,是世界上唯一以犹太人为主体民族的国家。

以色列的高新技术产业举世闻名,其在军事科技、电子、通信、计算机软件、医疗器械、生物技术工程、农业、航空等领域具有先进的技术水平。其电子监控系统和无人飞机十分先进,在世界范围内拥有很高的口碑。以色列的纳斯达克上市公司逾 80 家,仅次于美国和加拿大,居世界第三位。其中包括全球最大非专利药制药企业梯瓦(Teva)制药、以色列最大企业——全球网络保全产品巨头 Check Point 软件技术有限公司和著名国防承包商埃尔特系统(Elbit Systems)公司。以色列被视为中东经济发展、商业自由、新闻自由和整体人类发展程度最高的国家。

以色列有着发展成熟的市场经济,但政府也做一定的管理。以色列属于混合型经济,工业化程度较高,以知识密集型产业为主,高附加值农业、生化、电子、军工等部门技术水平较高。以色列总体经济实力较强,竞争力居世界先列。

以色列人口政策是鼓励人口增长。其主要目标是扩大人口规模和调整人口的地理分布。政府采取具体措施,提高生育率和移民迁入率。政府同时采取直接措施,从人口分布的战略立足点出发,改变人口布局。以色列政府重视人口问题。1968 年,以色列总理办公室成立了人口中心,负责对人口政策的实施提出建议、修改和援助,并负责人口研究,特别是生育率的研究。

关于国际移民,以色列政府鼓励移入,设有外来移民接收部,大量接收犹太移民和难民。政府没有关于移出的政策,对人口移出极大关注。国内人口分布政策注重放慢国内迁移流动速度,使人口按计划布局。政府力图使各地区发展平衡,改善城乡交通联系,从国家安全角度出发,把一部分人口沿边界分散布局,并创建新城镇,对房租、社会服务和工业基础设施进行津贴。

中国商务部资料显示,目前中国在以劳务人员共计约 8 000 人,主要分成五个类别:一是两国政府间劳务协议项下派遣的建筑工人;二是通过以色列国际招标入围的八家中国房建企业派遣的建筑工人;三是中资企业在以承包工程项下劳务人员;四是劳务合作协议签署前在以建筑工人;五是厨师等持专家签证来以的务工人员等。

2017 年 3 月,中以两国签署《中华人民共和国商务部和以色列国内政部关于招募中国工人在以色列国特定行业短期工作的协议》《关于招募中国工人在以色列国特定行业短期工作的实施细则(建筑行业)》,随后启动了试点阶段 6 000 名中国建筑劳务人员的招募选派工作。工种包括建筑模型工(具有识图能力)、钢筋工(具有识图能力)、瓷砖工(地砖铺设和墙砖镶贴)、抹灰工。

招募工作由中国对外承包工程商会和省级商务部门监督实施。出国求职者可通过中国对外承包工程商会官方网站"中国以色列建筑劳务合作服务平台"选择中以双方共同指定的公司报名。

七、北美市场

美洲包括北美洲和南美洲,共有 35 个国家,总面积达 4 206.8 万平方千米,占地球陆地面积的 28.4%。美洲地区拥有大约 9.5 亿居民,占世界总人口的 13.5%。《中国对外劳务合作发展报告 2016—2017》显示,2017 年年末中国在北美洲建筑业、交通运输业劳务人员为 0.3 万人。美洲经济发展不平衡,市场差异很大,北美的美国、加拿大是发达国家,外劳需求较多;南美洲国家本身基本不需要外劳,目前只有部分国家有工程项下建筑工人输入。由于工程项下劳务派遣项目的市场营销对象为工程承包企业或境外投资企业,故南美洲不列入国别地区的市场调查范围。

美国国土总面积是 937.3 万平方千米,人口 3.27 亿(截至 2018 年),白人约占 62.1%,拉美裔约占 17.4%,非洲裔约占 13.2%,亚裔约占 5.4%,混血约占 2.5%,印第安人和阿拉斯加原住民约占 1.2%,夏威夷原住民或其他太平洋岛民约占 0.2%(少部分人在其他族群内被重复统计)。美国的人均收入为 64 906 美元(2019 年)。

美国是一个高度发达的资本主义国家。在两次世界大战中,美国和其他盟国取得胜利,经历数十年的冷战,在苏联解体后成为唯一的超级大国,在经济、文化、工业等领域都处于全世界的领先地位。

美国社会出现老龄化现象。1990 年,美国 65 岁以上老龄人口占总人口的 12.3%;目前,美国 65 岁以上老龄人口占总人口的 17.4%;而联合国人口署预测,到 2030 年、2050 年,美国这一数字将达到 25.6% 和 27%。2017 年美国出生 358 万婴儿,比 2016 年少 7.7 万,为 1987 年以来的最低。伴随着出生率下降的还有美国适龄女性的生育率。数据显示,2017 年美国生育率降至 40 年以来最低水平,每名育龄妇女平均生育 1.76 个孩子,比 2016 年的 1.82 下降 3%。这种情况若是长期持续下去,美国的适龄劳动人口将缺少。

美国《移民和国籍法》(*Immigration and Nationality Act*)规定,美国政府核发永久和短期工作许可。

对于永久工作许可,由美国公民及移民服务局(以下简称美移民局)负责受理相关申请。申请者获批后,将获得在美永久居留权和移民签证。永久工作许可的申请者多为精英阶层,笔者没有把他们纳入劳务输出或赴美工作范畴,在此不做详述。

对于短期工作许可,由美国劳工部及其派驻各州机构审核雇主雇用非移民类临时性外籍劳务人员的申请条件;由美移民局决定是否批准雇用外籍劳务;美驻外使领馆对拟赴美从事劳务的外国公民进行面试,决定是否发放相应类别签证;美国国土安全部海关与边境保护局核准外籍劳务入境申请,定期发布非移民入境统计报告。

短期外籍劳务共分 21 类。其中,体力劳动等低技能岗位集中在季节性农业务工(H-2A)、临时性非农务工(H-2B),仅限于准入国别名单(2011 年共包括 53 个国家)内的国家,中国不在名单之列。中国公民有资格申请其中 13 类。从近些年的实际情况看,中国公民赴美工作主要集中在 H-1B、L-1A 和 L-1B 等三类,在美中资企业中方员工多为 L-1A、L-1B 类。

专业人才(H-1B)签证是美国最主要的工作签证类别,与中国高端外派项目比较对口。H-1B 是指特殊专业人员 / 临时工作签证(Specialty Occupations/Temporary Worker Visas),发放给美国公司雇佣的外国籍有专业技能的员工,属于非移民签证的一种。持有 H-1B 签证者可以在美国工作三年,之后可以再延长三年。H-1B 签证每年有 85 000 个名额限制,其中包括 65 000 个常规限额以及在美国获得硕士及以上学位的 20 000 个额外限额,采用电脑抽签的办法生成。

加拿大位于北美洲最北端,是英联邦国家之一,素有"枫叶之国"的美誉,首都是渥太华。领土面积为 998.467 万平方千米,位居世界第二。人口 3 700 万(截至 2018 年),主要集中在南部五大湖沿岸。官方语言有英语和法语,是典型的双语国家。加拿大是一个高度发达的资本主义国家,丰富的自然资源和高度发达的科技,使其成为世界上拥有最高生活水准、社会最富裕、经济最发达的国家之一,人均收入 44 091 美元(2018 年)。加拿大是西方七大工业化国家之一,制造业、高科技产业、服务业发达,资源工业、初级制造业和农业是国民经济的主要支柱。加拿大以贸易立国,对外贸依赖较大,经济上受美国影响较深。

最近,加拿大的一项研究结果显示,到 2030 年,加拿大最著名的工作人群——"婴儿潮"一代,将会有 920 万人达到退休年龄。2018 年至 2040 年间,全国将有 1 180 万人离开学校,加入职场;但是,期间离开职场的人数高达 1 340 万。到 2040 年,估计全国将有 25% 的人口属于 65 岁或以上的群体。在未来 20 年里,加拿大很难自己解决人口问题。

2017 年 10 月 25 日,加拿大统计局(Statistics Canada)公布的人口普查报告显示,移民或永久居民占加拿大总人口的 21.9%。加拿大 15 岁以下儿童中的 37.5% 有移民背景。2011—2016 年,加拿大总共接收了大约 120 万新移民,其中 71% 的新移民年龄在 35 岁以下。

1. 外国短期工政策

中国驻加拿大大使馆经济商务处资料介绍,加拿大有 2 500 多家企业雇用的外国短期工达到或超过员工总数的三分之一。这些企业来自全国各行各业,有东海岸的水产加工厂、安大略省的高科技公司、阿尔伯塔省的酒店,甚至有一个原住民食堂。加拿大"临时外籍劳工计划"由联邦政府主导,是加拿大在引进外籍劳工方面最主要的政策措施。临时劳务许可是在雇主面临劳工短缺而加拿大本地工人又无法满足该需求的情况下颁发的,临时外籍劳务许可原则上没有上限。

加拿大工作签证有三类。

第一类是普通技术工。加拿大政府根据外国技术工人对加拿大经济利益和需求的预算来分配签证,技术工的工作许可证允许外国公民在加拿大工作 1～3 年时间,它限于特定的工作职位和特定时间,必须在进入加拿大之前获得。经常招聘的工种:① 焊工、电工、木工、架子工、钳工;② 模具工、装修工、建筑工、维修工;③ 汽车维修工;④ 厨师(西式缺口较大)、面点师;⑤ 保姆、护理人员、护士(有英语要求);⑥ 猪肉、鸡肉、牛肉加工人员;⑦ 技术农业工作者;

⑧ 大卡车司机、机床操作手、家具木工；⑨ 采油工；⑩ 保安（有英语要求）。

第二类是特殊或高级人才。此类签证比较容易获批。包括以下三种。

（1）工作委任（雇主担保）。获得签证的时间为 12 周（北京使馆）。这一类别通常用于雇主调入高级经理／主管人员。也可以用于雇用高技术人员任职，该职务要求提供未找到具有合适技能的加拿大永久居民来填补这一职位的证明。

（2）下列类别的外国工作人员不必经加拿大人力资源中心批准：作为内部调任人员申请入加的高级经理或管理人员；持有在加拿大的表演合约的音乐家和演艺人员；由注册的加拿大宗教或慈善机构提供职位的志愿者；交流教授；博士后人员。

（3）在加拿大拍摄纪录片或风光片的摄制人员，向加拿大客户出售仪器或前来修理或伺服这类设备的相关工程师或技术人员。

第三类是假期工作签证，是指边旅游边工作的签证，只颁发给来自奥地利、澳大利亚、比利时、芬兰、法国、德国、爱尔兰、荷兰、新西兰、瑞典、斯威士兰、南非、英国、乌克兰、美国等国家 18～30 岁的旅游者。

"临时外籍劳工计划"规定，雇主可以从任何国家合法雇佣符合条件的外籍劳工。"临时外籍劳工计划"的工作许可分为工作许可签证和假期工作签证。

工作许可签证的申请程序如下。

（1）雇主在决定聘用临时外籍劳工后，首先向联邦人力资源与社会发展部提交劳动力市场评估（LMO）材料，内容包括工作岗位有关情况，是否已在全国性人力银行的网站或主流劳动服务招聘媒体上刊登过不少于七天的岗位招聘广告及结果，工会对该岗位聘用外籍劳工的意见，雇用外籍劳工对加拿大经济带来的利益，雇主对替代外籍劳工人员的培训计划，拟聘用外籍劳工的其他相关资料。

（2）联邦人力资源与社会发展部对 LMO 进行评估。评估内容包括所聘用外籍劳工的行业及岗位劳动力缺乏状况，外籍劳工对于增加就业机会的影响，以及雇主是否有完善的培训当地人员的计划；外籍劳工与本地同等员工的工作和薪酬待遇是否一致；外籍劳工资质能否满足联邦或省对该岗位的技能、执照等条件的要求；工会的相关意见；等等。

（3）如果 LMO 得到联邦人力资源与社会发展部审核通过，则向雇主发出通过许可通知书。雇主通知外籍劳工申请者到所在国家或地区的加拿大使领馆办理工作许可签证。申请者所携带的资料包括 LMO 通知、雇主聘用函、护照、个人简历、培训证书、资历证明、无犯罪记录证明等以及 150 加元的申请费用。申请通过后,申请者可获得有效期为一年的工作许可签证。期满后可延长,最长可以延至两年。申请人还可在工作签证期满后提出移民申请。

在"临时外籍劳工计划"项下,中国派往加拿大短期工作者有 IT 工程师、国际交流青年、跨国公司内部员工等中高级专业人才和厨师、保姆、焊工等技术工人。

2. 相关移民项目

不同于其他国家在移民政策上的不断收紧,加拿大政府在积极吸收更多的移民,不断发布移民新项目。由此可见,加拿大政府对于移民是持积极态度的。2020 年,加拿大将持续推进"百万移民计划",确保计划有效实施。按照继续每年新增大约 10 000 名新的永久居民的政策,2020 年为 34.1 万名,2021 年 35 万名。现对相关项目情况及趋势做一个初步的整理。

(1)农业食品加工行业移民试点项目。为帮助农业解决长期劳动力问题,加拿大将于 2020 年推出农业食品加工行业移民试点项目,共实施三年,每年约有 2 750 个配额。项目所针对的是一些肉类加工、饲养牲畜、种植蘑菇或温室作物等方面技术型的劳动力群体。该项目要求具有一年相关经验、加拿大语言标准四级(CLB4)证书、高中以上学历、全职雇主聘用函,先持工作签证到加工作 12 个月再移民。加拿大推出这一项目的目的在于希望通过为外籍劳工提供永居的机会,能够吸引这些外籍劳工留下。

CLB4 约相当于雅思听力部分的 4.5 级、阅读的 3.5 级、写作的 4 级以及口语的 4 级。CLB 级别与雅思单项能力得分的对照如表 3-1 所示。

表 3-1　CLB 级别与雅思单项能力得分的对照表

CLB 级别	雅思单项能力得分			
	阅读	写作	听力	口语
10	8.0	7.0	8.0	7.0
9	7.0	7.0	8.0	7.0
8	6.5	6.5	7.5	6.5
7	6.0	6.0	6.0	6.0
6	5.0	5.5	5.5	5.5
5	4.0	5.0	5.0	5.0
4	3.5	4.0	4.5	4.0

（2）大西洋四省移民试点项目（AIPP）。AIPP 是针对新不伦瑞克、爱德华王子岛、新斯科舍、纽芬兰和拉布拉多这几个省份推出的雇主担保类移民项目，申请条件为有一年相关经验、CLB4 证书、高中以上学历、一年雇主聘用函，门槛较低，一年左右即可拿到身份。自由党连任后，很可能将 AIPP 由试点项目改为常规移民项目。

（3）偏远与北部社区雇主担保移民试点项目（RNIP）。RNIP 依然属于雇主担保的移民方式，与 AIPP 相似，门槛较低，需要一年相关经验、CLB4～CLB6 证书、高中以上学历、全职雇主聘用函，旨在促进加拿大安大略省、西部和西北部区域的经济发展，同时也作为 AIPP 和省提名项目的补充项目。

（4）省提名项目（PNP）。PNP 是加拿大每个省份和地区根据各自经济发展情况及对人才的需求而与联邦移民局协商出来的移民途径。每个省份和地区的 PNP 众多，包括投资移民、商业移民、技术移民、雇主担保移民等多个类别。这些项目相比联邦技术移民、联邦投资移民等项目，申请门槛会低很多。

（5）市提名项目（MNP）。有了 AIPP 项目的成功经验，自由党政府提出了 MNP，旨在帮助加拿大的小城市吸引更多的移民，鼓励移民在加拿大大城市（蒙特利尔、渥太华、多伦多和温哥华等）以外地区定居。关于这个项目的具体细节还未披露。未来的 MNP 可能也将是一个雇主驱动的移民项目，城市中被联邦政府指定的雇主将获得更多支持，以满足其劳动力需要。

（6）家庭护理移民新政。该项目已于加拿大当地时间 2019 年 6 月 18 日开放申请。加拿大推出的这个为期五年的家庭护理项目实质上依然是雇主担保移民项目，每年的配额共 5 500 个。要求一年相关经验或六个月全日制在校护理培训、CLB5 证书、高中以上学历、合格雇主聘用函，在国内先递交材料审理永居资格再批复工作签证，无须劳工市场影响评估（LMIA），工作两年后可转永居。

除了移民项目的变化外，为了回应有关加拿大公民申请费过高的问题，特鲁多政府计划在四年内全部减免 630 加元的入籍费。

八、中国人力资源市场

中国人力资源市场是人力资源派出的生源市场，又是国际人才引进的需求市场，其调研、营销分别在本书的第四章和第八章论述。

第三节　国际人力资源市场营销目标

在了解重点或有代表性的目标市场的社会人文、经济发展、外劳政策及工资收入等情况的基础上，统观全球人力资源服务业市场现状，分析中国人力资源与国际人力资源需求适配可能，选择亚洲的日本，欧洲的欧盟国家，大洋洲的澳大利亚、新西兰，北美的加拿大，以及"一带一路"沿线作为重点目标市场，瞄准主要机构、组织和企业进行统观扫视与重点分析，为具体实施市场调研起到引导入门的作用，最终目的是确定重点营销目标和解决如何具体实施营销策略的问题。

一、日本市场营销目标

如前文所述，以中低端劳务为主体的技能实习生业务已经不是中国经营公司的发展方向。应该在保持传统业务的基础上，把营销的重心转向新的领域，锁定新的机构。为便于表述，在此把日本人力资源市场分为传统中低端市场和新兴高端市场两个大类分别阐明。

日本人力资源服务市场已经跃居全球第二。日本经济在陷入"失去的20年"之前，过分强调企业内部的终身雇佣制，而在经济增长停滞甚至衰退后，终身雇佣制的传统逐渐走向崩溃，促进了日本劳动力市场的变革。目前日本人力资源服务市场主要以人力资源外包、人才派遣、人才中介与人力资源管理软件为主。

随着日本经济形势的逐年好转，目前在日的外籍劳动者已达100万之多。在中国高端资源丰富、出国求职者更青睐高端岗位的背景下，中国经营公司的营销视野扩展到技能实习生合作业务以外的各种人力资源需求上面，拓展到技能实习生监理团体以外的人才派遣、人才中介等机构组织，聚焦到高端技能型、知识型项目上面已是大势所趋。我们应该在研讨吃透新需求、新制度的基础上，适时调整工作重心，围绕高端人力资源项目，对今后市场走向做出预测和积极的安排。据此，确定重点营销对象如下。

1. "特定技能"登录支援机构

日本法务省规定，登录支援机构须向海外劳动者提供十类免费服务。在登录支援机构的基础职能中，没有中介职能，即为海外劳动者介绍雇佣企业，这与技能实习生制度的监理团体有很大区别。严格讲,登录支援机构可以作为经营公司营业特定技能业务的支援者。

日本所有合法登录支援机构均可以在日本法务省官方主页上找到。所有的合法登录支援机构均持有由出入国在留管理厅发行的"登录支援机构登陆(更新)通知书"。该通知书内,记载了"企业名""登录番号""有效期限"等重要信息。

2. 人力资源服务公司

日本有人力资源派遣公司 8 万多家,数量居世界第一。在日本国内东京证券一部(相当于中国的主板)上市的人力资源派遣公司有 18 家。

1997 年,国际劳工组织表决通过了《民营职业中介事务所公约》(第 181号),允许从事劳动者的派遣业务,并对以前相应的限制内容进行了具有现代意义的修改。日本为了加入这个公约,并改善国内的就业形势以应对市场的激烈变化所带来的影响,对国家原有的劳务派遣有关法律进行了修改,并于 1999 年6 月通过了《确保劳动者派遣业合理运行及改善劳动者就业条件的法律》(简称《人才派遣法》)的修改法案,于同年 12 月 1 日实施(部分条款于 2000 年 12 月1 日实施)。该法案使日本劳务派遣制度发生了全面的改变。2003 年,《人才派遣法》再度修改,取消了制造业现场工作禁止使用劳务派遣工的规定。2007 年,劳务派遣的期限从原来的一年改至三年,超过三年者要求劳务雇佣公司同劳务派遣工签订雇佣合同。2010 年,该法再度做了禁止制造业除"常用型"雇佣以外的劳务派遣的规定。

1986 年该法进入实施阶段时,允许对 13 种工作进行派遣。到 1996 年,总共被允许派遣的工作为 26 种,包括办公设备操作(文字处理、打字和计算机操作)、计算机软件编程、金融事务处理等等。

从不同国家的情况来看,人才派遣管理法规可以分成三大类:禁止类(意大利、西班牙),不加以管理类(美国、英国、丹麦、冰岛),加以管理类(比利时、德国、法国、荷兰、葡萄牙)。日本属于最后一类。但是,在某些方面,日本的人才派遣立法与欧洲的相关管理立法相比有所不同。派遣性质的工作在欧洲是一种不固定形态的雇佣形式,在日本则被作为一种新的雇佣形态,并相应地加以对待。日本的人才派遣活动由三方当事人来完成,包括派遣公司(《人才派遣法》称之为"实施派遣行为的雇主")、客户公司、被派遣人员。三方的具体关系如下:① 派遣公司与客户公司签订人才派遣合同,客户公司为派遣公司提供的人才派遣服务支付费用。② 派遣公司与被派遣人员签订雇佣合同,派遣公司向被派遣人员支付工资。③ 客户公司无需对被派遣人员进行招募,而只对被派遣人员的工作进行指导和管理;被派遣人员为客户公司工作和提供服务。日本政府把客户公司对被派遣人员的指导和管理的行为合法化,尽管他们之间并不存在雇佣关系。这样一来,客户公司就避免了很多作为雇主的责任。

瑞可利(Recruit Holdings)是日本最大的人力资源、分类信息服务企业,成立于 1960 年,并于 2014 年 10 月在东京交易所上市,目前市值约 313 亿美元,上市至今股价上涨 95%。公司最初创立时发行杂志,为学生提供求职信息,目前的主营业务包括三个部分:人才信息、市场信息和人力资源。其业务覆盖人力资源、房产、汽车、婚庆、教育、旅行、餐饮、美容美发等十大领域。公司的主要商业模式在于连接 C 端人才与 B 端企业,一方面通过付费广告 + 服务佣金的模式获取收入,另一方面通过人力资源外包服务向企业收取服务佣金。

目前,瑞可利大约有 49 370 名员工,旗下品牌有 RGF HR Agent、RGF Executive Search、伯乐、BRecruit、CSI、Staffmark、Advantage Resourcing、前程无忧(控股)、Indeed 等。瑞可利在人力资源四大商业形态——职业介绍、派遣、外包、事务服务下设 163 家公司,赚钱的商业模式有几十种,涵盖一个人从出生到老去所需要的几十种服务,包括升学、就业、结婚、跳槽、生育、旅行、置业、买车、养老等。

3. 重点专业技术人才派遣项目

日本人才派遣目前需求量比较大的项目有信息技术(IT)软件工程师、介护士[①]、宾馆前台服务员、理工科专业机电类岗位等,其中以 IT 软件工程师、介护士的需求量最大,也最为迫切。

根据日本经济产业省发表的《关于 IT 人才最新动向与未来推算的调查结果》,日本 IT 人才缺口正在不断扩大,IT 人才不足的问题日益突出。根据 2019 年 3 月最新调查数据,日本的 IT 人才缺口在 2018 年已经达到 22 万人。根据预测,2020 年日本 IT 人才总需求为 105.9 万人,人才缺口将会扩大到 30.3 万人;到 2030 年,IT 人才缺口最高则会达到惊人的 79 万人。

---

① 介护士是指以照顾日常生活起居为基础、为独立生活有困难者提供帮助的专业技能人员。日本的介护工作始于 20 世纪 80 年代末,是在日本进入老龄、少子社会的背景下产生的。

日本软件行业起步早、发展快,动漫产业更是位居世界第一,需要大量的软件开发、编程和测试人员,IT人才的充足与否直接影响其产业竞争力。随着人工智能(AI)技术在工作以及生活中的不断渗透,很多事物都需要以AI为中心进行功能操作。日本野村综合研究所(NRI)与牛津大学的研究显示,2030年日本49%的劳动力将会被AI所代替。IT产业的持续扩大与日本国内劳动力人口的锐减现状直接加剧了日本对IT人才的渴求。在这样的背景下,日本企业展开了激烈的IT人才争夺战。但目前日本国内仅有的这部分IT人才远远无法满足日本企业的需求,因此引进国外IT人才成为日本填补IT人才缺口的一个新突破口。

IT软件工程师合作项目要求申请者具有大学本科学历;非计算机专业应届毕业生要求达到日语N1水平,往届、有实际工作经验者希望达到日语N2水平;需掌握主流编程语言如C/C++、Java、Python、Salesforce等。签证种类为"技术•人文知识•国际业务",俗称"工作签"。赴日入职后可申请配偶及子女赴日定居并合法打工,18岁以下子女可在日免费入学。可申请永居,有较大发展空间。

日本的人口结构近20年来发生了巨大变化。劳动人口不断下降,65岁以上人口快速增长,日本社会背负赡养老人的沉重包袱。长期以来,日本的养老介护人员短缺问题十分严重。日本介护劳动安定中心2017年的调查数据显示,介护行业自2013年以来已连续四年呈现人手不足的现象。日本厚生劳动省早在2015年就曾做出预测,10年后即2025年,日本介护人员缺口将高达38万。

为了应对严重的介护短缺问题,2017年11月,日本政府首次将介护职种加入外国技能实习生制度中。目前中日两国政府已经就"特定技能"项目达成政府间合作谅解备忘录(尚未正式签字),又将介护士列入"特定技能1号"14个职种之内。

日本进入老龄化社会近50年,有着几十年来逐步建立、完善起来的配套法规、保险制度和服务理念,养老护理行业十分成熟,从业人员技能和管理制度处于世界领先水平。养老护理是专业化程度较高的服务行业,涵盖医学、护理学、社会学、心理学、营养学、康复保健和健康管理等诸多领域专业知识和技能。

介护合作项目需求稳定,是一个有规模、有长远前景、有巨大市场潜力的合作项目。根据市场需求和丰富的资源状况,我们应该下决心投入必要的时间和精力,力争将其做成可持续发展的重点派遣项目。本章第七节将就院校、派遣企业和雇主三方合作开发介护市场做具体阐述。

4. 中国急需引进的高级人才

日本教育发达,人才济济,是中国国际人才的重要来源地。有关内容详见本书第八章。

日本技能实习生监理团体和接收会社有以下几类。

(1)监理团体。日本政府规定,可以作为监理团体接收技能实习生的机关有七类:① 商工会议所或商工会;② 中小企业团体(主要是事业协同组合);③ 职业培训法人;④ 实行农业协同组合、农业技术合作的公益法人;⑤ 渔业协同组合;⑥ 根据《日本民法典》第34条设立的财团法人、社团法人等;⑦ 法务大臣以告示规定的监理团体。

(2)"企业单独型"接收机关。这类接收机关是指接收日本在海外投资企业(日方出资比例在20%以上)或有贸易往来企业(必须提供交易业绩)所选派的技能实习生的日本本土企业。

(3)已接收技能实习生和外国劳动者的企业或机构。据JITCO统计,在日本,仅接收技能实习生的企业就有20 000余家,2018年接收各国技能实习生13.6万人,同比增幅10.8%,主要行业有食品、水产、电子、农业、畜牧、建筑、机械加工、铸造、塑料成型等。接收一般外国劳动者的机构更是不计其数。

(4)可能接收技能实习生或外国劳动者的企业或机构。一般情况下,同时具备如下四个条件的,具有接收技能实习生的可能性。① 具备政府规定的接收技能实习生的条件。根据研修、技能实习指导方针的要求,接收技能实习生会社需具备以下条件:生产经营正常,没有赤字;能提供住宿设施;确保技能实习设施;具有劳动安全卫生法所规定的安全卫生方面的设施;技能实习实施单位或者其经营者、管理人员在以往三年内没有做过有关外国人技能实习和其他就业方面的不正当行为。② 会社生产经营所需劳动力从日本国内招聘有一定困难,对技能实习生有刚性需求。③ 在周边会社群体中有先例,在行业内圈子里有正面导向。营销理论认为,他人态度对购买行为具有影响力,其影响程度取决于他人与购买者的关系密切程度及其反对或者喜好的程度。④ 会社社长对接收中国技能实习生有认同感。

具备前两个条件的,可列为接收技能实习生的潜在可能性会社;同时又具备后两个条件的,为现实可能性接收会社。监理团体或中国经营公司的营销工作在很大的程度上就是寻找、联络潜在可能性会社;通过宣传、说服不断施加积极影响，实现正向转化，从而把潜在可能性转化为现实可能性。

图 3-4　笔者陪同《国际商报》"走出去"专刊秦庚主编采访 JITCO

二、欧洲、大洋洲市场营销目标

中国对欧盟、澳大利亚外籍劳工市场的人力资源合作还没有真正打开局面，表现在三方面：一是开发项目没有放开视野，没有国际人力资源配置的概念，只在华人华侨圈子里寻找合作客户。二是合作的领域窄，长期以来"三中"（中餐厨师、中医和中文教师）唱主角。三是外派的人数少。根据《中国对外劳务合作发展报告 2018—2019》，2018 年年末，中国外派欧洲劳务人员有 2.8 万人，外派大洋洲劳务人员有 1.27 万人，合计 4.07 万人，仅占中国同期在外劳务人员总人数 99.7 万人的 4%。

图 3-5　笔者在行业年会上发表开发欧洲和澳新劳务市场的论文

为了改变这种局面,我们应在着眼人力资源合作总体环境的前提下,把相关度较高、具有合作机会或潜在合作机会的组织机构与经营单位作为重点营销目标。

1. 跨国人力资源职业中介机构

国际劳工组织的专家将私营职业中介定义为独立于公共机构的、由自然人或法人从事的职业供求匹配、雇佣工人为第三方服务以及其他设计求职方面的服务。国际劳工组织于 1933 年通过《收费职业介绍所公约》(第 34 号),于 1949 年通过《收费职业介绍所公约(修订)》(第 96 号),给予公共就业服务机构绝对垄断地位,私营职业中介机构在较长时期受到禁止或严格限制。到 20 世纪 90 年代,葡萄牙、丹麦、荷兰、瑞典、德国、芬兰和奥地利先后解除了对私营就业中介机构的禁令。1997 年,国际劳工组织通过《私营就业服务公约》(第 181 号),承认了包括劳务派遣机构在内的私营职业中介机构的地位和作用。目前,私营职业中介机构在欧洲得到较快发展。

(1)国际私营职业中介机构联合会(CIETT)。CIETT 成立于 1967 年,总部设在布鲁塞尔,是代表劳务派遣行业利益的唯一国际组织。CIETT 集合了 38 个国家的私营职业中介机构行业联合会,其中 24 个行业协会属于欧洲国家。参加这个协会的机构达 7 500 多个,每天同时有 700 万人在从事这些机构派遣的工作。业务范围包括劳务派遣、招聘、临时管理、管理层猎头、新职业中介、培训。CIETT 会员共有 12 万家分支机构。

CIETT 制定了一套全球适用的行为守则。该守则规定了私营职业介绍机构执业的十项公认原则:遵守社会伦理和职业操守;遵守法律;与劳动者合同条款的透明性;不向求职者收取费用;重视岗位安全;尊重劳动力市场的多样性,防止歧视;重视劳动者权利;重视商业秘密;重视专业知识和服务质量;重视公平竞争。CIETT 最主要的成就是劳务派遣行业得到法律认可(法国于 1972 年,比利时于 1987 年,丹麦于 1990 年,芬兰于 1993 年,瑞典于 1993 年,西班牙于 1994 年,意大利于 1998 年,希腊于 1999 年,新欧盟国家于 2000 年以后),制定了劳务派遣行业相关国际监管标准,开展有关私营职业中介机构对劳动力市场的贡献方面的战略研究。

CIETT 在欧洲的机构是 Eurociett,在欧盟内部已经形成比较成熟的劳务派遣市场,有 20 000 多个派遣机构、30 000 多个分支机构,每天掌握着 300 万工作岗位,年利润达到 850 亿欧元。

（2）德科（Adecco）公司。德科公司成立于1996年，由法国埃科和瑞士阿迪亚两家公司合并而成，总部设在瑞士日内瓦，跻身于全球500强之列。2018年年营业额282亿美元，在全球人力资源服务公司中排名第一。

德科公司是全球领先的从事员工安置的企业，主要负责提供全职人员招募与人力派遣服务，拥有一个每天连接65万待业人员和临时雇员的庞大网络。此外，德科公司还运营着欧洲一家求职网站——职业领航、一家专业招聘服务机构——Ajilon，以及个人培训和职业发展指导机构——Lee Hecht Harrison职业服务中心。"让人在变化的世界中成功"是德科公司的口号。

德科公司经过40多年发展，在全球60多个国家和地区建立了大约6 000家分公司和办事处。德科公司在亚洲地区已有24年的历史，有超过100家分公司。与北京外企服务集团（FESCO）强强联手，合资成立了Fesco Adecco（外企德科），并不断得到发展。目前，在中国浙江、重庆、深圳、苏州设立了分支机构，服务客户超过20 000家，服务人数超过200万名。

（3）任仕达（Randstad）公司。任仕达公司是全球最大的人力资源服务解决方案供应商之一，1960年由Frits Goldschmeding与合伙人创立，总部位于荷兰阿姆斯特丹，其股票在纽约泛欧交易所上市。截至2018年12月31日，任仕达在全球38个国家和地区设有4 826家分支机构，公司员工达到38 820人。2018财年，公司收入281亿美元。在中国华东、华北、华南地区设立了多个分支机构。自2008年完成对维迪奥（Vedior）的收购之后，任仕达成为全球第二大人力资源服务供应商。

任仕达致力于向企业提供专业的灵活性工作解决方案和人力资源服务，在阿根廷、比利时、卢森堡、加拿大、智利、法国、德国、希腊、塞浦路斯、印度、墨西哥、荷兰、波兰、葡萄牙、西班牙、瑞士和英国都排在市场前三名的位置，在澳大利亚和美国也名列前茅。

（4）万宝盛华（Manpower）公司。万宝盛华公司成立于1948年2月，是人才派遣行业的先驱之一，以人才招聘、培训、供应而闻名全球，总部在美国的威斯康星州。现在，万宝盛华是仅次于德科和任仕达的全球第三大人力资源公司，在全球82个国家有4 300家分公司，每年为超过40万家客户提供各种人力资源服务，每天为超过60万人提供职业发展机会。在《财富》美国100强中，98％的公司都是它的客户；而在《财富》全球500强中，它的客户也已经达到91％。

　　万宝盛华通过一系列的测评、职业生涯指导和培训来向广大候选人提供的专家意见，通过在人员管理方面强有力的服务，为客户创造更高的企业价值。作为万宝盛华对候选人的重视的体现和企业文化发展的一部分，公司通过其直接培训系统——全球在线学习中心，为所有的候选人和员工提供了免费的在线培训机会。

2. 华人、华侨商协会组织

　　在欧洲、大洋洲国家，华人、华侨商会、社团、组织遍布各地。有综合性华人商会，如"××华侨华人社团联合会""××华商总会"；有来源地老乡成立的地区商会，如"××青田同乡会""××山东同乡会"；有专业性行业商会，如"××中餐业商会""××建筑业商会""××烹饪协会"；还有侨联、妇女、青年等各界社团组织。

图3-6　笔者随山东省商务考察团访问波兰青田同乡会

　　进入21世纪以来，在欧洲、大洋洲等地从事工业生产、货物贸易和批发业务的华人、华侨不断增多。2015年，笔者随团拜访法国国际烹饪联合总会时得知，该会目前的会员企业已经有一大半转到工业生产和贸易等领域。但是，从总体情况看，从事餐饮业或是为餐饮业提供服务的华人、华侨仍然占多数。由于大多数国家对中餐厨师引进不拒绝，餐饮业仍然是我们关注的重点。

　　荷兰最大的中餐业商会有1 200多家餐馆会员，是专门为荷兰餐饮业的华人经营者谋求直接和间接利益的社团组织。其服务和优惠项目有为会员提供中文和荷兰文的第一线咨询；为会员办理从中国引进厨师的各种手续；为会员提供各类法律和税务咨询援助；为落实亚洲餐饮业协议要求，为会员提供各类有关行业培训课程。会员还能享受申请劳工证、商业保险、煤电费、机票等多项折扣优惠。该商会具有多年与劳工局、移民局、卫生局和税务局等政府机构打交道的经验,可以有效地维护华人经营者的利益。

3. 人力资源需求方——雇主企业

目前,我国人力资源可以通过合法途径进入欧洲的职业主要有中餐厨师、养老护士、中医、中式按摩、中华武术和专业技能类岗位等。我们可以对上述岗位做一些大体了解。

(1)餐饮业。在欧洲、大洋洲,中餐经过几十年发展、改良,出现新的业态和新的营业模式。

传统中餐近十年来呈现颓势,日本餐近十年来有了较大幅度上升,其他亚洲餐有一定上升。传统中餐馆的萎缩,并不意味着从事餐饮业的华人减少。比如,有的欧洲国家申请亚洲厨师新政策规定亚洲餐厅可以申请中国厨师。

图 3-7　笔者看望荷兰放开厨师准入后派出的第一名厨师

现代特色中餐馆按照传统餐谱制作,摆盘高雅,人均消费 25～50 欧元。亚洲世界餐餐馆结合亚欧餐饮(中餐、日餐、铁板烧、意大利餐和鱼餐),饮食全包,采用自助餐形式,规模较大,人均消费 27～31 欧元。Wok 餐馆,规模大,采用自助任吃餐形式,增长高峰已过,人均消费 20～25 欧元。任吃寿司餐馆售卖易消化的健康饮食,市场已经饱和,人均消费 22～27 欧元。传统的中印餐馆售卖大众饮食,量多,价位低,侧重外卖打包,数量正在逐年减少,人均消费 14 欧元左右。

中餐业的前景:经营更加专业化、现代化;产品款式呈现多样化、快餐化,将更多的健康食品呈现给顾客。

(2)养老机构。要说养老院,得先从老龄化说起。目前,老龄化已成为欧洲、大洋洲等发达国家的普遍问题。

德国是世界上最早提出养老保险的国家。养老保险分公共养老保险、企业养老保险和政府支持的私人养老保险三部分。公共养老保险是绝大多数退休者的主要生活来源。但随着经济和社会结构的变化,德国公共养老制度面临的矛盾越来越突出。首先是老龄化加剧。预计到 2040 年,德国领取养老金与缴纳养老金的人数比将从 53% 增至 73%。其次是养老金资金池捉襟见肘,养老金收支出现 40 亿欧元的赤字。最后是养老金领取者贫富差距拉大。德国经济研究所和柏林自由大学的研究显示,收入最高的 20% 的人领取了 40% 的养老金,收入最低的 20% 的人则只拿到 7%。

德国共有 1.24 万家养老机构,其中 54% 为慈善组织所办,40% 为私人养老院,其余为公立养老院。根据护理机构的调查,有 1/3 的德国老人生活在养老院,另外的 2/3 则在自己家或老年公寓养老。德国的养老模式主要有居家护理型、老年公寓型、养老机构型三种。

老年公寓型养老以居家服务监护式公寓为主。老人搬离原有老旧住所,入住最新购买或租赁的新建居家服务监护式公寓,公寓整体采用无障碍化设计,另附加许多老人服务硬件设施,并且也提供相应的上门护理服务。这一养老模式得到德国老年人的认可。由于德国可以提供完善的居家养老服务和养老住区服务,所以多数老年人在最后时刻才会入住养老机构。养老机构与居家养老最根本的不同在于,养老机构有着 24 小时的全方位服务,包含护理、日间生活和起居等,且多分布在居民密集区,少数分布在郊区及度假区内。德国养老通过政府的大力补贴,对需要护理的老人按照不同护理级别给予不同支持,对参与护理的企业给予财税支持,是名副其实的福利型养老国家。

老龄化促成庞大的养老产业,也导致养老机构护理人员严重不足。

据法国社会事务部研究调查评估统计局(DREES)的报告,截至 2015 年年底,有 72.8 万名老人住在法国各地的养老院,比 2011 年增加 4.5%。2017 年4—7 月期间,法国汝拉省 Opalines 养老院十几名医护人员连续罢工 117 天,抗议人力不足。2017 年 12 月底,养老院年轻护士 Mathilde Basset 在网络上给法国卫生部长布赞女士写公开信,描述道:"今天上午,我一个人要照顾 99 个老人……" 2018 年 1 月初,法国 Ehpad 连锁养老院机构负责人、工作人员和居民组织了前所未有的示威,反对 Ehpad 的工作和生活条件。示威得到法国总工会、老年服务管理协会(AD-PA)和退休人员协会等诸多团体的支持。

法国老年服务管理协会主席 Romain Gizolme 接受欧洲媒体采访称,鉴于老龄化日趋严重,家庭看护很快将不堪重负;法国 7 000 家公立和私营养老院"缺的不是钱,而是人力资源"。

以欧洲知名的养老运营商法国欧葆庭集团(ORPEA)为例,我们对欧洲的养老机构做一个粗略的了解。ORPEA 成立于 1989 年,现在是欧洲第二大养老运营商,拥有 600 家养老院、58 334 个床位,业务遍布法国、比利时、德国、意大利、西班牙、瑞典、奥地利和捷克,主营业务是提供长期和短期的养老介护服务,现建立了一个由疗养院、急症看护和精神病护理院组成的养老物业网络,未来业务的重点是欧洲其他国家和中国。ORPEA 于 2016 年在南京开设第一家分支机构,月均费用超过两万元人民币,目前入住率已超过 50%;在北京、上海和长沙等地亦有投资、合作项目。

欧葆庭集团一直坚持扩张规模化的商业模式,近几年利润不断增长。其经营特点如下:一是精挑细选城市中心或者大型卫星城的物业位置,这些物业周边配套设施齐全,环境优美。二是坚持不断并购的扩张模式,大肆收购其他欧洲国家的养老运营商来实现区域扩张。三是建立高质量的服务和培训体系。据统计,90.6%的家庭满意或非常满意欧葆庭集团所提供的服务。欧葆庭集团开设的学术创新和诊所道德委员会聚拢了一批不同背景的国际专业人才,专门研究养老产品创新和制定服务培训机制,为欧葆庭集团的服务升级出谋划策。四是保证较低的财务成本和稳定的现金流量。近几年,欧葆庭集团借贷成本持续降低,而优质物业较佳的增值能力和持续增长的营业收入保障了集团拥有稳定的现金流量。

再看看澳大利亚的养老机构。与澳大利亚人口总数相比,澳大利亚养老产业非常庞大。养老产业是澳大利亚服务业最重要的组成部分之一,全行业拥有2 000家不同种类的运营商,雇佣超过35万名员工,服务覆盖100万老龄人口(数据来源:澳大利亚养老产业融资协会,2016)。

针对不同年龄段和看护需求的人群,澳大利亚养老产业主要分为三种机构类型:家庭与社区综合护理(home and community care)、老龄公寓(retirement village)以及老年医疗护理机构(residential aged care)。家庭与社区综合护理指老年人在原居所中生活,社区向有需求的老年人提供基础护理服务。若有更进一步的护理或者日常医疗需求,家庭护理可提供定向定制服务。老龄公寓适用于无力维护独立居室等因素而不适宜继续居住在原住宅的老年人,拥有相对私密的空间,运营商通常也为老年人配备娱乐、健身等辅助设施,在保证隐私性的同时也能满足入住老人一定的社交需求。老年医疗护理机构接纳的申请人通常为不能独立生活但暂不需要高强度护理的年长者。

随着中国养老事业受到重视,中国国内开始出现西方发达国家养老机构的身影。在2018年5月召开的第七届中国国际养老服务业博览会上,有来自法国的高利泽集团(COLISEE)、欧葆庭集团(ORPEA)、爱德福集团(Adef)等19家养老服务领域的企业参会。

(3)中医诊所、按摩店等。广义上讲,中医除了一般意义上的看病(把脉、问诊、开方子),还包括针灸、拔罐、按摩等治疗方式。

中国国务院新闻办公室2016年发表的《中国的中医药》白皮书指出:"中医药已传播到183个国家和地区。据世界卫生组织统计,目前103个会员国认可使用针灸,其中29个设立了传统医学的法律法规,18个将针灸纳入医疗保险体系。"

澳大利亚是最早对中医立法的海外国家。从2000年的维多利亚州立法,到2012年7月1日的全国立法,中医在法律上取得了和西医同等的地位。中医立法后,中医治疗方式越来越被澳大利亚民众接受。中医在澳大利亚立法带来的最重要的变化是有了严格的准入门槛,整个行业有了规范,具备相应资质的人需要学历、语言达到要求,经过注册才能成为合格的中医师。

澳大利亚对中医、中药师的注册管理日趋严格。2015年7月1日起,资格认证更加规范和严格,申请者需具有英文雅思成绩7分、澳大利亚中医委员会承认的学历和培训资格以及五年以上的从业资历等。澳大利亚全国中医药针灸学会联合会会长林子强表示,从立法原则上来说,澳大利亚中医地位可以说是全世界最高的,因为立法后中医和西医在法律上是平等的。中医立法重要又必要,它不但保护了中医师正当行医的合法地位,更重要的是保护了公众的健康权益。注册中医师不可随意进行不实宣传和不道德行为,澳大利亚民众心中逐渐树立起中医师的正面形象,建立起医患之间的相互信赖。

中医在澳大利亚有良好就业前景,不断吸引着人才投入中医行业。皇家墨尔本理工大学、西悉尼大学、悉尼科技大学等公立大学以及三家私立大学都开设本科及研究生的正规中医课程,其学历被澳大利亚中医局承认。据2015年年底的统计数据,澳大利亚全国注册中医师和针灸师4 494人,以35～55岁的中青年为多,其中针灸师有1 688人。有数据显示,澳大利亚全国约有5 000家中医及针灸诊所,每年门诊人数至少有280万人次,其中约80%就诊患者的母语是英语。一般中医诊所的针灸费用为40～70澳元,中药开方费为25～45澳元,一服中药为10～15澳元。目前的主要问题是,中医和牙医一样,尚未纳入澳大利亚国民医保。业界人士认为,中医要实现和西医一样的福利,还需要逐步推进。

近年来,中医在欧洲各国得到不同程度的发展,特别是针灸、正骨、按摩等,正在得到欧洲人的认可。据《中国中医药报》报道,英国的中医诊所超过3 000家,荷兰有1 600家。但是,这些数据比起澳大利亚差距不小。在政府管理层面,只有匈牙利已经对中医进入当地医疗主渠道的相关问题立法,其他欧洲国家尚未进入立法阶段。欧盟对药的成分、疗效等具有严格的测定规定。2011年生效的《欧盟传统植物药(草药)注册程序指令》规定所有传统草药制品必须在欧盟注册,而至今没有一种中草药成功获得注册。

图3-8　笔者在澳大利亚与移民律师交流

三、加拿大市场营销目标

加拿大商业发展银行（BDC）首席经济学家皮埃尔·克莱罗克斯（Pierre Cleroux）表示，加拿大经济过去两年全速运行，就业岗位增加，失业率大幅下降，再加上人口老龄化和"婴儿潮"一代退休，劳动力短缺形势严重。

1. 中小企业

根据加拿大国际广播电台（RCI）报道，2018 年 4 月进行的一项范围涵盖加拿大 1 208 个中小企业的调查显示，全国大部分地区中小企业面临劳动力短缺的形势，近 40％的加拿大中小企业缺少人手，找不到充足雇员。其中以大西洋沿岸省份、不列颠哥伦比亚省和安大略省三地最为严重。不列颠哥伦比亚省以林业、矿业、农渔业、旅游业、电影制作和高科技产业为主；安大略省则是加拿大制造业中心，以汽车、钢铁、电器、机械、化工和纸张行业为主。目前，劳动力短缺最严重的三个领域是制造业、零售业和建筑业。

加拿大人口稀少、劳动力成本高，因而大部分企业采取小规模经营。有资料显示，加拿大企业总数约为 230 万家，其中，小型企业比例高达 98％，是加拿大经济增长的主要引擎。

2. 新开移民试点项目——肉类加工、蘑菇生产等行业

加拿大联邦政府提出的农业食品移民试点项目计划在 2020 年启动，为期三年。根据加拿大移民部的消息，该项目旨在解决加拿大肉类加工、蘑菇生产行业的职业短缺难题。目前，通过临时外国劳工计划来加拿大的季节性农业工人只能获得有限的工作许可证，并无法获得永久居留权，而该试点项目将有效解决永久居留权问题。该试点项目每年最多可接收 2 750 名主申请人（家庭）。在试点项目进行的三年期间，大约会有 16 500 人能成为加拿大新的永久居民。

该试点项目涉及的职业包括零售屠宰工、工业屠宰工、食品加工工人、一般农场工人，以及全年从事蘑菇生产、温室农作物生产或畜牧业、农场主管的工人和专门的畜牧工人。

申请人需要具备以下条件：已经通过临时外国劳工计划来到加拿大，并具备 12 个月从事加拿大全职非季节性工作的经验，有资格从事肉类加工、饲养牲畜或种植蘑菇或温室作物；英语或法语评测达到 CLB4；相当于加拿大高中或以上的学历；除魁北克省以外，获得以上职业的加拿大永久全职工作聘书，工资

标准等同于或高于现行工资标准。

统计数据显示,农业生产和农副产品加工是加拿大经济发展的重要支柱,在全国范围内每八个工作岗位中就有一人来自这一领域。为了配合这一试点项目,加拿大就业和社会发展部正在实施一些变革,这些变革将有利于支持临时外国工人过渡到永久居民。

3. 加拿大留学-工作-移民项目

加拿大魁北克省于 2010 年推出了一项移民计划,具体内容为只要在魁北克省的大学、中专和技校,读满 1 800 小时的课程,取得毕业证书,法语达到 B2 水平(中高级),就可以申请移民。一般情况下,普通的职业学校,只要是全日制的,读完一年半的时间就可以达到 1 800 小时。现在许多职业学校都提供一些符合当地市场需求的专业。到魁北克省就读这些市场急需专业,入学时不需要托福或雅思成绩,不要求法语,只要求学生已经学完高中的全部课程,有高中成绩(含有英语成绩),毕业前半年即可开始申请移民,并且毕业后可以快速进入就业市场。这对于多数没有资本、高学历和外语水平的中国年轻人来说,是个不错的机会。

项目有以下具体优势:

(1)没有配额限制,不像有些移民项目每年有额度限制。

(2)没有专业限制。

(3)没有工作经历要求。申请移民时,只要求法语达到 B2 水平,不要求任何工作经历。

(4)语言要求不高。到职业学校就读 1 800 小时课程,不要求托福和雅思成绩,高中英语成绩良好即可。

(5)没有当地就业压力。由于职业学校提供的课程多为当地市场短缺的专业,毕业后找工作非常容易。

(6)留学费用降低。由于职业学校的学期时间短,留学费用低,且学生入学六个月后可以打零工,每周不超过 20 小时(当地最低时薪 10.75 加元)。

(7)可快速实现移民梦想。毕业前半年即可申请魁北克省移民资格。学生毕业后,可获得 2～3 年的工作签证。法语未达标的学生仍有机会一边工作(工作期间的收入,应为年薪 20 000～30 000 加元),一边学习,最终达到语言要求,实现移民梦想。

职业学校的专业课程包括汽车机械维修（automobile mechanics）、美容护理师（beauty care specialist）、民用和商用建筑制图（residential and commercial drafting）、室内装潢和视觉展示（interior decorating and visual display）、计算机支持和网络（computer support & networks）、通信设备安装和维修（installation and repair of telecommunications equipment）、烹饪艺术师（culinary arts specialist）、健康帮助与护理（health assistance & nursing care）、医师办公助理（medical office specialist）。

四、"一带一路"沿线营销目标

1. "一带一路"沿线

2013 年 9 月和 10 月由中国国家主席习近平分别提出建设"新丝绸之路经济带"和"21 世纪海上丝绸之路"的合作倡议。"一带一路"旨在借用古代丝绸之路的历史符号，高举和平发展的旗帜，积极发展与沿线国家的经济合作伙伴关系，共同打造政治互信、经济融合、文化包容的利益共同体、命运共同体和责任共同体。"一带"指的是"丝绸之路经济带"，在陆地，从中国出发，有三个走向：一是经中亚、俄罗斯到达欧洲；二是经中亚、西亚至波斯湾、地中海；三是从中国到东南亚、南亚、印度洋。"一路"指的是"21 世纪海上丝绸之路"，重点方向有两个：一是从中国沿海港口过南海到印度洋，延伸至欧洲；二是从中国沿海港口过南海到南太平洋。

2. "一带一路"发展成果

"一带一路"倡议提出七年多来，在世界和平与发展大潮中不断升华，得到越来越多国家和国际组织的信任和支持，关键项目和示范性工程纷纷落地生根，沿线国家人民有了越来越多实实在在的获得感。全球多个国家和国际组织积极响应支持"一带一路"倡议，140 多个国家和国际组织已同中国签署合作协议。亚洲基础设施投资银行进行新一次扩容，相关程序完成后，其成员总数将增至 87 个，遍布全球各大洲。"蓝色经济通道""冰上丝绸之路""空中丝绸之路""数字丝绸之路"……一条条共筑梦想的纽带多元联动，为推进"一带一路"建设开辟更加光明的前景。

中国交通建设集团有限公司参与投资建设"一带一路"沿线项目已达 1 600 多个，合同额累计超过 585 亿美元；在"一带一路"沿线修建公路超过 1

万千米;已签约及在实施铁路项目超过 2 000 千米;修建港口深水泊位 95 个,桥梁 180 座,提供集装箱桥吊 754 台,推进建设产业园区 20 多个。其中,肯尼亚蒙内铁路、巴基斯坦瓜达尔港、斯里兰卡科伦坡港口城等早期合作成果彰显了共建"一带一路"的巨大成就。

3. "一带一路"为中国人力资源服务业提供了广阔发展空间

(1)开放的视野和多维度思维。在"一带一路"背景下对外开放,需要有开放的人才观、开放的视野和多维度的思维取向。既要尊重人才成长规律,也要尊重产业发展规律;既要认清中国人力资源领域的长处与不足,也要了解竞争对手与合作伙伴的情况。积极对接国际先进理念和通行规则,加快构建职业资格、资历的互认机制,夯实人才流动基础,推动建立透明、公平、可预期的制度环境,形成具有全球竞争力的人力资源新优势。

(2)走出去,引进来。在包容开放的平台上实现人才的双向流动,实现从为项目所用向互利共赢的跨越。不仅让国内人才、智力、先进的人力资源服务模式走出去,积极融入全球产业链、创新链、价值链,将中国经验、中国技术传播到海外,还要将境外人才引进来,要让中国逐渐成为世界各国优秀人才施展才华、干事创业的"热土"。结合"一带一路"建设,给予境外人才更多的中国机会和中国舞台,完成由"集聚全球人才"向"发展全球人才"的战略转变。

(3)明确服务的重点对象。围绕"一带一路"沿线人力资源的供应和服务需求,中国在"一带一路"沿线上的投资企业和工程承包企业是重点营销对象,为他们提供项目建设和管理运营所需的技术工人和管理人员,提供与人力资源有关的其他管理服务。同时,深入考察了解沿线国家人力资源状况,把握"一带一路"沿线国家人才、企业以及有关组织的各种诉求,构建起国际化的对话与行为模式。在所在国家政府支持下开展一定范围内的人力资源服务,比如根据建设项目需求对当地工人进行技术培训以满足项目的不同需求。

第四节　市场营销策略与方法

在西方国家,随着市场竞争加剧,现代营销理念早已成为企业求生存谋发展的经营哲学。中国的对外人力资源合作行业只有 40 余年的发展历史,是在社会主义初级阶段的土壤里生长起来的,很多仍停留在以产品为中心的推销观念上。如何尽快转变营销观念,树立现代市场营销理念,实施创新营销策略,成为中国人力资源行业与国际接轨、走向世界的一个现实的问题。我们看到,许多优秀的对外人力资源合作经营公司奉行现代市场营销理念,以客户需求为导向,统筹兼顾公司利润、消费者需求和社会利益,取得了良好的市场效应。

一、市场营销策略

1. 营销理念更新

为雇主提供优质产品和服务,打造品牌影响力,是最大的营销策略。华为一年 7 000 多亿营业收入,主要靠的是以技术做支撑的产品质量,靠的是强大的品牌号召力。任仕达公司每天为 40 多万人提供就业机会,巨大的顾客流来源于经过半个世纪积累起来的品牌力量。

企业的质量、品牌工作,是一件扎扎实实、真心诚意为顾客着想的工作。顾客满意了,口碑树立了,客观上就自然起到了营销市场的积极作用。从这个角度讲,做好质量、品牌工作是营销的最高境界。

2. 营销方式创新

(1)一体化营销方法。在商品经营领域,合作营销已被越来越多的企业所采用。在日本技能实习生业务领域,根据中日两国的有关规定和业内惯例,中国经营公司与日本监理团体在技能实习生合作中各自有明确的分工。日本监理团体方的市场营销都是自己单方负责。如果中国经营企业与日本监理团体一体化营销,集中双方优势资源,组成统一的营销队伍,就可以形成一种新的、更加强化的协同优势。中方的加入可以让日方会社直接感受到经营公司在选择优质生源、强化素质培训和在日服务管理方面的整体优势,提高对一体化营销管理体系的信心。

(2)实施样板工程示范营销。充分发挥经营公司与境外合作方的各自优势,在不同区域创建样板示范工程,通过经营公司与境外合作方密切配合、到位管理和重点培养,形成本区域范围内的业务示范推广点。在此基础上,通过多种渠道宣传、扩散和推广样板,增强辐射效果,影响和吸引目标营销客户的注意。例如,利用会议场合,由示范项目的用人企业现身说法,介绍经验,宣传优势,解答有关问题。再如,组织参观旅游团,在旅游行程中间,安排到经营公司的培训中心和生源基地考察参观。

(3)文化营销。《论语·卫灵公》说:“道不同,不相为谋。”意思是人不愿意与自己志趣不同的人共事。同样道理,做生意也没有人愿意与自己情趣不投的人长期合作;即使合作,也是为了眼前利益,不会有患难与共的交情。有人说:"短期赢得客户靠的是利润,长期赢得客户靠的是文化。"此言不无道理。从一般意义上讲,文化营销是把商品作为文化的载体,通过市场交换进入消费者的意识,运用文化资源,通过文化理念的设计创造来提升产品及服务的附加值,在满足和创造消费者对真善美的文化需求中,实现市场交换的一种营销方式。

在国际社会,特别是西方发达国家社会,文化正在越来越深入地影响人们生活的各个方面。企业文化、管理文化、产品文化、品牌文化、消费文化、网络文化等,已渗透到社会的各个层面。因此,我们应将更多的目光投向文化营销。

从国际人力资源合作业务的营销环境来看,实施品牌文化定位,是经营公司文化营销首先要解决的问题。"服从、听话、会干活"的产品定位,朴实无华,切中要害,短短七个字,包含着丰富的思想内涵,可谓是品牌文化的经典之作。青岛环太经济合作有限公司制定的"诚信、守约、服从、敬业、勤奋、好学"十二字校训,以及"干好三年,学好三年,着眼于回国后三十年"的技能实习目标,是对品牌文化的另一种诠释,而"出国工作人员收益最大化、长远化"的企业经营目标,则体现的是品牌的利益追求定位。

经营公司的文化营销还包括物质文化营销、行为文化营销、制度文化营销和精神文化营销。公司的文化营销可以体现在公司办公场所、培训学校等软硬件设施上,员工及学员的行为规范和精神面貌上,也可以表现在公司对外宣传的网站、样本上。经营公司经营理念、办学宗旨、规章制度、教学流程(计划)、员工和出国工作人员培训教材等也是营销企业文化的载体。

3. 营销空间拓展

(1)在营销的对象上,转变观念,开阔视野。一是转变开发市场主要靠华人或在外中国人的习惯做法,在开展广泛深入的调查研究的基础上,直接对接外国人雇主或外国人中介。二是将营销的切入点由雇主、境外中介转向有关社会机构、行业协会、商品批发市场、商场、物流公司等外围目标,实施统筹运作,分类对待,从面到点,重点突破。

(2)在营销产品上,转型升级,创造新市场。要着力巩固老客户,勇于涉足新行业,特别要重视对高层次、技能型工种的市场开发工作,通过校、企、雇三方合作定向培训,尽快推出一批老年护理、IT工程师、酒店服务业等技能型岗位。

(3)在营销模式上,搭建新的业务操作平台,拓展经营空间。利用政府和商协会的影响力组织中外人才对接会、研讨会，并搭建起长期持续的联络交流合作机制。针对中国中低端劳务资源紧张的局面，积极探讨建立从第三国招收、培训劳务资源的业务运行模式。

（4）开展国内人才派遣业务，形成与国际人力资源合作相衔接、贯通的综合优势。中国明确提出要把加快现代服务业的发展作为经济结构战略性调整的主攻方向，为人力资源服务业提供了广阔的市场空间和政策保障。进入 21 世纪以来，国内人才派遣取得长足发展，在服务经济社会发展、服务企业发展、服务民生就业中发挥了积极作用，展现了人力资源服务业的价值和社会责任。目前，已有上海外服等三家行业企业入选中国企业 500 强。对外劳务合作经营公司开展国内人才（劳务）派遣，既有一定的管理基础和经营渠道优势，又可为回国人员的工作安排创造有利的条件，大大拓宽经营公司业务发展的空间。

二、市场调研方法

1. 市场调研程序

有效的市场调研包括五个步骤：

（1）确定调研目标。

（2）制定调研计划。调研计划包括需要收集的信息、采取的调研方法、运用的调研工具等。

（3）收集信息，包括收集第二手资料。学会从统计机构、行业组织、市场调研机构、科研情报机构、金融机构、文献报刊等渠道获得有用资料。

（4）分析信息。分析信息渠道的可靠性，分析信息内容的准确性，分析信息的相互关系和变化规律。

（5）得出调研结论。

2. 市场调研渠道

市场调研渠道主要有以下三种：一是利用网络进行市场调研。网络通信技术的突飞猛进为我们收集资料提供了十分便利的条件。网络没有时空和地域的限制，收集信息也变得更加便捷。这与传统的市场调研收集资料方式有很大的区别。二是电话调查。三是利用走访客户和看望在外工作人员，拜访有关机构、民间团体等机会，有重点地调查研究或共同分析有关问题，交流有关信息情报，共同研讨热点问题。

3. 项目的实地考察调研

对于派出人员较多或涉及新业种、新地区的项目，须到雇主的工厂或公司现场考察了解劳务人员的工作环境、工作内容、生活条件及有关待遇情况。如都无问题，才能签约成交。

青岛环太经济合作有限公司丽星邮轮服务生项目的市场调研过程，是一个成功案例。得到项目信息后，公司先自行调查评估，又经当地商务主管部门审查论证，并受商务部对外投资和经济合作司委托，赴新加坡登轮进行航程实地暗访考察。经考察，丽星邮轮公司这一亚洲第一大邮轮公司，管理规范，船上没有色情场所，符合外派条件。随后，当地商务主管部门提出了项目可行的审核意见并报商务部。由于该项目是一个大批量派出女青年的项目，商务部电令丽星邮轮公司总部所在地的中国驻马来西亚大使馆经济商务处和丽星邮轮基本港所在地的中国驻新加坡共和国大使馆经济商务处调查了解该项目可行性，在两地经济商务处均认可项目可行后，下达了正式批复。前期扎实细致的论证工作为该项目的平稳运行打下了坚实的基础。该项目经营十余年，累计外派服务生 3 800 多人次，实现营业额近 4 000 万美元，服务生受到船东和游客们的一致好评。

三、制定项目评估办法

经过深入调查研究，发现了一些人力资源项目的合作机会后，不能只是凭经验判断是否可以做，而应该以严谨的态度，通过科学的评估方法对项目进行分析评价，结合工作经验，依据评估结论做出可否决定。具体来说，国际人力资源派遣项目评估就是在人力资源派遣活动中，在对项目进行可行性研究的基础上，从项目运营的整体角度对项目的国家环境和工作环境、雇主状况、要求工作人员的条件、工作要求、工资收入和福利待遇、招聘难度、培训时间、办理出国手续周期和费用、签证通过率、岗位工作对出国工作人员后期影响、境外管理工作量、境外管理费用水平等事项进行指标化分类，并科学设定每一项指标的分数值，累计分数达到及格线以上的项目为可合作项目，获得高分的为优质项目。

1. 人力资源派遣项目评估原则

（1）合法原则。项目必须符合接收国的外籍劳工法律规定，在合同条款中明确雇主依据法规用工。外派公司及时请示中国驻所在国大使馆经济商务处并取得书面项目确认函。

（2）风险防范原则。把风险分析、评估、管控提到重要地位。把控住三个重点：一是国家大环境，政局是否稳定，是否有发生动乱、战争的可能。二是雇主资信，经营是否正常，有无违法、不良记录。三是具体业务环节，比如工作人员收入是否有保证，管理是否严密无纰漏。曾经影响较大的蓝莓采摘事件是一个深刻的教训。2011年7月，中国300多名赴瑞典采摘蓝莓的劳务人员由于当年蓝莓收成不好，工资无法达到预期，在瑞典陷入了困境，引发严重事态。中国商务部当年8月在官网发出提醒指出，向境外派遣季节工劳动强度大，不确定因素多，风险较高，各地应严格控制派遣此类劳务人员。

（3）财务分析原则。人力资源派遣具有周期性，前期因考察接洽和国内生源招聘、培训等环节需要一定投入。由于外劳政策的稳定性较差，雇主的经营也会有波动，故不能做长线。以笔者经验，以两年的业务周期为宜，并以此进行财务经济效益分析。

（4）综合评估原则。如果只是站在派出机关的角度评价项目的优劣，是很不成熟的，也不可能长远。在项目评估中，必须兼顾派出机关、接收机关和出国工作者三方利益。既要保证中介自身利益，也要通过派出机关在配置人力资源上的优质居间服务，尽可能多地为出国工作人员和雇主创造机会，实现应有的价值。

2. 人力资源派遣项目评估指标与评分标准

对调研获取的各种数据进行筛选、汇总、分析，将正确数据导入表3-2所示的评估计分表。得分60分以上的可以立项启动，60分以下的列入放弃或继续跟踪类别内。

表3-2　人力资源派遣项目评估计分表

序号	评估项目	评分标准	满分	得分	备注
1	月薪、福利（项目号召力）	税后0.8万～1万元，20分；税后1万～2万元，40～50分；管吃住，5分	55		
2	招聘难度（管理成本）	有外语要求的，减1～10分；技术工种，减1～10分	10		
3	签证通过率	91%～100%，5分；60%～90%，减3分；60%以下，减10分	5		

续表

序号	评估项目	评分标准	满分	得分	备注
4	第三方收费 或佣金 （项目好感度）	5 000 元以内，0 分； 5 000～1 万元，减 5 分	0 分		
5	目的地国家 （项目好感度）	发达国家，10 分；东欧国家，8 分； 一般发展中国家，6 分；非洲国家， 2 分；政局不稳的国家，0 分	10		
6	雇主、岗位环境 （项目好感度）	大型，10 分；中型，8 分；小型，5 分	10		
7	培训时间 （管理成本）	1 个月内，10 分；1～2 个月，8 分； 3～4 个月，5 分； 外方付培训费或有师资支持，5 分	15		
8	办理周期 （项目好感度）	1 个月内，5 分； 3 个月内，0 分； 3～6 个月，减 2 分；6～8 个月， 减 3 分；8～12 个月，减 5 分	5		
9	对职业发展正面影响 （项目附加值）	一般熟练工，1 分；技工，3 分； 工程技术人员、白领，5 分	5		
10	绿卡申请机会 （项目附加值）	仅限发达国家，5～10 分	10		

第五节　差异化竞争战略

上一节所述营销理念更新、营销方式创新、营销空间拓展，核心是创新。营销的生命力在于创新，在于具有不同于竞争对手的独到之处。以市场营销学的观点看，这种营销创新其实就是差异化竞争。

一、差异化竞争战略的概念

所谓差异化，是指为使公司产品、服务、公司形象等与竞争对手有明显的区别，通过市场细分和个性化服务，获得竞争优势。差异化战略源于迈克尔·波特（Michael Porter）1980 年出版的《竞争战略》一书，他对差异化战略做了如下描述：将公司提供的产品或服务标新立异，形成一些在全产业范围中具有独特性的东西。差异化竞争是企业在行业内目标市场的竞争中为某产品或服务创造与众不同的特色或特征,进而提高企业的竞争能力和市场占有份额的一种竞争方式。

这种战略的重点是创造优于市场上现有产品和服务的独特的创新产品。差异化战略的方法多种多样,如产品的差异化、服务差异化和形象差异化等,还延伸到产品包装差异化、营销手段差异化和广告方式差异化等,形成一套完整的差异化竞争体系。有效的差异化战略应具有实在性、独特性、不易模仿性的特征。

二、实施差异化竞争战略的障碍

1. 同质化营销现象十分严重

受传统思想影响的趋同性在经营公司中广泛存在,且随着市场竞争加剧,我们可以看到,无论是市场区域、行业工种还是营销模式、管理办法、培训方法,都存在着严重的同质化。这种同质化的后果是经营公司纷纷陷入价格战和促销战的泥潭中。例如,在对日技能实习生合作业务中,别人要 2 万日元管理费,我要 1 万就行;别人要 1 万,我要 5 000;别人要 5 000,我不要管理费了;别人不要,我倒给你……

追求产品和营销模式的差异化已经成为经营公司走出泥潭,持续获得动态市场竞争优势的必然战略手段。

2. 缺乏对差异化重要性的认识

一是认为差异化有经营风险,不如随大流平稳安全。二是看不到陈旧老套的格式化、订单化营业模式已经无法适应新业态下的需求,认识不到应该通过差异化的产品、服务来满足雇主的个性需求,用差异化来丰富品牌内涵。

3. 缺乏创新能力

差异化所指的"差异",是指比竞争对手优势的部分。差异化很大程度上取决于创新能力的强弱,这正是中国经营公司普遍缺乏的。在中国国际人力资源合作市场上,鲜见"具有较高营销水准的、特有的、别人难以模仿的"经营模式。

三、实施差异化战略的途径

1. 产品差异化

经营公司的产品是提供给用人企业的工作人员。产品差异化有两种：一是人无我有，通过开发创新，另辟蹊径，拿出了同行没有的新工种；二是人有我优，也就是工作人员的从业理念、敬业精神、技能水平和外语能力等方面明显优于同行业，从而形成独自的市场效应。对同行业的竞争对手来说，作为劳动力产品的性质是大体相同的，所不同的是产品的内在价值以及由内在价值所决定的使用价值。如本书第七章所展示的优秀出国工作者，他们不但胜任岗位工作，为雇主的生产经营做出了贡献，而且成为回国发展的典型，成为媒体宣传推广的典范。

2. 服务差异化

服务差异化就是在服务内容、服务渠道和服务形象等方面，针对不同客户提供特殊性、个性化服务，目的是通过差异化突出自己的优势，与竞争对手相区别。

在竞争日趋激烈的国际人力资源市场，面对用人企业在市场挤压下提出的诸多要求，我们只能更加关注客户需求，从自身的服务质量上下功夫，在调查、了解和分析市场上现有服务种类，分析竞争对手和自己的优势、劣势的基础上，有针对性、创造性地开发出独特的服务项目，满足目标客户的需要。

3. 市场区域差异化

市场区域差异化就是以市场调研为先导，善于到同行未曾想到的冷门地区、行业和潜在需求市场去寻找商机，挖掘需求，培养市场。

4. 形象差异化

形象差异化是指经营公司通过实施品牌战略和形象塑造工程而产生差异。经营公司通过品牌培育和形象塑造，借助媒体的宣传，使经营公司在境外中介公司与用人企业心目中树立起良好形象，从而不断提高客户对品牌的好感度，把经营公司的品牌形象植根于客户心中。

四、实施差异化战略的要求

1. 把握客户需要，找准市场定位

世界各地雇主情况千差万别，在同一国家，各家企业、各工种也都有各自的具体要求。在欧洲有几万家中餐馆，在日本有两万多家技能实习生接收会社，他们都有各自的不同需求，因此要准确地把握客户需要什么和不同客户的需求、动机、购买行为的差异。这就要以科学、缜密的市场调查、市场细分和市场定位作为基础，仔细分析市场需求的差异性，从而使得经营公司可以根据不同地区、不同行业市场群体的需求细分市场，进而给出"你准备服务于什么类型的用人企业""满足这些企业什么样的需求"的市场定位。

2. 分析竞争对手，制定差异化策略

差异化战略要求经营公司的产品或服务在行业内独树一帜，有一种或多种特质，因此就必须弄清楚谁是竞争对手以及竞争对手的优势在哪里，否则就无法制定差异化战略。为此，必须对竞争对手的产品或服务、在市场上所处的位置以及营销策略等进行调研，选择适合自己的竞争优势，确立本公司在消费者心目中的独特地位。

3. 了解对手缺陷，满足客户需求

一家经营公司要在所有的经营环节中胜过竞争对手是很难的，但在某些方面形成自己令客户满意的特色则是完全可能的。竞争对手产品的任何一个缺陷都是我们的机会。在营销领域中，主要缺陷往往在于客户的愿望得不到充分满足，认识、抓住并运用这个机会，就是我们的差异化战略。经营公司差异化战略成功的最高标准，就是得到客户的认可。

4. 用创新保持差异化

差异化竞争战略是一个动态的过程，任何差异都不是一成不变的。社会和经济形势在发展变化，用人企业的需求也会随之发生变化，昨天的差异化会变成今天的一般化，任何差异都无法永久保持。因此，只能用创新去适应客户需求的变化，用创新去摆脱竞争对手的追逐。

第六节　用团购思维创新市场营销

一、团购的理论优势

团购，又称集体采购。随着互联网的发展，网络团购逐渐成为消费者比较喜欢的一种新的团购模式。最早的网络团购起源于美国 Groupon 网站。这种独特的消费方式由于受到广大互联网用户的认可，很快便推广到各个行业领域。现在，在一些互联网电商平台主张"省钱才是硬道理"的号召之下，小到图书、软件、玩具、手机、电脑、家电、体育用品等，大到家居、建材、房产等价格不很透明的商品，都有消费者因网络聚集成团购买。不仅如此，网络团购还扩展到餐饮、健康体检、保险、旅游、教育培训、美容、健身等服务类领域。团购已经成为用户的一种习惯。"拼多多"把团购商业模式发挥到了极致，上线不到三年就在美国上市，市值 240 亿美元。

团购的好处主要是价格低于产品市场最低零售价，产品的质量和服务能够得到有效保证。究其原因，一是团购能够有效降低消费者的交易成本，在保证质量和服务的前提下，获得合理低价。团购相当于批发，团购价格相当于批发价格。团购可以将被动的分散购买变成主动的大宗购买，所以消费者购买同样质量的产品，能够享受更低的价格和更优质的服务。二是团购能够转变传统消费行为中因市场不透明和信息不对称而导致的消费者弱势地位。消费者通过参加团购更多地了解产品的规格、性能、合理价格区间，并参考团购组织者和其他购买者对产品的评价，在购买和服务过程中占据主动地位，真正买到质量佳、服务好、价格合理、称心如意的产品，达到省时、省心、省力、省钱的目的。

二、团购营销组织与操作平台

团购的组织形式可以是业内朋友圈自发操作，也可以是组织机构发起运作，还可以利用现有互联网平台实施。

1. 民间自发组织

同地区、同行业、同类型、需购买同种产品的经营公司，可以结成团购联盟，共同寻找、筛选供应商，以一定的采购数量优势达成低于零售价的购买协议。这种模式的特点是简便易行,操作简单,但由于范围不大,采购数量有限,效果并不显著,只是团购的初级形态。

2. 组织机构发起运作

中国对外劳务合作行业具备比较完备的商协会和相关机构的组织系统。可以依托这些现成的机构团体,由商协会等组织牵头建立团购交易平台,集合广大会员企业的整体优势统一选择供应商,实行商业化专业机构运营管理,集体采购。

3. "互联网 + 团购"

引入"互联网 + 团购"思维,一方面,以中国的人力资源集合优势征集境外工作项目订单,另一方面,设立海外就业网络招聘平台,在网上抱团采购出国生源,形成出国工作项目的集聚效应,形成"双向团购"格局。当前,手机终端用户量逐年攀升,新一代移动互联网技术快速发展,移动硬件智能设备越来越人性化,以微信为核心的互联网生态圈使信息推送及传播更及时性,支付宝、微信支付体系逐步完善,线上交易的诚信度和消费习惯已初步形成,等等,这一切为我们在互联网环境下开辟"互联网 + 团购"模式提供了良好的土壤。

三、团购营销模式

从商品经济角度看,人力资源经营公司通过中介招聘出国工作人员,就是一种购买人力资源服务产品的行为;经营公司聘请法律顾问和委托培训出国人员,则是一种购买服务产品的行为。基于这种商品交换属性,我们可以将应用于一般商品或服务的团购模式应用到国际人力资源合作的营销实务中。

1. 团购国内生源

在低端生源方面,团购组织需首先做好生源的开发和培育,充分发挥团购生源数量大、工种多、项目好的优势,规模化、规范化开发培育新的生源基地,以增加供给,解决供不应求的问题。在高端生源方面,通过团购组织,扩大宣传,建立高端出国人才资源数据库。做好对接院校的工作,团购组织通过与院校合作举办出国定向班等方式,把出国工作与毕业实习有机地融合,有组织领导、有计划、有步骤地团购毕业生。

2. 团购第三国生源

针对东南亚等地出国劳务管理不够规范、生源良莠不齐、我们对市场情况不熟的问题,可由团购组织牵头,代表相关范围内的会员企业统一考察了解,选定一定数量的优秀合格供应商,与供应商签订合作协议,会员企业按统一协议价向供应商采购,享受协议规定的各项服务。为保证团购业务的有序规范运行,委托有条件的会员企业或专业机构建立团购平台,负责对平台的维护,搞好日常服务工作,代表会员公司对第三国的选人、面试、培训等工作实施指导、监督。

3. 团购法律服务

近些年来,随着"90后""00后"加入出国工作行列,随着国内外工资差缩小,境外管理进入"多事之秋",纠纷不断,法律服务需求增多。因此,聘请有实力的专业法律顾问,购买法律服务成为大势所趋。针对很多中小经营公司没有自己固定的专业法律顾问的情况,根据团购思路,建议以省、市一级商协会为单位,统一签约专业对口律师所担当法律顾问。由商协会团购法律服务,一是可以请到服务好、有实力的律师所;二是可以提高国际人力资源合作法律服务事务集中度,有利于促进专业化服务水平提升。

4. 团购出国工作人员用品

出国工作人员用品种类繁杂,数量较大,包括出国工作人员的学习教材和旅行箱、校服、被褥等各种生活用品等,目前有自己买的、经营公司统购的,也有基地公司送的。出国工作人员用品都可以团购。可以设想,如果中国几百家经营公司几十万派出人员的出国用品采取由团购组织统一按照要求的品种规格大范围招标采购,大批量定点生产的方式,将会形成一种怎样的买方优势呢?

5. 团购出国培训

几年来,中国对日派遣规模逐年缩小。中国商务部统计资料显示,年派出人数不足200人的经营公司占80%以上。在普遍由经营公司自办学校培训的情况下,很多学校因生源不足而影响到学校的正常运行,教学质量难以保证,所收学费不抵办学费用,成为经营公司的包袱。

实行团购出国培训服务的前提是建立和完善教育培训的供应方市场。一是中小培训机构采取自愿结合的办法组成联合办学体。从目前中小经营公司所办学校的运行模式上看,一家一校零星分散的作坊式办学体制不符合市场经济条件下专业分工、规模经营的要求，不适应中国国际人力资源合作行业转型升级的发展趋势，势必成为培训质量和培训效率的桎梏。走联合办学之路，按照一家牵头、产权多元（或一家独资）、资源共享、名称中性的原则，组建社会化出国培训机构，推动出国培训向专业化、规模化、高水平、高质量的方向发展，大大提升培训效率和经济效益。二是大型经营公司所属的培训机构具有丰富的专业教育资源和办学管理经验，应面向社会，走专业化、产业化发展的路子，成为出国培训团购的供应方。在此基础上，通过政府推动，企业联手，建立一定范围的团购群体，形成出国培训团购的采购方。

第七节　"校企雇"合作开发日本介护市场

突破派遣高端人力资源合作瓶颈的着眼点在大专院校。笔者现以市场需求和资源状况为依据，同时前瞻中国老龄化发展形势，就院校、派遣企业和雇主三方合作，协力开发日本介护市场提出自己的一些认识和设想。

一、日本介护合作项目的难点

要求入选者的条件较高，对日语、专业学历和技能均有严格要求，要求有良好的服务意识和心理素养。较传统工种门槛高，提高了选人的难度。

在人选要求较高的情况下，求职者会对工资待遇抱有较高期望值，如果达不到收入的心理价位，会影响招聘效果或人选质量。

日语培训时间加长，加上出国前安排适应性实习、到日本入职后考取上岗资格证书等，使得整个业务周期较长，工作环节、手续较多，由此也增加了有关环节上的不确定因素。

在中国，老年护理还没有被看成一种专业性很强的职业，常常被等同于护工。另外，受老传统观念影响，介护被认为是伺候人的工作，既辛苦又不体面，没有前途。

二、"校企雇"合作方及职责分工

为了充分发挥中国护理类大专院校的资源优势，为中国已经到来的老龄化社会培养护理专业人才，由中国专业外派公司牵头协调，对接日方养老护理院所加入介护合作项目，提供培训、实习支持，三方组成紧密的项目运营共同体，在协同一致的基础上发挥各自所长，实现介护合作规模化、批量化生产流程，最大可能地满足学生职业发展和日方用人需求，打造中国介护名牌。

1. 学校方

加入合作共同体的中方护理专业院校，必须具备雄厚的软硬件教学条件；具备一定规模的护理专业和具备生源优势，有较为丰富的学术水平和教学经验；对学生的表现和思想情况比较了解；便于对学生进行出国发展锻炼的宣传引导；具有对实习阶段的学生进行专业及职业发展跟踪和指导的经验。有境外实习项目或举办过出国定向班的院校将给予优先考虑。学校方的主要职责是在派遣企业方、雇主方的协作配合下，向学生宣讲合作项目和赴日实习定向培训班的具体做法，根据要求实施培训教育。

2. 雇主方

入围合作共同体的日本养老护理院应当是日本国内较大规模的养老机构，积累了几十年经营管理的知识、制度和经验；具有高素质的经营管理队伍，可以承担在中国定向班的教学、实习等具体的指导工作或承担中方院校的师资培训任务；能够满足中方"提供培训、实习资助，有较好的实习条件，订单有计划、有一定数量规模"的需求。雇主方的主要职责是提前下达实习订单，拟定定向培训教学计划，培训学校方师资，在派遣企业方的配合下安排学生实习以及办理入国、入职手续等事宜。

3. 派遣企业方

介护合作的派遣、管理实施企业需要具备较强的对日劳务合作的经营管理能力，具有多年经营管理高端国际劳务项目的经验。派遣企业方的主要职责是总体协调、承办合作共同体的运营工作和日常的联络沟通、交流协商事务；配合学校方实施对定向班的管理，处理与出国实习、工作有关的问题；办理出国手续，配合雇主方做好境外实习、工作期间的服务管理。

三、日本介护合作项目的实施步骤

派遣企业方在日本介护合作项目中需要实施以下步骤：

（1）到护理学院或护理系走访，宣传讲解项目的优势，调查学校对合作的想法和要求。对于表示有合作意向的学校，可以召开学生代表座谈会，对比在国内就业,宣讲项目的优势以及学生职业发展的前景,重点调查学生对合作模式的认可度,询问征求意见建议。根据学校和学生对项目的反馈情况,对合作方案进行必要的调整修改。

(2)与日本大型养老机构进行交流对接,对三方合作共同体做详细的说明,特别是项目凭借极为丰富的护理生资源优势和共同体强大的商业模式优势,在3~5年内提供300~500名,中期目标达到1 000~2 000名,远期目标达到5 000~10 000名护理实习生的可行性分析。具体商谈合作条件,落实雇主方可以提供的支持与帮助。对于谈成合作意向的,可以择机签署双方合作协议书。根据与日方达成的合作协议,对总体三方合作方案再做调整修改。

与日方商谈落实如下具体事项:① 介护人员在日本实习期间和入职后的工资收入及福利待遇;② 需要个人支付的费用项目有哪些,食宿是雇主负担还是劳务人员自负,住宿条件如何;③ 日方在日本期间的管理如何安排,要求中方在境外管理上做哪些工作,每月每人向我方支付的管理费是多少;④ 专业技能和日语的考核标准、身体条件要求等;⑤ 介护工作的具体内容和工作要求;⑥ 劳务人员与雇主所签的雇佣合同有哪些条款。

(3)与院校方一起讨论合作方案,调查了解学生报名意向。与具备合作条件的院校达成具体的合作意向。

(4)派遣企业和日方雇主到院校宣讲项目,由日方介绍养老机构优越的工作环境、员工待遇和优惠政策,组织学生报名。三方商定一年定向培训期间的教学计划(包括职业证书备考辅导)、教材与师资安排。举行三方合作合同签字仪式。

(5)报名的学生与派遣企业签订合同,对于学生参加出国定向班并在校学习结束后到日本养老机构实习、工作的事宜通过合同条款予以明确规范。同时,由学校做好开班前准备工作,适时开班。由派遣企业配合校方做好日常管理。定向培训期间,按照国家规定实施出国前适应性培训,包括政治思想教育、日本法律法规以及风土人情教育,并且根据本项目的特点,实施以老年护理事业为主题的职业生涯规划教育。

(6)考核合格者,由派遣企业方按照要求提前办理出国手续,完成定向班学业后办理出国实习。

(7)实习生在日期间,由雇主为主、派遣企业方为辅进行管理,按照规定委派驻日机构负责定期巡回管理服务。

（8）项目运行 2～3 个批次以后，可直接招收出国班，从入学新生开始培训出国班。在运行平稳成熟的基础上，扩大培训规模，增加合作院校，同时增加合作的养老机构。

（9）派遣企业方提前做好国内养老机构人才需求调查摸底，在疏通回国人员就职通道的基础上，与出国工作人员签订回国就业保障协议，为他们提供完备的职业介绍咨询服务工作。

四、介护合作项目的优势和意义

第一，出国实习、工作为学生增加了一个崭新的职业选择通道，是一次难得的机会，在日本的实习、工作经历对于今后的职业发展会产生深刻的影响。现有中高端劳务派遣项目的情况也一再证明，学生到国外实习、工作是一条通向多彩职业人生的成功之路。介护合作项目符合《国家中长期人才发展规划纲要（2010—2020 年）》的要求，是培养国际化职业人才的重要举措，有利于缓解中国大学毕业生就业的严峻形势。

第二，可以加速提高中国养老护理行业的管理和服务水平。中国要构建医养融合的养老模式，需要科学的管理体系和大量接受过系统培训、具有专业资质的护理人员。中国老年护理人才严重缺乏，据有关部门估算，缺口达到 1 000 万人左右。目前，国内各大集团高端养老护理机构高薪求贤，一些急需入院的老年人多年排队等候。

第三，日本的养老理念、管理体系最适合中国。日本的精细化、人性化管理，敬业意识和工匠精神闻名世界。比较欧美国家可以发现，中日两国在文化方面有相同相似之处，日本的养老体系及介护士教育培训体系是最符合中国及周边文化圈老年人需求的。

第四，中国社会、经济进入新的发展时期，第三产业的经济引领作用不断加强。养老护理作为技术含量较高的现代服务业，通过介护项目深入学习借鉴日本的经验和管理技术，对于中国现代服务业向高端、专业、国际化发展具有重大意义。

第五，介护合作项目需求稳定，市场前景广阔，是一个有规模、有长远前景、有巨大市场潜力的合作项目。根据市场需求和丰富的资源状况，我们应该下决心投入必要的时间和精力，力争将其做成可持续发展的重点派遣项目。

第六，三方优势互补，形成互利共赢。介护实习项目在"校企雇"三方合作模式下,难度降低,效率提高,进入门槛不高,又能培养国内急需的技术人才,贡献国家、社会,可以实现三方互利共赢。

学校方通过加入三方合作共同体,引入日本先进的养老教育体系,提升教学水平;海外实习管理成为学校教研工作的组成部分,学校可按照教学规律要求,把实习养老机构打造成海外实训基地,为实训学生或毕业学生提供职业生涯的良好起点和个人成长发展的平台,这将是学校建设的一件有意义的事情。

雇主方加入合作共同体,就有了专业对口的培训基地,有了稳定、持续的护理人才来源;通过参与指导教学、实训,针对实际需要,对培训教育施加影响,提出改进建议,以使培训不断接近实际需要,学员更加适应工作,增强自身软实力,助力抢占行业竞争中的优势地位。

派遣公司方摸索出一条搭建职业院校与国际人力资源市场接轨的通道,开辟高端出国人力资源基地,建立规模化、批量化、标准化派遣高端人才的商业运营模式,使项目成为公司调整结构、开发高端劳务的骨干项目。在做成规模的前提下,为培养国际化职业人才做贡献,实现企业经营业绩和效益。

五、保证项目顺利实施的措施

派遣企业方可采取以下措施,保证项目顺利实施。

(1)组织院校领导、教师和学生出国小团队到雇主养老机构参观考察,达到消除偏见、解决疑问、转变观念的效果。

(2)采取补贴奖励政策。雇主方负担实习生一年定向培训期间的学费和在日本实习期间的工资及福利待遇;实习期内安排实习生参加职业资格考试。第一批报名成绩在前三名的学生,可以在学校老师带领下到雇主养老机构参观考察。

(3)宣传动员对于项目成功启动非常关键。一是要制定具体宣传预案,拟定宣传要点(见上文"介护合作项目的优势和意义"),要充分说明学校、学生、雇主的优点,让他们感兴趣、有积极性。二是利用回国发展先进典型事例宣传引导,让学生看到出国工作对今后职业发展的作用,培养学生的出国热情。三是制作多媒体宣讲课件,做到形象生动,有事实依据和数据支持,说服力强。

在校宣传动员的落脚点是转变对介护职位的片面认识,重点是要划清与护工工作的界限,阐明介护工作的专业性和职业发展前景。护工是以"事"为中心;而介护是以"人"为中心,对老年人进行全方位的身心健康呵护与护理。日本介护士资格证含金量高,考取难度不亚于护士资格证,介护是受人尊重、具有良好职业发展前景的热门职业之一。在中国,大健康产业的核心也是"人",医养结合产业链中,"养"创造了其中的大部分价值。拥有国际视野的跨专业复合型人才,必定是未来中国养老与大健康产业的佼佼者。

(4)争取国家在政策、资金上的支持。通过政府推动,整合有关部门、各类社会团体和机构的力量,调动各方面积极性,为培养和储备中高端生源、开办出国工作定向培训班提供支持和服务。

(5)建立三方合作共同体定期交流、磋商机制,建立网上信息平台,针对运营状况提出意见建议,保持高频次交流。

第四章
出国工作人力资源

　　有的同行说,现在是资源决定成败了。这是说资源的重要性,有道理,但也有局限性,有点我们在资源面前无能为力的意思。在资源面前我们是可以有一些作为的。

　　资源处于产业链的最前端。在中国外派人力资源瓶颈显现,生源招收环节出现不容忽视的问题和困难的情况下,资源的开发、培育和招选工作已经成为关系到中国国际人力资源合作事业长远发展的战略问题。

　　着眼全球人力资源合作市场,我们可以看到资源需求的多样性。日本技能实习生市场以中低端农村青年为主,亚非拉工程项目市场以"70后"建筑工人为主,澳大利亚、新西兰和欧洲市场以技术工人为主,日本、韩国、新加坡、阿联酋等国的商业服务业、旅游业和一些管理职位则以城市白领、大学毕业生和技能型人才为主。

　　目前,新生代农民工覆盖了出国生源的大部分。认真分析了解、掌握他们的现状、想法和特点,根据选人要求实施选配取舍,实施有针对性的思想辅导和教育管理,是关系到生源招聘和今后管理的基础性工作。

　　面对各种各样的出国生源需求,"从哪里招,如何招"的问题,在当前中低端生源供求趋紧,高端生源有待开发培育的形势下显得更有现实意义。笔者认为,唯有拓展招聘渠道,创新招聘形式,认真扎实地做好项目推广,才是有效的应对之策。

　　招聘工作其实就是如何选对人、选好人的问题。选对人,就是要在了解境外工作环境、工作内容对工作者本身要求的基础上,搞清楚选什么样的人最适合该岗位的工作。然后,再从适合人选中选出"好人"。选对人是选好人的前提,"好人"不一定都是适合的人,只有从适合的人中选出的"好人"才是最佳人选。现行的招选模式是在 20 世纪末出国打工热的背景下形成的。面对出现逆转的生源形势,经营公司改革生源管理和运行机制、创新选人模式势在必行。

对外劳务合作服务平台是国家支持对外劳务合作事业的一项重大措施。要有针对性地创新服务平台营运模式,注入动力与活力,形成有规则、有秩序、有共同利益导向、能满足生源需求的运行平台,以满足经营公司的用人需求。

本章试图从上述四个视角探讨资源问题。

图 4-1　面试现场

第一节　出国求职者分类分析

一、新生代农民工

新生代农民工已经成为赴日技能实习生,澳大利亚、新西兰、新加坡、欧洲等地技工和日本、韩国服务业员工的主要来源,是出国生源的主流群体。2010年 1 月 31 日,中共中央、国务院发布的《中共中央国务院关于加大统筹城乡发展力度,进一步夯实农业农村发展基础的若干意见》(中发〔2010〕1 号)(简称2010 中央 1 号文件)中首次使用了"新生代农民工"的提法。新生代农民工系出生于 20 世纪 80 年代以后,年龄在 16 岁以上,在异地以非农就业为主的农业户籍人口。

1. 新生代农民工的基本状况

随着第一代农民工年龄的增大和逐步返回农村,新生代农民工陆续进入城市并成为农民工的主体。这部分人成长的社会环境和家庭环境与其上一代相比发生了很大的变化。国家统计局 2018 年 4 月发布的《2017 年农民工监测调查报告》显示,2017 年农民工总量达到 28 652 万人,比上年增加 481 万人,增长 1.7%。在农民工总量中,外出农民工 17 185 万人,比上年增加 251 万人,增长 1.5%;本地农民工 11 467 万人,比上年增加 230 万人,增长 2.0%。在外出农民工中,进城农民工 13 710 万人,比上年增加 125 万人,增长 0.9%。新生代农民工占比首次过半,1980 年及以后出生的新生代农民工逐渐成为农民工主体,占全国农民工总量的 50.5%,比上年提高 0.8 个百分点;老一代农民工占全国农民工总量的 49.5%。

新生代农民工返乡的比例很低。对他们而言,城市意味着一种新的生活方式,意味着不一样的前途、不一样的命运。他们希望通过进城务工经商,告别祖祖辈辈“面朝黄土背朝天”的生活。

2. 新生代农民工的基本特征

随着“80 后”“90 后”新生代的成长,特别是 2018 年后,出生于“00 后”的农民工开始进入出国工作行列。从近年来的招聘选人、素质培训和境外服务管理工作中,可以明显感到表现在新生代农民工身上的新特征,主要是“两高两低一差一强”,即“职业期望值高,受教育程度低;物质和精神生活要求高,心理承受能力与工作耐受力低;工作稳定性差,维权意识强”。

(1)职业期望值高,受教育程度低。新生代农民工普遍不满足自身处境,渴望改变人生。他们当中的好多人胸怀理想,勤奋努力,表现出良好的精神风貌和积极向上的进取意识,早已不是人们印象中的“大包小包、一头乱发”的农民工形象了。新生代农民工受教育程度虽然高于上一代,但远远低于城市里的同龄人,其人力资本处于劣势。受自身起点低、基础差的制约,他们找不到改变人生的正确途径,不懂得规划自己的职业生涯,因此,他们的理想、希望很难得到实现。笔者曾对刚刚进入出国培训学校的技能实习生学员做过现状分析,发现他们的起点高于上一代农民工,对自己抱有更高的期望,关注工作环境,在工种选择上有自己的要求。但受经济条件和文化水平的局限,他们的思想起点不高,视野不够开阔,绝大多数人急于改变现状,把打工挣钱作为出国的唯一目的。

（2）物质和精神生活要求高,心理承受能力与工作耐受力低。城市文化的耳濡目染不断消解着新生代农民工对家乡存有的情感认同和社会记忆,生活方式的巨大差异也使他们渐渐不再适应农村的生活方式。新生代农民工与第一代农民工比较,挣钱少、花钱多,消费倾向较高。他们不再省吃俭用攒钱回家盖房娶媳妇。城市生活对新生代农民工更具吸引力,繁华的都市对他们产生极大的诱惑;同时由于乡村生活经历短,他们对乡村生活也更加疏离。相对于老一辈的农民工,新生代农民工更倾向于城市的生活方式,他们希望通过自己的辛勤劳动换来生活的改善。但面对严峻的现实,他们会产生心理落差。如果他们的心理承受能力和调适能力稍差一些,容易冲动,就有可能产生心理危机。

（3）工作稳定性差,维权意识强。新生代农民工自身的人力资本使得他们只能从事城市中的底层工作。他们缺乏工作经验,职业声望不如上一代农民工,然而,他们却有着与上一代农民工截然不同的生活观和就业观。他们不再老老实实地待在最脏、最累、最"没出息"的工作岗位上,而是敢于辞职,就业的稳定性差。有资料显示,新生代农民工平均每年换工作 0.45 次,其跳槽频率是他们父辈的 6 倍。新生代农民工往往以身边城市里的群体作为参照群体,因此维护自己权益的意识比较强,对获得平等的就业权、劳动和社会保障权、教育和发展权、话语表达权等方面都比上一代农民工有更高地期待,维权态度由被动表达向积极主张转变。

3. 新生代农民工的培养教育管理

在招聘、培训和境外工作期间,应针对新生代农民工的特点,深入了解,扬长避短、因势利导地做好对新生代农民工的宣传引导、选拔培养和教育管理工作。

首先是深入了解,区别对待。"两高两低一差一强"的共性特征,为我们深入了解、分析和把握新生代农民工提供了一种途径或方法,便于我们透过现象把握本质,提高技能实习生择优选拔、素质培训、境外服务管理的针对性。但是,新生代农民工是一个超过 1.4 亿人口、来自四面八方的庞大群体,具有多样性与差异性。一要看到地区之间发展的不平衡对他们思想观念、生活方式以及工作期望值的影响;二要看到他们内部不同群体的差异性,如不同地区群体、不同家庭背景群体、不同文化层次群体之间的差异;三要善于区别他们的个体差异性,包括年龄、性别、文化、家庭背景差异等。有些新生代农民工来自贫困地区,本身是家里第一代外出打工的;而有些新生代农民工家境富裕,有良好的成长环境;还有的父母也是农民工,他们对打工生活并不陌生。只有深入地了解了这些差异,区别开不同群体、个人的情况,才能针对其不同需求和不同特点,安排不同的岗位,设定培训重点,实施有侧重的管理,采取有针对性的教育、干预和预防措施。

其次是扬长避短,因势利导。新生代农民工的心理承受能力与工作耐受力低,与境外工作的要求有差距,因此,需要认真研究,区别对待。在择优选拔过程中,要特别注意以下几点。第一,对艰苦工作岗位的人选要认真了解考察其吃苦能力,反复确认其对工作岗位的接受程度,一般不从沿海或经济较发达地区、较富裕家庭中选人。第二,从以往经验看,有家族精神病史者、单亲家庭长大者和离异者,是新生代农民工当中心理和精神方面较薄弱的一部分人,应慎重选用。第三,在学校培训时,加强吃苦精神的培养,进行一定强度的体能与忍耐力训练,以增强新生代农民工对艰苦工作的适应性。第四,做好人文关怀,解决"情感孤独"问题。新生代农民工处于青春期,需要思想沟通和情感交流。在境外管理工作中,应针对上班时间长、接触面较窄、交流途径少等问题,建立境外服务管理体系及人文关怀的网络平台,避免出现"想倾诉没对象,想学习没目标,遇疑惑没人解,碰困难无人帮"等问题,帮助他们摆脱"情感孤独"困惑。

再次是分析原因,采取措施,提高新生代农民工的工作稳定性。在外派业务实践中,经营公司经常会碰到新生代农民工心理变化快、不稳定造成工作被动的情况。例如,有的通过面试后,又变卦不去了;有的在培训中遇到学习困难就萌生退意;有的干了一段时间就找借口想回来;有的不知从哪里听到了什么,情绪一落千丈;更有甚者,前一天还好好的,第二天就不见人了……工作稳定性往往与工作的脏苦累险程度和收入的高低有较大关系,往往是脏苦累险程度越高,收入越低,其稳定性就越差。另外,稳定性还与周边同学、老乡或其他实习生的比较有关系,如果经比较后感到自己的收入待遇很差,不稳定性就会增加。为此,经营公司一要像对待亲人一样从思想上、生活上关心爱护他们,帮助他们化解思想疙瘩,解决实际困难。二要搞好对雇主生产经营状况和工作环境的了解和评估,尽量不向脏苦累险程度过高和收入过低的岗位派人。三要在初试时详细落实报名者的工作简历,对于变换工作岗位频繁的人、工作过于挑剔的人不予推荐。四要从制度上寻找解决方案,用制度对可能出现的不稳定情况进行预防与干预,以提高新生代农民工的工作稳定性。

另外,要引导新生代农民工走出国成才之路。我们很清楚地看到,在城市劳动力市场上,特别是与城市中的"80 后""90 后"相比,新生代农民工的人力资本处于劣势地位。他们大多刚迈出中学校门,带着对社会上成功人士的羡慕和崇拜,期盼通过自身的努力实现美好的梦想。但是,在现实的挤压之下,他们逐渐寻找到的是处于社会底层的位置。他们从物质和心理上都不愿意接受这一现实,却又感到迷茫,不知道如何调整自己的行为。对此,经营公司面对这些年轻人,应该明确地告诉他们:出国工作就是一个能够使年轻人得到锻炼成长的特殊平台,在这个平台上,除了能挣到钱,还可以开阔眼界,丰富阅历,学到技术;要利用出国工作机会,制定和实施自己的职业生涯规划,为回国后的职业发展打下基础。

二、建筑工人

1. 中国建筑工人的现状及问题

《中国对外劳务合作发展报告 2018—2019》显示,2018 年建筑业在外工作人员 45.4 万人,占中国在外总人数的 45.3%,分布在亚洲 25.89 万人,非洲 16.62 万人,欧洲 1.19 万人,拉丁美洲 1.12 万人,大洋洲 0.46 万人,北美洲 0.11 万人。国家统计局 2019 年 4 月发布的《2018 年农民工监测调查报告》显示,从事建筑业的农民工占农民工总数的 18.6%,约 5 363 万人。建筑业包含上百个工种,施工阶段不同,所用工种不同。地基阶段是土方工、防降水工、护坡工和打桩工等,主体阶段是架子工、木工、钢筋工、混凝土工、电工和水工等。工地的人员数量和工种都随着工程进度而不断调整,有些工种(防降水工)的施工时间很短,两三个月就结束;有些(木工、钢筋工)则很长,需要持续一年左右的时间。人数居于前五位的工种为木工(含模板工)、抹灰工(含瓦工)、钢筋工、打桩工和电工,这五个工种占建筑工总数的百分比分别为 22%、15%、14%、12% 和 5%。每个工种都有大工、小工之分。大工有技术;小工只需有力气,负责为大工运送材料或者打下手。

中国的建筑业有一支最能吃苦、最能战斗的建筑工人大军,他们成为出国建筑工巨大的资源储备。但是由于这支队伍的主体来自农村,文化水平不高、职业培训缺失、行业管理不到位等多种原因,导致中国建筑工人队伍存在很多不容忽视的问题。

(1)建筑工权益缺乏保障。长沙市的一项调查显示,85%的建筑工没有与用人单位签订相应的劳动协议;很少有每月发工资的,一般是每月给300~400元的生活费,剩余的钱按季度发放或者工程结算完发放。作为为城市建设做出巨大贡献,靠劳动养活自己甚至全家的建筑工人群体,他们的切身利益并没有得到有效保障。一位四川的带工师傅道出了其中的秘密:建筑业是一个"一亿拉动十亿"的行业。一个造价十亿的项目,开发商只需投入最初的一亿资金,后面的九亿由建筑公司、劳务公司、大包工头、小包工头逐级垫付。

(2)建筑工人工作艰辛,精神生活单调。满负荷的工作使他们几乎没有调节生活的休闲时间。从工地到工棚的狭小空间限制了他们的社会关系,束缚了他们融入城市的步伐。他们并不是喜欢这种辛苦乏味的生活,多数人干上这个行当是不得已而为之,如果有比较好的工作选择便会有兴趣考虑。

(3)年龄断层严重。建筑业是一个劳动密集型行业,施工机械有限,难以从根本上解决和替代施工现场的手工操作问题。由于劳动强度大,"80后""90后"已经很少有人愿意从事这样的工作,40~60岁的"60后""70后"是工地上的主体。这种年龄断层带来一定程度的"用工荒",建筑公司的领导们开始为招工发愁。

(4)较大比例工人技术水平不高,工作质量和效率达不到要求。经调查,农民工建筑工人持证上岗率仅为10%,大部分没有接受过操作技能培训,放下手中的农具来到建筑工地就成了建筑工人。虽然在工作之前会有技术员或工长进行现场示范指导,但未经过实操训练的新手仍然很难适应陌生环境的要求。

(5)安全意识淡薄。工地上经常出现违反安全规定的情况,半数以上工人受过不同程度的工伤。

2. 建筑工人外派的分析

第一,从经济发展规律看,比如从房地产业的发展趋势看,国内的建筑市场不可能一直繁荣不衰。2019 年 7 月 30 日，中共中央政治局会议上首次提出"不将房地产作为短期刺激经济的手段"，传递出房地产业降温的重要信息。这是否意味着国内建筑工人需求将减少，外派建筑工供给资源可能增加？

　　第二，建筑工后继乏人的年龄断层现象会给中国今后五年、十年的建筑工外派资源产生影响，需要我们提前谋划，早做准备。工程承包企业和外派经营公司应该早下手培养建立自己的职业化建筑队伍，特别是各级管理人员、施工技术人员、高级技工和建筑机械操作及维修技术人员。一般的普工来源也应有在属地解决或在第三国解决的途径。中国有的大型建筑承包工程公司在南亚国家建立基地，招聘、培训建筑技工的举措走在了行业的前头。

　　第三，通过分析中国建筑队伍状况发现，尽管国内有 5 000 多万人的建筑工人队伍，但符合出国工作条件、能当工头的熟练工人并不好招。往往是技术好的年龄大了，年龄合适的技术不行。建筑队伍持证上岗率仅 10% 的技术水平状况，对建筑工技术培训来说则是一个巨大的潜在资源。如果社会培训机构或是派遣建筑工的经营公司从有出国意向、较年轻的工人中招聘人选，实施出国前的技能培训，将会增添大量外派建筑工来源。

三、大学毕业生

1. 800 多万大学毕业生的去向

　　人力资源社会保障部副部长邱小平在 2019 年年初的国务院新闻办公室新闻发布会上通报，2019 年的应届高校毕业生规模是 834 万，同比增加 14 万人，比十年前的 531 万人增长 303 万人；大学生就业压力巨大，促进大学生就业是就业工作的重中之重；提出引导毕业生到城乡基层、中西部地区、艰苦边远地区和中小企业就业，加强扶持高校毕业生自主创业的力度等促进就业的措施。

　　目前，由于大学生就业压力大，考研的人数也在逐年上升。据统计，2019 年的考研人数达到 290 万，相比 2018 年增长了 52 万人。

　　有一项调查列出了大学生求职关注的 14 个行业，排在前五名行业是 IT/互联网行业、金融行业、通信行业、制造行业、文化传媒行业，合计占比达到 67.03%（图 4-2）。

IT/互联网行业　　　　　　　　　　　　　　　　　　　　25.72%
金融行业　　　　　　　　15.86%
通信行业　　　　9.59%
制造行业　　　8.09%
文化传媒行业　　7.77%
专业服务行业　6.58%
教育/培训行业　6.56%
房地产/建筑行业　4.38%
消费品行业　2.85%
能源化工行业　2.63%
物流/仓储行业　2.50%
生物医药行业　2.42%
交通/运输行业　1.96%
汽车行业　1.85%

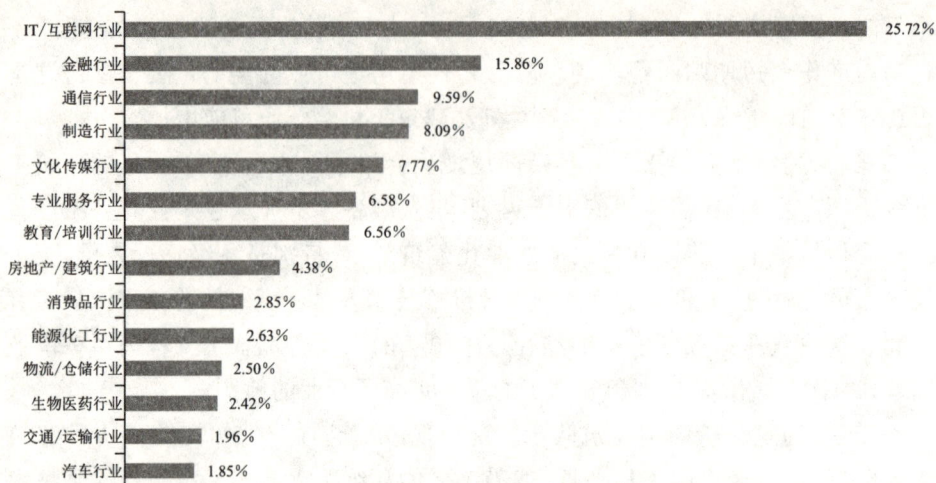

图 4-2　大学生求职关注的 14 个行业

2. 影响大学毕业生出国工作的因素和问题

政府主管部门和大学毕业生本人都没有把出国工作纳入工作计划和职业规划之中。然而，这些年来，中国的人力资源派遣行业却始终盯着这块巨大的资源，与院校研讨怎么样能做通学生的工作，让学生选择出国实习、工作。这些尝试取得一些成效和经验，但总体收效不大。分析原因，可能有这样几条：一是政府主管部门教育部、人力资源和社会保障部还没有把出国工作列入工作计划。二是大学毕业生本人和家长的观念还没有转过来。很多人思想深处认识还是"当干部"，接受不了出国"当劳务"的选择。其中，很大一部分毕业生自我定位不当，就业期望值过高，认为自己是"天之骄子"，应该享受高薪、高职位的优越条件，一味追求到国家机关、事业单位以及一些大型企业中工作，抱有追求高薪、追求舒适、追求名利的心态。他们的择业期望值超过社会的实际需求，最终导致高不成、低不就。还有的大学生就业视野狭窄，创业打拼意识淡薄，他们只想在家门口找一个安安稳稳的工作。三是经济方面的原因。多数来自农村家庭的学生一听说出国工作要很高的收费，就立马打退堂鼓，他们不想在家庭已经为了他们的上学筋疲力尽的情况下，再开口向家里要钱。四是除了宾馆服务员、商场导购员、免税店售货员和日本介护等少数项目以外，多数出国工作订单需要有最少 2 年工作经验，使刚刚毕业的大学生无缘出国机会。五是有的大学生陷入自卑状态，认为自己不是出自名牌大学或热门专业，又无人脉和资金可以利用,因此认为自己缺少先天优势、低人一等,缺乏就业的勇气和自信心,不敢与招聘单位大胆洽谈,不敢竞争,缺乏主动性。六是许多大学生对家长的依赖心理比较强,缺乏自主判断能力。

3. 开发大学生出国资源的工作建议

第一,国家主管部委从减缓大学生就业压力,为国家经济发展培养人才的高度,把出国工作作为大学毕业生的一条工作和成长的途径,并配以支持政策。

第二,对大学生就业观实施正确的引导,围绕职业规划、创业创新开展各种形式教育,激发学生职业规划的热情和动力。培养学生的出国意识,要从提高社会责任意识入手。有了社会责任意识,才会有创业意识;有了创业意识,才有可能接受到国外去打拼、锻炼的想法。高校是培养学生创业意识的主阵地,高校除开展创业、创新理论教育和创新活动外,还应加强专业创业课程的构建。

第三,从校企合作入手,让大学生成为高端劳务主流资源。校企合作,共同创立"培养国际化职业人才—开发高端国际劳务—建立院校海外实训基地—打造高端劳务品牌"的商业模式,将为国际人力资源合作企业更好地开拓国际高端劳务市场,为高等院校与国际人力资源市场接轨,为学生搭建成长发展的平台闯出一条新路。

图4-3　笔者在校企合作中高端国际劳务研讨会上做主旨发言

校企合作高端国际劳务不是临时性、单批次、一校一企之间的合作,而是应在政府的指导推进下,着眼于世界劳务市场发展大势,多职种、高层次、着眼长远的战略合作。其基本功能有以下几点:

（1）校企统筹规划。按照社会化大生产的方式和多职种、高层次、长远战略合作的要求，总体策划，逐项计划，从前期的高端劳务项目开发，生源招收、教育培训、选人面试到后期的管理服务指导，全程合作，不断完善，形成良性循环周期。

（2）创新合作模式。建立科学有效的校企合作模式，积极探讨定向开发、对口培训、专业经营、携手共管的方式。校企密切合作，相互配合。校方介入项目的前期开发，参与学生派出后的管理；企方参与项目生源的招生宣传，根据项目的具体情况和政府主管部门的要求提出课程设置的意见建议。通过输送职业素质高、外语好的实习生或毕业生，巩固发展海外实训基地，不断开拓服务类和中、高级技工劳务市场，打造高端精品派遣项目，实现互利共赢，形成良性循环。

（3）多边合作构架。建立多边校企合作战略联盟，发挥联盟平台的作用，搞好经营公司与院校、院校与院校、经营公司与经营公司间的多点对多点的交流、合作互动，实现联盟内校企资源的互通、互补和共享，成为信息互通、资源共享和经验交流的平台、校企项目对接的平台、市场开拓的后台。

（4）职业发展平台。校企合作高端国际劳务，为实训学生或毕业学生提供了职业生涯的良好起点和个人成长发展的平台，是一条通向多彩职业人生的成功之路。

图4-4 回国发展优秀个人黄海先生做大会典型发言

第二节　出国工作项目传播推广

一个出国工作项目,同样的条件,放到有的地方能招起人来,放到另一个地方却招不来人;在同一个地方,有的经营公司能招到人,有的就招不到人。问题出在哪里? 应该说,项目推广上的差异是一个重要的原因。拿到订单、编写招聘简章、宣传项目优势,这是传播的初级形式,但这是远远不够的。

一、传播学理论

按照传播学的理论,市场传播是企业(传者)以市场为基础,有计划、有目的地与目标市场、利益相关者(受众)交流信息,进行沟通。这种传播方式具有立体性,是一种多方位、多层次的传播途径。国际人力资源合作项目的开展,高强度地依赖传播推广,需要市场传播理论的科学指导。

传播学是研究人类一切传播行为和传播过程发生、发展的规律以及传播与人和社会的关系的学问,是研究社会信息系统及其运行规律的科学。简言之,传播学是研究人类如何运用符号进行社会信息交流的学科。传播学作为一门独立的学科是从 19 世纪末以来逐步形成的,在 20 世纪三四十年代作为跨学科研究的产物诞生于美国。传播学具有交叉性、边缘性、综合性等特点,研究的重点和立足点是人与人之间如何借传播的作用而建立一定的关系。

二、运用传播学理论传播推广项目

美国行为主义政治学的创始人之一、传播学者哈罗德·拉斯韦尔(Harold Lasswell)认为,所有的人类传播活动均可分解为五大要素。基于传播的特性和要求,了解把握传播推广的五大要素对于合作项目的宣传推广具有积极意义。

1. 传播主体

任何一个传播事件都离不开传播主体,正如任何一场演出都离不开演员。国际人力资源合作项目的传播主体是项目经营公司或由经营公司委托的基地生源招聘公司。

2. 传播内容

（1）出国工作项目的基本信息。回答"什么出国项目"，主要是招聘简章的内容。

（2）项目特点。与同类项目进行比较，还可以与国内同工种在收入、待遇、工作环境等方面进行比较，回答项目好在哪里。

（3）项目的附加值和滞后效应。从学习技术、管理的角度看，不同项目情况不同。但是，如果从大处着眼，把出国工作能够锻炼人生、增长见识、提高素质的这些附加值告诉求职者，再配以生动的典型事例佐证，效果则大不一样。滞后效应指的是一个人知识的吸纳、观点的改变、素养的提高，不会对人产生立竿见影的效果，但可以对人起到长远的影响。

3. 传播途径

传播途径或叫传播媒介，如印刷品、广播、电视、网络等等。媒介就好像是运货的工具、流水的河床、跑车的道路。没有媒介，传播内容只能趴在原地。

能够紧密联系传播受众的各种纽带、渠道和平台都是可以利用的途径。

（1）对外劳务合作服务平台（见本章第四节）。

（2）人力资源中介。包括有对外劳务合作经营资质的公司、无经营资质但有营业执照的中介和无任何资质的个体经纪人。

（3）人力资源专业网站。面向国内雇主的人力资源专业网站和专门为出国人力资源打造的面向境外工作的网络平台，都可以作为传播项目的渠道。

（4）专业对口的大专院校。

（5）回国人员。合同期满回国人员既是经营公司服务对象（经营公司帮助指导他们回国后的职业发展），又是最现实、最接近招聘条件的出国资源，经营公司可随时为他们提供新的适合的出国工作信息。

（6）海外在职工作人员。

（7）企业网站。企业网站应从形象宣传、业务板块介绍为主要功能转变成以宣传出国项目、招聘人员为主要功能的工作工具网。

（8）境外人力资源供应基地。可以将因工作环境和收入而在国内招不起来的项目放到境外合作的供应基地。

4. 传播受众

任何传播活动都必须关注自己的传播对象，否则就是无的放矢；任何传播活动都必须重视和研究自己的传播对象。

在市场传播中,传播受众是指企业的目标市场和各种利益相关者。传播受众是实施传播行为的重心,它决定在市场传播过程中应当如何设计传播内容、选择传播通道,应当在何时、何地通过何种通道表达何种信息。为了实施有效传播,需要研究传播受众的需求、态度、偏好和其他特征,尤其是传播受众的印象,如对企业及品牌的现有印象、对竞争者及其品牌的印象。

出国工作项目传播的受众无疑是出国求职者和服务于求职者的中介类机构。受众可以是购买服务的现实顾客,可以是潜在顾客,也可以是能够影响购买服务过程、购买决策的有关人士、组织。

5. 传播效果

传播效果是一切传播活动的根本。不管有意还是无意,一切传播活动都是为了特定的目的,也就是说为了特定的传播效果。传播目标是通过市场传播,拟从传播受众争取的认识、情感或行为等预期反应。传播追求的最终目标是顾客购买服务的行为。通过传播手段,把他们从当前的状况推向购买过程的更高层次的准备阶段。为此,必须向受众传输、表达某些有影响力的信息,以改变传播受众的态度,或促使他们采取传播者所希望的行动。

三、项目传播推广文案示例

(一)派遣厨师出国项目推广方案

青岛环太经济合作有限公司是国家级诚信示范企业、政府名牌企业。该公司作为山东省外派厨师联盟秘书长单位,与联盟成员单位一起开发欧洲厨师市场,取得可喜成效。经过几年来的市场耕耘,该公司以对选人标准、海外政策、签证政策、手续流程办理等方面成熟的经验,打开了市场,赢得了雇主和生源基地好的口碑。

1. 积极宣传厨师项目

(1)项目所在国概况。

(2)所在国中餐业简介。

(3)所在国中餐厨师需求。随着中国餐馆数量的增加,所在国对中国厨师的需求也在与日俱增。其良好的工作环境、优越的待遇,受到了中国国内厨师的青睐。招收厨师的基本条件是 23～40 岁的男性厨师,会鲁菜、川菜即可。根据该公司的外派经验,此年龄段的厨师有工作经验,出国意愿较为强烈,服从管理,薪资待遇更具吸引力。要求中级以上厨师证为厨师所在省份颁发、全国联网可查。

2. 国内厨师资源市场分析

目前国内餐饮业发展迅猛,酒店、餐厅遍地开花,从事厨师职业的人员也在不断增加。但是由于地域的差别,厨师的收入也存在着很大的差别。

(1)重点资源区域:一、二线城市的工资待遇较高,国内外收入相差不够大;三、四线城市和县级城市是出国厨师资源的重点区域。此类地区厨师的收入不高,开阔眼界、历练技能和职业发展的意识较强,因此海外厨师岗位对他们更具吸引力。成功外派的厨师都有好的体验和反馈,容易对本地区以及身边朋友起到宣传示范作用。

(2)国内外厨师工资差:纵观国内三、四线城市的厨师与去欧洲工作的厨师收入对比,一位 25 岁从业六年的厨师,在国内收入为 4 000;而经过青岛环太经济合作有限公司办理前往荷兰中餐酒店工作后,工资已经达到 12 000 元,是国内工资的三倍。可观的收入、良好的工作环境、提升自己厨艺的国际平台等因素都对国内厨师有着很强的吸引力。

3. 招生渠道及方式

(1)利用线上的巨大传播能量组织宣传报名。一是通过媒体途径加大宣传力度,例如网站、报纸与电视等。二是开通平台的微信公众号,将厨师项目进行宣传,做好前期介绍、成功案例推广、报名跟进工作。可由我公司提供宣传素材,如文字、图片、视频等,也可关注微信公众号"环太出国"查看最新的海外信息、招聘简章。

(2)线下招聘。一是建立分区域宣传点。例如,以各村、镇、区和有关机构为单位,指定负责人进行有针对性的宣传,以点带面的宣传更具针对性与准确性。经过一段时间的宣传后就可以将工作区域按"厨师出国意向"进行划分,对于出国意向比较好的一个或几个区域可以集中力量重点跟进,进行宣讲。其中,当地厨师协会、酒店协会或技能培训中心等有厨师资源的机构可作为重点实施合作。做好这些区域的宣传工作,厨师出国的影响力会逐步在当地形成。二是利用政府主管部门组织的大型招聘会、扶贫对接会等场合,设摊位发放宣传材料,接受咨询和报名。三是与有烹饪专业的职业院校合作开办定向培训班,按境外工作要求增加教学内容,由平台统一安排工作实习,毕业合格者纳入出国厨师资源储备库,及时安排面试、派出。此项合作需由平台协调有关部门设定出国贷款、高端劳务培训补贴等配套政策。

(3)做好厨师介绍厨师的工作。根据工作经验,此种介绍的成功率比较高。要做好对每个厨师的服务工作,建立厨师介绍厨师的奖励机制。按时让外派人员发回海外工作与生活的照片,有利于形成外派后期的连续宣传效应。

(4)专业培训。鉴于现在很多厨师有工作经验但是没有厨师证,可先将有技术、想出国的厨师集中,并选出符合条件的厨师,达到一定数量时,由青岛环太经济合作有限公司前来进行宣讲、培训,并当场进行初试。合格的厨师由平台统一组织前往当地技能鉴定中心、烹饪学校等有发证资质的地方进行统一的厨师技术培训和资格考试,技术达到要求的可不参加技术培训。这样就可以不断形成平台的厨师储备资源。

4. 宣传推广内容

(1)工作地优越的社会环境和工作、生活条件。

(2)展示外派厨师案例的大量资料。重点宣传本平台派出本地厨师的现实案例。同时,抓紧寻找线索,及早推荐已有厨师,尽快形成新的宣传推广案例。

(3)工作地对厨师的工作要求和福利待遇情况。

(4)办理流程和所需的资料。

以上内容,可印制图文并茂的宣传单页;可制作宣传视频片、PPT 在特定场合宣传;可在人流较大的公共场合设置展板或电子屏幕滚动播出。我公司积极提供宣传资料。平台从自身实际情况出发,准备针对性强的宣传材料。

5. 组织雇主面试及办理出国手续

厨师证上传到国家级网站后,即可办理雇主视频面试等手续。面试成功者,即可为其制作出国资料、公证、境外申请工作准证和办理出国签证等手续。

(二)派赴荷兰厨师业务项目咨询标准答案

1. 荷兰是一个怎样的国家?

荷兰国土总面积 4.15 万平方千米,总人口 1 740 万人(截至 2020 年),主要分布在大、中型城市及城市周边地区。荷兰位于欧洲西偏北部,是著名的亚欧大陆桥的欧洲始发点,与德国、比利时接壤。还是欧盟和北约创始国之一,也是《申根协定》、联合国、世界贸易组织等的成员。荷兰是一个高度发达的资本主义国家,以海堤、风车、郁金香和宽容的社会风气而闻名。荷兰受大西洋暖流影响,属温带海洋性气候,冬暖夏凉。沿海地区夏季平均气温为 16 ℃,冬季为 3 ℃;内陆地区夏季平均气温为 17 ℃,冬季为 2 ℃。

2. 荷兰国会通过从亚洲引进厨师议案的主要内容有哪些?

为缓解中餐业劳工短缺现象,荷兰国会下议院通过了有关从亚洲引进厨师的议案,其主要内容有下述几点:

(1)从 2016 年 10 月 1 日开始,亚洲餐饮业仍可从亚洲申请厨师来荷兰工作。有关申请中国厨师工照的新条例将持续三年。每次申请的工照两年有效。

(2)劳工居留卡的有效期至少为两年,目前只是一年。

(3)在引进厨师数量方面,政府会有限制,但以不影响亚洲餐饮业发展为出发点。

3. 赴荷兰工作厨师的报名条件是什么?

(1)男女均可,23 ~ 40 岁。

(2)初中以上学历。

(3)三年以上厨师工作经验,持有中级以上厨师证。

(4)身体健康,适合在餐饮业工作,无文身。

(5)无刑事案件记录。

(6)扎实肯干,有团队精神,服从管理,无拒签史与非法打工记录。

4. 报名时需提交哪些材料?

个人简历、护照(若有)、身份证、户口本、厨师证、健康证、两寸照片六张。

5. 什么是劳工签证?获得劳工签证需满足什么条件?

劳工签证就是给到荷兰打工的人们所使用的工作签证。雇主若雇佣外籍劳工,要为该雇员申请劳工签证。雇主雇佣的必须是具备特殊技能的雇员,而且雇主已经尽力在荷兰当地招聘,如通过刊登广告,而没有结果。此外,雇主还必须把这一个职位空缺报告给荷兰劳工部超过五个星期,若还是没有合适的人选,才能雇佣外籍劳工。

获得劳工签证的条件如下。

（1）持有有效护照，在荷兰没有非法经历。

（2）持有有效劳工合同。

（3）抵达荷兰后，需要通过肺结核检测。

（4）每月须持有一定数额的工资（荷兰最低工资为1 783欧元）。

（5）未做过影响公共秩序的行为。

（6）持有厨师证件。

6. 合同期限是多久？

厨师在荷兰的工作期限为两年。厨师到荷兰后，先与雇主签订两年的雇佣合同。合同期满，如果雇佣双方同意，再签订第二个为期两年的合同。其中，第一个两年合同的试用期为两个月。

7. 若申请长期居留，需符合哪些条件？

如果在2019年10月1日之后有关规定延续，则外籍劳工在荷兰为同一雇主连续工作五年（工作准证为每两年延续一次）或者按规定更换过雇主，即可以申请长期居留，也可以申请加入荷兰籍。按照新法例，在申请长期居留的时候，外侨警察局往往要求外籍劳工继续拥有足够的生活资料，也就是继续有工作。所以，工作五年之后，仍然和雇主签订一年以上的劳工合约，就会比较顺利地申请到长期居留。

8. 领事馆面试需要哪些资料？

厨师在得到工作准证后，需携带公证双认证材料、雇主合同、雇主护照复印件、MVV申请表等材料前往荷兰驻华大使馆进行面签。

9. 办理签证需多长时间？

如果材料齐全，在中国办理签证一般需三个月左右。

10. 什么是公证双认证？

所谓公证双认证，是指在办妥中国外交部领事司或有关省、自治区、市的外事办公室的认证手续后，再办理公证书的使用国驻华使领馆的认证。

目前，大多数国家的驻华使领馆要求中国公民在其国内使用的公证书必须在办妥外交部领事司或有关省、自治区、市外事办公室的认证手续后，接着办理驻华使(领)馆的认证,也就是必须双认证。

办理流程如下。

(1)必须把需要做双认证的文件做成涉外公证书。

(2)携带公证书原件及其他材料去做双认证(每个国家要求不同)。

(3)因外交部认证不接受个人办理,所以必须通过代办来办理双认证事宜。

(4)代办审核公证书并递交至外交部认证处,外交部审核并认证。

(5)外交部将公证书递交至驻华使领馆认证,驻华使领馆审核并认证。

(6)外交部取回使领馆认证完的公证书原件。

(7)代办取回外交部认证完的双认证原件。

出证时间:外交部认证需五个工作日。各国驻华使(领)馆认证时间不统一,最快的可以一周多出证,最慢的可能要好几个月才出证。

11. 厨师的待遇如何?

初始工资在面试时根据厨师情况确定。之后,雇主会根据厨师的工作表现再做适当调整。雇主提供免费的工作餐、住宿。

12. 厨师的工作时间如何?

厨师每周工作六天,每天在岗工作十小时(包括工余、就餐时间)。加班时间不超过法定时间。

13. 厨师享有哪些节假日?

厨师享有法律规定的带薪节假日。在岗工作 12 个月后,享有 12 天的带薪休假。

14. 厨师的医疗和保险福利如何?

根据所在国政府的规定,雇主为厨师办理雇佣、医疗、产业灾害和国民保险,保险费由厨师自己负担。厨师可以选择适合自己的保险,国家给补贴 30 多欧元,个人负担 50 多欧元。

厨师在履约期间因日常疾病、意外伤害、职业病等发生的医疗费用,根据保险条款办理报销手续。

15. 视频面试时应注意哪些问题？

厨师通过初试后，需制作八分钟左右的录像视频，通过中介机构提供给雇主确定人选。视频内容要求如下。

（1）厨师介绍自己一分钟，包括姓名、年龄、厨师证级别、从事厨师工作的时间以及擅长的菜品，如鲁菜、川菜等。

（2）用一分钟介绍这次要做的两道菜。

（3）用两分钟展示刀功。

（4）用三分钟展示炉头做菜技能。

（5）用一分钟展示将炒好的菜品装盘的过程。

16. 办理出国需要多长时间？

自通过面试起，一般不超过四个月就可以出国。

17. 如在签证过程中，因厨师本人原因放弃出国怎么办？

如全部材料已报送荷兰劳工部，厨师因本人原因放弃签证申请，将依据合同规定扣除厨师所交的部分费用作为赔偿。

18. 临时居留签证 MVV ？

MVV 全称是 Machtiging tot voorlopigverblijf，这是一种特别签证。凡是希望逗留在荷兰三个月以上的，包括来荷工作或留学，年龄在 18～65 周岁的他国公民，都需要首先申请获得 MVV。以家庭直系成员身份包括父母、祖父母、兄弟姐妹、18 岁以上的子女，获得 MVV 进入荷兰之后，应该在三天之内到外侨警察局报到，申请临时居留（VTV）。如果想早日确定在荷兰的长期居留身份，需要通过荷兰语 NT2 考试，熟悉荷兰社会生活的基本常识，在荷兰连续住满三年以后申请加入荷兰籍。

第三节　选对人与选好人

选对人、选好人是招聘工作的基本要求。

一、选对人

选对人，就是要了解境外工作环境、工作内容对工作者的要求，搞清楚选什么样的人最适合。

1. 详细了解订单岗位的具体工作

做到选对人,不但要了解分析报名者的情况,对他们的生存状况、生活态度、工作期望以及思想倾向等做到心中有数,还应该详细了解订单岗位的工作性质、工作内容、工作要求和工作待遇,了解工作环境和生活环境,这样才能搞清楚我们到底是要选什么样的人。这好比工厂里制造不同用途的产品,要选用不同的原材料,如木材、塑料、钢材、铝合金等。机械工厂加工金属零部件,根据零部件用途、要求不同,在材料选用上,有的要求有韧性,有的要求刚性要好,而用于机床金属切削的刀具则必须兼具硬度与韧性。如果选错材料,加工出来的产品或根本无法使用,或加大不必要的成本,浪费资源。

新雇主或新工种的订单除了说明选人的基本条件外,往往缺乏对工作要求的详细说明和对工作、生活环境的描述。如果仅仅凭订单上的简单说明和以往经验去准备人选,就很容易因对工作要求把握不准而造成选人的偏差。为了选对人,经营公司的项目担当应前往项目所在地现场考察,摄取录像和照片,掌握第一手材料。考察了解的具体内容包括以下几点。

(1)工作内容及要求。不但要看干什么活(劳动对象),还要考察了解怎么干(劳动工具、工作程序和工作要求)。

(2)工作地环境状况。察看工作场所及周边环境、生活环境、住宿条件、生活成本。

(3)询问工作岗位对文化水平、身体条件的要求,考察了解岗位的技能要求、知识含量、工作时间和劳动强度。

(4)对于技术工种,要问清技术要求标准,以及面试时进行的技术考核内容和考核方法。

(5)雇主性格、选人偏好及具体要求。

如果是老项目选人,项目担当也应该认真地按照上述几项与雇主重新核实,避免因情况变化而出现选人偏差。

2. 区别不同雇主的不同要求和相同工种的不同要求

首先,不同雇主有不同管理方式;不同的工作性质、不同的劳动工具、不同的劳动强度,对员工的文化水平、技术能力、身体条件和性格心理都有不同的要求。

其次,有些看似相同的工种,在不同企业的不同条件下却有着完全不同的人选要求。2009年金融风暴时,青岛环太经济合作有限公司曾经遇到过这样一件事:日本的一家铸造会社经面试录取了三名铸造工,而就在公司安排的出国培训即将结束时,日方监理团体通知说该铸造会社因金融风暴突然破产,又很快找到一家新的铸造会社。后来经过考察了解,两家铸造会社有非常大的差别,而对研修生的要求也截然不同。破产的是一家传统的铸造企业,工作环境艰苦,要求工作人员有健壮的身体,不怕脏苦累;而后来的这一家是铸造精密铝合金汽车零件的高科技企业,生产线是数控操作,要求研修生具有较高的文化程度,头脑灵活,反应快捷。根据这一情况,公司及时调整了符合条件的人选,得到用人会社的好评。如果只是凭着老经验盲目地按一般铸造会社的条件选人,根本满足不了精密铸造会社的要求。

二、在选对人的基础上选好人

选出适合的人选只是第一步,还要从选对的人中间选出比较好的人。选对人是选好人的前提,好的人不一定都是适合的人,只有从适合的人中选出的好人才是最佳人选。

1. 重视首批生的选配

市场开发较好的经营公司经常要向新雇主派人,这就是我们说的首批生。他们要到没有接收经验的企业去工作,面对没有前辈生的工作环境,要适应全新的工作、生活,一切都要靠自己。首批生工作表现的好差,直接关系到雇主能否继续要人,同时也关系到能否为下一批打下一个好的工作、生活基础。鉴于首批生在合作业务中的特殊地位和面临的特殊环境,经营公司应特别重视首批生的选拔,要重点把握以下几点:

一是选好首批生组长,搞好对组长的专项培训。专项培训的主要内容包括如何保持与经营公司业务担当的联系,如何汇报工作;如何做好小组成员的思想工作,如何化解矛盾,如何开展表扬和批评;遇突发事件或重大问题如何处置;如何处理好与雇主企业、与同事的关系;如何过好业余生活,如何调动大家的学习积极性;等等。

二是要舍得把综合素质较高的人安排到首批生里面,他们应具有较强的适应能力、团队精神,能较快地根据雇主企业的要求胜任工作,安排好生活。

三是在首批生中配备一名外语较好者，以便于与雇主方进行交流沟通，也可以对其他人起到帮助辅导的作用。

四是为了帮助首批生尽快适应环境，可安排经营公司驻在员或业务担当在企业蹲点工作一段时间，配合雇主共同帮助首批生适应工作要求，解决碰到的工作、生活问题，组织辅导外语学习。

2. 不合格项标准

为了保证出国人员的质量，避免选入不合格人员，根据中国商务部、公安部、省市商务主管部门的有关规定，国外客户的反馈意见以及经营公司工作实践，以下22种人不作为推荐、登记报名和参加面试的人选。

（1）公安部门规定不能出国的四种人：① 刑事案件的被告人和公安机关或者人民检察院、人民法院认定的犯罪嫌疑人；② 人民法院通知有未了结民事案件不能离境的；③ 被判处刑罚正在服刑的；④ 国务院有关主管机关认为出境后将对国家安全造成危害或者对国家利益造成重大损失的。

（2）信邪教的人。

（3）长期闲散没有工作的人。

（4）有不良拒签记录的人。

（5）不孝敬父母的人。

（6）私心严重，无法与人相处的人。

（7）自理能力太差的人。

（8）有其他出国目的的人。

（9）奇高、奇矮、奇胖、奇瘦的人。

（10）有失眠症、神经衰弱的人。

（11）性格孤僻，有交流障碍的人。

（12）家族有精神病史的人或因受过刺激有心理阴影的人。

（13）有吃、喝、嫖、赌等不良习气的人。

（14）有债务在身的人。

（15）患有传染病尚未治愈的人。

（16）在培训期间违纪被取消外派资格的人。

（17）培训考试不及格且不愿补习的人。

（18）不真实填写报名表或报送虚假个人资料的人。

（19）没有人担保的人。

（20）年龄不满 18 周岁的人。

（21）文化水平太低的人。

（22）不符合接收企业其他要求的人。

3. 选好人的关键是初试

在选人的工作程序中,经营公司初试是最重要的一关,直接影响用人公司面试的成败。经营公司初试包括以下方面。

（1）观察外表,包括衣着步履、行为举止和容貌神态等。初试应从应试者进门开始。

一看应试者的穿着打扮。从衣着打扮上可以看出一个人的文化素养和审美情趣,进而了解其生活态度。打扮入时、衣装华丽、浓妆艳抹者,往往轻浮虚荣,不容易安分守己。

二看步履。步履是人重要的肢体语言,有昂首挺胸充满自信的,有毛毛躁躁步伐杂乱的,也有小心胆怯犹豫缓慢的。在无意中,应试者通过步履把自身的涵养、性格和心态展现给了有心的考官。

三看容貌神态。容貌神态是指面部眼、口、鼻、耳的静、动态特征。中国传统的相学以脸型、相貌来评价人的优劣,占测命运,有失偏颇。选拔技能实习生不能以貌取人,但以面部表情来推测性格、观察内心是有根据的。古人说:“列百部之灵居,通五腑之神路,推三才之成象,定一身之得失者,面也。”只要识人者有敏锐的观察力,就能够发现其从面部表情中流露出来的内心想法。心理学研究证明,一个人一开始说谎,身体就会呈现出相应的信号,如面部肌肉不自然,瞳孔收缩与放大,额部出汗,面颊发红,眨眼次数增加,眼神飘忽不定,等等。现在撒谎不脸红的人不在少数,但他们也不是无懈可击。透过伪装,盯住眼睛,还是可以捕捉到他们眼神瞬间变化中的疑点。眼睛是心灵的窗口,观察表情的重点在于眼神。一个人的所思所想都会通过他丰富的眼神语言表现出来,因此可以通过眼神观察内心。中国道教经典著作《太平经》认为,人的生命存在是精、气、神的统一整体。考官应学会通过眼神这个窗口,去解读应试者眼神里的内容,观察其生命力、行动力、意志力和思考力。

（2）考察内在,通过面试、笔试和技术考核,了解掌握应试者个人素养、知识文化和技术水平。

首先是根据个人履历表掌握初步情况，了解、核实和考察应试者的基本情况，让应试者填写《出国工作申请人个人情况告知书》。告知项目包括是否受过表彰奖励，是否持有护照，是否有出国经历，亲戚中是否有人有出国经历，是否有县级以上医院体检报告，有无任何疾病病史，是否有过失眠，有无家族遗传病史，是否受过工作单位处分，是否受过公安部门处罚，身份证、户口簿、毕业证信息是否真实一致，是否借过任何人或银行的钱没有偿还，父母配偶是否同意出国，等等。由本人承诺上述填写内容属实，如有虚假由其个人承担一切后果，并赔偿由此造成的经济损失。最后由本人签名并按手印。

其次是进行文化水平摸底考试。考试包括作文和数学计算，题量一般控制在 30～50 分钟。对于文化水平明显达不到学习外语要求的，应淘汰。

再次是向应试者提问题。有针对性的提问是考察了解的主要方法。在初试过程中，大部分情况下不需要进行技术考试，这就需要考官善于通过提问了解情况，并初步评估应试者的人品、性格和工作态度等情况。其中很重要的一点是甄别其工作经历和学历文凭的真伪。有个别应试者为了达到出国条件，就编造假的工作经历或做一张假文凭企图蒙混过关。对此，考官的应对办法就是现场提问题。甄别工作经历的办法是询问工作情况，让其具体描述工作步骤、工作机器（工具）和工作对象，如果回答问题笼统、含糊、抽象、简单，避重就轻，说明有问题。要做到针对不同对象进行不同方式的对话交流，提出不同的问题，事先应有一定数量的问题储备。在选人的面谈工作实践中，一般比较常用到下列问题：① 介绍一下本人及家庭的情况。② 你的家人同意你出国吗？③ 你为什么要出国工作？④ 你对要去的国家了解多少？⑤ 你以前有没有参加过出国工作的面试？⑥ 你提供的所有证件和资料都是真实的吗？⑦ 你希望到国外挣多少钱？打算怎样花？⑧ 你的职业理想是什么？⑨ 你认为你的优势在哪里？有什么比别人强的地方？有什么特长？⑩ 你认为你的缺点或弱项是什么？⑪ 你现在从事什么工作？请详细说明从事工作的程序和要求。⑫ 你在学校学了哪些专业课程？说说主要专业课的内容（对中专以上者）。⑬ 你在空闲时间干什么？⑭ 你有哪些兴趣爱好？⑮ 有了烦心事，是跟家里人说，跟朋友说还是不愿意说？⑯ 你认为自己的性格是外向型还是内向型？⑰ 你现在的收入是多少？开销是多少？⑱ 你如果与同事、朋友在认识上发生分歧，是一定要说服对方还是往往会被对方说服？⑲ 碰到你认为不对的事情，你愿不愿意管？⑳ 你工作时，上司下达了一个你认为错误的命令，你怎么办？㉑ 你抽烟、喝酒吗？

㉒ 你有没有欠债？

（3）心理测试。初试除上述观察外表、考察内在两个方面外，对于客户有要求的项目和个别特殊工种，还应进行一定形式的心理测试。现代心理学的发展为人类的自我认识提供了广泛的心理学应用范围，也为出国工作人员的选拔提供了方法和手段。心理测试的方法应根据雇主企业要求和被测试者的具体特点来选择，并结合其他考核情况进行综合分析评判，切忌采用一两张测试表格做一下测试就得出心理／性格评定。

在一项心理测验临床应用的调查中，明尼苏达多项人格测验（MMPI）和16种人格因素问卷（16PF）是较常用的两种。对心理测试感兴趣的业内人士不妨对弗洛伊德的精神分析法以及这两种心理测试法做些研究探讨。

三、选人工作程序

选人应规范化、程序化。以日本技能实习生业务为例，主要的工作程序要点如下：

（1）确定面试时间后，经营公司应问清面试的具体要求，确定面试考官名单、面试者人数、考试方法、场面安排等。

（2）到商务主管部门办理外派劳务备案手续。

（3）向生源基地下达招聘简章。

（4）组织参加初试人员到指定医院体检。

（5）经营公司对报名人员进行初试，选定参加正式面试的人选。

（6）将确定参加面试的人员履历表落实清楚，审查修改选人单位传送的人员履历表。注意要点：家属要写全；注明年龄；有护照的，一定要够三年半以上的有效时间；电脑输入不得有误，按照要求时间发给监理团体。

（7）面试注意要点：根据分工各司其职；现场指挥要特别注意安全问题；业务担当要提前问清楚面试内容，掌握资料，做好准备，面试时做好翻译工作；面试结束后，请面试负责人签字确认。不能当场确定的应及时抓紧补充书面确认。

（8）请面试官对本次面试安排提出意见，以利今后改正提高。

（9）收取入选人员的身份证、户口簿、毕业证、个人两寸免冠彩色照片。

（10）按监理团体确认的格式办理推荐函。

（12）制作有关材料，与推荐函一并寄往监理团体申办在留资格。

第四节　服务平台市场化运营的改革建议

2010年7月1日,商务部、外交部、公安部、工商总局下发了《对外劳务合作服务平台建设试行办法》,对对外劳务合作服务平台(以下简称"服务平台")建设工作做出原则规定。根据中国对外承包工程商会统计数据,全国现有14个省设立服务平台283家,除省级和中心城市级平台7家、院校平台2家外,95％以上的平台在县城或中小城市。

2012年4月,笔者在《中国经贸》杂志上发表《引入市场竞争机制,加快服务平台建设》一文,提出服务平台"政府主管,市场化运作"的改进建议。同年7月,全国外派劳务资源对接交流大会在济南召开,笔者在大会做专题发言,进一步阐述了上述观点,获得业内同行的认同和主管机关的重视。笔者根据这些年来服务平台运行情况和自己的探索实践,提出"企业进平台"的改革发展路径。

图4-5　笔者拜访山东省泗水县外派劳务服务平台

一、政府主办服务平台的机制缺陷

服务平台建设是对外劳务合作管理体制改革的重点内容。从这些年来的运行情况看,由于在管理运行机制上存在缺陷,很多服务平台没有人(生源),达不到《对外劳务合作服务平台建设试行办法》的要求。

(1)在成熟市场的生源地服务平台,真正掌握生源的并不是政府主办的服务平台,而是大大小小的中介。他们渗透到各个角落,有着强大利益驱动。

(2)在生源市场还没有发育起来的地方,没有非法中介存在。然而,新建立起来的服务平台缺乏实际工作经验,宣传发动不到位,政府对服务平台的后期投入不足,导致老百姓不知道或不认识出国劳务,平台也没有生源。

(3)这种行政机构型服务平台与经营公司的市场经营行为难以对口衔接。国际劳务合作是一种市场经营行为,而以生源招收、输送为主要职能的服务平台是劳务外派业务经营活动中的一个环节。从劳务合作经营公司的商务要求看,服务平台很难做好对口服务配合;从出国人员的招募功能看,服务平台较难形成强大的市场号召力和持续的运行发展能力。由于没有生源,做不好对口服务,很多服务平台难免变成了统计平台。

(4)平台编制有限,人手不足,远远满足不了服务和管理的需要,更谈不上广泛宣传发动及有效运营。

二、服务平台的改革

鉴于政府型平台的缺陷,我们是否应该采用市场手段呢?

由企业组织实施市场化运行,能够通过市场的调节力量合理调动、配置出国人力资源;容易形成良好的服务机制,与劳务合作经营公司形成默契的商务配合;作为商业性机构,企业可通过收取一定费用来满足服务平台的机构建设和业务推广的经费需求。但是,没有政府参与管理,容易使服务平台淡化服务意识而单纯追求经济效益,使出国人员利益受损;而没有当地政府参加的宣传、发动、推广,往往缺乏权威性和可信度。

如果综合政府和市场的两个优势,就可以优势互补,消除弊端。既可以充分发挥"政府形象,管理严格,权威性强,可信度高"的优势,又能顺应市场经济规律,借助市场无形之手强力推进服务平台的发展。因此,笔者依然认为服务平台的定位应该是"政府主管,市场化运作",要把服务平台办成一个服务于国际人力资源合作的人力资源市场。

根据这一思路,服务平台改革的目标有以下三个:

(1)企业进平台,实现两个目标:一是由企业调入足够的专业工作人员,大大提高服务平台的工作能量;二是形成政府资源与企业优势相融合的合理运营格局,实行政府主管下的市场化运营。

(2)以平台为依托,发挥政府与企业的两个优势,建设对外人力资源市场。

以市场开发、资源培育为基础,遵循市场规律,积极参与市场竞争,在竞争中不断提高运营水平,形成市场的集聚效应,使服务平台成为对外劳务资源的集散地。

(3)打造品牌平台。在有管理的市场化运营大环境下,通过不断提高生源质量和服务质量,以优质生源和良好服务建立信誉,赢得经营公司订单;通过提供优质、优惠的教育培训,满足报名者对出国机会的需求,树立口碑,赢得生源,形成服务品牌。

三、服务平台的中长期发展建议

企业进平台,为服务平台注入市场基因,增添经营活力,为服务平台的市场化发展奠定基础。

(1)政府更好地发挥主管、主导的作用。在政策法规上引导、把关;在舆论宣传上舍得投入,利用政府渠道、宣传阵地、主流媒体大张旗鼓、深入人心地宣传、发动、推广;出台支持经营企业进平台试点、扶持出国培训机构等政策规定,把国家支持服务平台的资金落到实处。

(2)实行公司制改造。遵循市场经济规律,在服务平台之下,以原有业务经营人员为基础,建立公司制经营主体,变服务平台直接经营为经营公司专业运营。经营公司可由进平台企业一家出资,也可由多家公司共同出资建立。经营公司在服务平台和出资公司的支持下,独立核算,自负盈亏。

(3)为了配合中国高端劳务发展战略,突破高端劳务生源瓶颈,服务平台应把开发和培育职业院校生源作为今后的一项重点工作。根据经营公司对高端劳务的需求,在学校现有专业的基础上,改造或新开设能满足出国工作的对口专业。

在此基础上,服务平台还应在校企合作中发挥作用,努力成为联络学校和企业的枢纽,成为校企合作的支点。把校企的双边合作推向多边合作,从更大范围、更高层次上开发、培育和整合资源。

(4)建立平台联盟。设立平台联盟的原则是自愿结合、协调互通,汇聚力量、共享资源。联盟成员在上级政府主管部门的统筹指导下,实现交流互通,联网数据,汇聚资源办大事、接大单。为了保证联盟工作高效有序,可统一制作和投放联盟共性的广告宣传片、宣传品,统一安排出国人员培训,甚至可以统一形象标识,统一服务规范。建立联盟例会制度,定期交流平台工作进展情况和工作计划措施,讨论如何共同应对遇到的困难和问题。

（5）生源基地建设应有顶层设计。主管机关应根据新的劳务市场形势和生源需求结构,对服务平台的总体布局、区域市场培育以及工种和专业导向等方面做出统筹安排,做出总体层面的设计,让服务平台的改革发展在政府的总体指导下,通过试点、总结、修正等过程,有序推开,稳步发展。

（6）顺应经营公司新定位,大胆向境外低劳动力成本的地域延伸生源招收地,提供全天候跨境国际劳务的生源招收和培训服务。中国低端劳务终将失去市场竞争力,经营公司定位国际人力资源中介已是大势所趋,这是对平台的服务功能和经营范围提出的严峻挑战。适应新的发展形势,服务平台也应该走出去,在更大的空间驰骋翱翔。

四、企业进平台试点工作报告

笔者在中国国际劳务合作行业发展委员会专题会议上接受了"企业进入服务平台,实施市场化运营"研究课题,并提出具体实施方案,又在深入调查研究的基础上,经过公司经理办公会议研究决定,于2013年下半年开始实际操作。经过考察了解,我们选择了领导重视、具备资源条件、有较好硬件设施的邹城市对外劳务培训服务中心开展合作。2014年3月,邹城市商务局与青岛环太经济合作有限公司签订为期三年的合作协议。合作双方经过不懈努力,构筑起在政府主管下、以环太公司为运营主体、以生源市场开发培育为基础、以孟子出国人员培训中心为支撑的对外劳务合作生源市场的雏形,初步形成出国劳务市场效应。双方先后投入资金300余万元用于设施建设、宣传发动和投资注册属地化运营公司等项目。2014年,在邹城市送出的1 560名出国工作人员中,通过服务平台报名的有832人,同比增长38%。2016年,邹城市外派劳务培训服务中心(邹城市对外劳务合作服务平台登记名称)被山东省国际承包劳务商会评为山东省对外承包劳务行业先进单位。

试点的头一两年打基础、搞发动阶段非常关键,服务平台在商务主管部门的支持下,迅速铺开各项工作。

1. 组建专业团队,设立分类报名窗口

签订合作协议后,青岛环太经济合作有限公司立即派出包括环太出国人员培训学校校长在内的八人团队进驻邹城市,第二个月完成培训中心校舍的装修

改造。公司建立起宣传和招生的组织架构,组建平台的经营队伍。服务平台原有编制两人,公司进入平台后增加到十人。服务平台为了做好在镇、村的宣传发动和招募工作,在条件成熟的城前镇、峄山镇、石墙镇设立了平台办事处,在重点村庄设立了 50 余人的兼职联络员队伍。

服务平台先后在邹城市就业服务局人力资源市场服务大厅和城前镇市民服务中心大厅设立出国劳务咨询、报名窗口,并在每周五的全市人才大集上分别设置日本技能实习生、新加坡劳务、酒店服务生、建筑工等四个招聘摊位。

2. 以面上铺开、重点突破的办法,实施宣传发动工作

邹城市人口 110 万,人力资源丰富,但是当地绝大多数群众不知道还可以到国外去打工挣钱。我们的宣传发动是从"出国工作 ABC"开始的。

一是媒体宣传造势。服务平台先后投入 100 多万元资金用于出国劳务宣传。借助济宁尤其是邹城的大众媒体进行广泛普及宣传,如公交车的车体广告宣传,人群密集区域的电子屏幕宣传,平台网页、58 同城、微信等网络宣传,乡镇集市宣传,等等,形成出国务工的宣传声势,达到出国信息一定范围的有效覆盖。年前招聘旺季,在电视台、报社又投入宣传广告费进行不同内容的宣传报道,收到显著效果。峄山镇的一位回国技能实习生通过出国不但赚到了钱、增长了见识,还找到了工作、收获了爱情。邹城电视台播放他的案例后,产生很好的宣传效果。强有力的宣传造势推动了乡村出国咨询热潮。

在多次调查论证和大量收集素材的基础上,我们精心制作出一部 12 分钟的出国工作公益宣传片《出国就业,改变人生》,分为"出国挣钱,增收又致富""国外生活,环境很安全""在外工作,困难有人帮""回国创业,人生得改变""出国服务,放心有保证"五个部分。该片滚动播出,产生积极影响。

二是举办业务人员培训班。为了扩大出国宣传队伍,先后对重点乡镇业务合作单位兼职人员、新加入报名点人员和部分村联络员举办四期培训班,宣讲出国务工工作业务知识,介绍出国项目及手续流程,进行"战前"动员。先后有120 人参加培训。

三是深入基层宣传发动。向重点镇、村送年画、送宣传纸、送咨询服务、送出国项目。进入会场宣传,由服务平台领导和工作人员介绍服务平台,宣传讲解出国项目;在镇政府驻地或村街、集市向农民发放年画和宣传纸;针对有出国欲望的村民,入户进行一对一耐心讲解。这些活动拉近了与农民兄弟的距离,引起了他们对出国务工的兴趣。

四是抓住重点时机宣传发动。利用村镇集市、人社局进村就业培训、基层组织会议和节日期间等时机,在前期深入调研和缜密筹划的基础上,通过媒体造势、典型引导、参会赶集、走村入户和重点突击等形式,展开广泛宣传活动。如在春节期间,累计组织各种宣传活动 18 次。宣传受众人数达到 3 万人以上,前来咨询人数达 1 000 人以上,其中有出国意向的有 100 余人。

五是在招生宣传导向上,由"出国挣钱"利益导向,转向"出国挣钱,职业起步,开阔眼界,锻炼人生"的综合引导。

3. 深入农村,入户农家,培养典型示范村

我们用了一年时间,从四个重点乡镇中选择十个村作为典型示范村培养目标,并将工作责任目标落实到每一个工作人员。典型示范村的积极作用为形成全市大气候发挥了有力的推动作用。

我们发现,在开始阶段做面上的普及宣传,频繁到重点乡镇的几个大集做宣传造声势,有宣传效果,但对形成出国氛围作用不大。真正的出国氛围需要在村子里面培养,宣传发动正面扩散和出国典型的连锁反应也是在村子里出现,"出国热"是一个村一个村形成并不断蔓延开来的。

4. 调整组织机构职能,增设营业场所

由于人力资源市场服务大厅已经无法满足对外劳务服务平台发展的需要,其服务功能也无法满足经营公司和出国报名人员的要求,为了更好地开展市场化运营,2015 年,青岛环太经济合作有限公司投资 50 万元注册成立了邹城环太人力资源咨询服务有限公司。新公司既是服务平台延伸的咨询、报名服务点,又作为承接服务平台后续商业化运营的专业机构,成为市场化经营主体,变服务平台直接经营为经营公司专业运营。

工作实践证明,"政府主管,市场化运作"的运营模式充分发挥政府、市场两个优势,为服务平台注入市场基因,增添了经营活力,大大提升了出国宣传的影响力,极大地畅通了出国报名通道,省去了非法中介的层层盘剥,规范了生源市场,较大幅度降低了出国费用,效果显著。其中一个大的变化是"黑中介"越来越多。过去很少有人知道出国打工,我们的宣传只能从出国工作知识"扫盲"开始。市场升温让"黑中介"嗅到了商机,在邹城市出现了多家出国劳务非法"黑中介",严重扰乱出国劳务市场。市区峄山路的一家"黑中介"以编造虚假

高收入出国项目为诱饵,先后诈骗出国报名人员人民币 400 多万元。这起跨省出国劳务特大诈骗案被邹城市警方破获,"黑中介"头目被逮捕入狱。

5. 几点体会和认识

第一,政府主管部门与企业加强交流联系,及时研究工作,保证企业运营工作始终在政府主管部门的管理指导下有序健康开展。

第二,克服急功近利思想,立足于做扎扎实实的前期投入工作,立足于通过培育新资源缓解生源供不应求和价格上涨的困难局面。

第三,只要舍得费精力、下本钱做扎实深入的工作,就一定能够取得成效。出国劳务大省山东省并没有资源枯竭,山东省外,特别是中国中西部地区,更有广阔的出国劳务资源市场的开发培育空间。

第五节　启动出国生源开发战略大转移

为了促进和规范对外劳务合作事业,充分利用中国经济中心城市人力资源高度聚集的优势,适应高端劳务资源需求,更有效地开发和培育出国劳务资源,笔者就筹建经济中心城市对外劳务合作服务平台的可行性进行分析,并对模式安排提出初步设想。

一、创建经济中心城市服务平台的可行性分析

针对服务平台的问题,在管理和运营上实施大胆改革,可以有效地解决目前服务平台面临的资源、"黑中介"和运营管理三大问题。改革的目标是在经济中心城市创建新型、务实、与市场接轨的对外劳务合作服务平台;改革的重心是在管理运营上引入经营主体,在市场推广和资源培育上发挥市场机制的作用;改革的关键词是"政府主管,企业运营""企业进平台,平台进市场"。企业进平台,一是提供专业对口服务;二是形成政府资源与企业运营优势相融合的合理运营格局。平台进市场,是与大型人力资源市场合作建立面向国内外的人力资源中介服务平台。

从资源所在地上讲,经济中心城市是产业工人、技能人才高度聚集地,有着十分丰富的可出国工作的潜在资源。他们中多数人看似老家在农村,却一年365 天有 300 多天在城市。人力资源的高度聚集,为出国劳务资源的供给侧改革提供了充足的空间。

从资源流动的渠道看,在劳务人员家乡,往往是劳务人员的父母妻子通过亲戚朋友或乡村个体中介等渠道咨询报名,意向出国者与经营公司之间距离太远,环节过多,不利于信息交流与传递。据了解,农民工的流动周期为 $1.5 \sim 2$ 年,他们工作地的人力资源市场是流动的主要渠道。如果把连接双方的服务平台设在工作地的人力资源市场,可以让出国求职者与经营公司或一手出国订单信息直接见面,既可以提高效率,节省经营公司和求职者的费用,又能够提高资源转化率("资源转化"指的是将国内劳务资源转化为出国劳务资源)。

从对资源分布及流动渠道的分析可以看出,这样的城市平台相对于"黑中介"在竞争条件上具有明显优势:一是主流资源所在地优势;二是对求职者和经营公司都方便快捷的效率优势;三是宣传推广、运营成本较低的优势。凭借这些优势,加上政府主管平台的公信力,截断"黑中介"的资源,打破他们对资源的把控,是完全可能的。

从市场供求关系分析,出国劳务资源需求巨大,资源供应紧张。随着中国"一带一路"倡议的提出,中国劳务外派特别是中高端劳务外派必将迎来更加广阔的前景。

以山东省及青岛市为例,山东省外派劳务人数已连续 11 年位列全国首位,青岛市一直在全省和其他计划单列城市中保持遥遥领先的地位。以山东省400 多家国际工程承包和对外劳务合作经营企业的巨大需求,以青岛市对外劳务合作事业在全国所处的地位和经济中心城市、对外经贸领先城市的优势,完全有条件在青岛创建一个服务青岛、覆盖全省、辐射全国的对外劳务合作资源的市场供求中心,为全国树立服务平台转型升级的样板。

二、服务平台的组织体系结构

服务平台定位为经济中心城市市一级平台,由市商务局认定并予以扶持。

服务平台在市商务局的直接领导下,依托本市大型人力资源市场,共同创立在中心城市设立的面向国内外的以高端劳务为发展方向的全方位的人力资源服务平台。

服务平台采取政府主管、企业运营的模式。根据《对外劳务合作服务平台建设试行办法》关于服务平台"可依托现有各类机构、外派劳务服务中心及外派劳务基地等机构建立"的规定,服务平台可选择相关机构作为申办和管理主体,并根据国家法规和商务主管部门的要求做好监督、管理、协调工作,更好地发挥国家赋予服务平台"服务、促进、保障、规范、管理"的功能。对外劳务合作经营企业在政府主管下运营,运用市场化手段,利用国内人力资源市场的中介平台,开展出国劳务资源的宣传动员、资源培育和咨询报名等服务工作。

以"企业进平台,平台进市场"的形式建设、运营平台,不需要大的场地建设投资,可先由经营公司派懂业务的专人负责具体工作。在政府专项资金扶持的前提下,平台承担政府规定的十项责任,在政府主管下合法运营,自负盈亏。

三、服务平台的运营模式设计

对服务平台的运营模式,笔者有以下设计构想。

(1)为本市劳务合作经营公司发布招收出国工作人员的信息,提供出国劳务资源信息;也可为国内其他经营公司发布招聘信息,提供出国资源信息。前期出国咨询服务、培训、报名、录档均为免费,报名后进入出国手续阶段的服务按国家规定收取费用。

(2)依托本市大型人力资源市场,与国内人力资源融为一体。

(3)通过设立分支平台或报名处的办法,与本市和周边具备条件的人力资源市场建立从属或合作关系;出国订单和报名信息联网,实现大服务平台体系。

(4)建设网上服务平台。在设立服务平台实体场所的基础上,设计推出网上平台尤其是手机端网上发布、咨询、报名系统,设计出内容丰富、操作简易的微信公众号、APP 和业务操作网页。

(5)与兄弟平台建立平台联盟,交流工作、信息,优势互补,共享资源。

(6)大力开展宣传推广。利用新闻媒体和其他渠道大力宣传推广对外劳务服务平台:在市商务局政府网站开设市服务平台窗口;宣传平台开业、平台网站上线启动仪式报道;与专业网站合作推出宣传项目;利用其他公众平台进行宣传推广;拍摄专题宣传片在电视台、服务平台报名大厅和有关场合播放。

(7)联手高等院校开发和培育生源。根据经营公司对高端劳务的需求,在学校现有专业的基础上,改造或新开设能满足出国工作的对口专业。服务平台成为联络学校和企业的枢纽,成为校企合作的支点。

(8)建立"出国咨询—培训教育—核实、推介出国中介—跟踪服务—纠纷调解—回国职业发展辅导"一条龙全程跟踪服务体系,同时为出国中介公司把好报名人员初审关,打造服务平台"安心出国"品牌。

(9)拓展平台服务新功能。一是由劳务的单向派出向既派出又引进的双向流动转变,为国内用人单位或建设项目引进急需的工程技术、管理人员提供人才中介服务。二是为对外投资和工程承包企业提供专业化人才供应和服务。三是跳出中国本土,以海外分支机构或海外合作伙伴为基点,开展第三国派遣等跨国劳务经营。

第六节　对接国内人力资源服务业

以 14 亿人口为基数的人力资源大市场,是中国国际人力资源合作产业的依托和基础。国内人力资源的派出和国际人才引进,离不开中国国内人力资源市场的支撑。为此,我们有必要对国内人力资源市场做一些基本了解和分析,在出国生源的开发、培育、招聘和国际人才引进等业务中,有效地利用国内人力资源市场体系和人力资源中介机构的功能。

一、中国人力资源服务业

人力资源服务是指为人力资源培训、开发、管理、流动和配置等活动提供服务的组织与个人及其相关的业务活动。

人力资源行业可追溯到 1650 年。为解决失业问题,满足企业临时性用工需求,英国人亨利·罗宾逊(Henry Robinson)提议政府设立职业介绍所。1871年,英国伦敦正式出现了世界上第一个合法的劳动力市场交易所。经过几个世纪的发展,人力资源行业由提供简单劳力发展为有高技术含量、高成长性和高辐射带动性的"朝阳行业"。

多年来,中国政府采取积极有效的政策措施,大力加强人力资源的开发利用,使人力资源状况发生了显著变化,规模不断扩大。党的十九大报告首次提出把人力资本服务作为新的经济增长点,形成新动能。这是对人力资本服务地位的确定。人力资源是人力资本的有形形态。将人力资本服务作为新的经济增长点来培育和推动,这说明人力资源服务有旺盛的市场需求和巨大的发展潜力,彰显出人力资源服务业在现代经济体系中具有不可或缺的地位。

2007 年,国务院印发《关于加快发展服务业的若干意见》(国发〔2007〕7号),提出要"发展人才服务业,完善人才资源配置体系,为加快发展服务业提供人才保障"。2014 年,人力资源社会保障部、国家发展改革委员会、财政部联合下发《关于加快发展人力资源服务业的意见》(人社部发〔2014〕104 号文件），对于人力资源服务业的重要地位、作用和意义做出明确表述："人力资源服务业具有高技术含量、高人力资本、高成长性和辐射带动作用强等特点，关系各类劳动者就业创业和职业发展，关系企事业单位的人力资源管理和创新能力提升，是国家确定的生产性服务业重点领域。加快发展人力资源服务业，是优先开发与优化配置人力资源，建设人力资源强国的内在要求，是实现更加充分和更高质量就业的重要举措，对于推动经济发展方式向主要依靠科技进步、劳动者素质提高、管理创新转变具有重要意义。"该意见提出的拓宽融资渠道、放宽市场准入的政策，是国家人力资源产业发展的一次重大推进。

自《关于加快发展服务业的若干意见》下发以来，人力资源服务业在推动经济发展和产业转型升级方面发挥了积极作用，在促进就业创业和优化人力资源配置方面取得成效。人力资源服务融入整个经济体系之中，发挥黏合剂、润滑剂的作用，释放出新动能。

伴随中国人力资源配置市场化改革进程，人力资源服务业从无到有，取得不断发展。据 2018 年年底的统计，中国从事人力资源服务的中介机构有 3.57 万家，从业人员 64.14 万人，全年营收 1.77 万亿元，近几年，连续保持 20% 左右的增长态势。但是，这与中国经济和社会发展的总体要求相比，存在"产业规模偏小，实力不强，专业化程度不高，支持保障能力不足，还难以满足产业结构调整升级的需要"等问题和不足。

二、中国人力资源市场服务体系

中国已经初步形成了多层次、多元化的人力资源市场服务体系，人力资源服务内容也由最初的职业介绍、培训和流动人口档案管理等延伸至较完整的人力资源服务产业链，包括政策咨询、求职招聘、劳动人事代理、就业指导、职业培训、创业指导、社会保障、劳务派遣、人才测评、人才搜寻、管理咨询和服务外包等多种业务。人力资源市场配置机制基本形成，逐步形成多元化的市场用人主体。

人力资源服务机构按照性质分为两类：一类为由政府设立的非营利性公共职业介绍机构，由县级以上政府设立，一般设有较大规模的人才交流市场；一类为经营性人力资源服务机构。按照服务内容分类，包括人力资源外包、人力资源派遣、人力资源培训、人力资源招聘、人力资源测评、猎头服务、人力资源管理咨询和人力资源战略咨询。按照服务人群分类，包括为高端人才做匹配的机构即猎头公司,为中端人才做配置的机构即人才经营(派遣)公司,为蓝领人群做中介机构即劳务经营公司。2018年10月1日实施的《人力资源市场暂行条例》规定,对经营性人力资源服务机构,从事职业中介活动的,应当取得人力资源服务许可证;开展信息的收集和发布、就业和创业指导、人力资源管理咨询、人力资源测评、人力资源培训、承接人力资源外包等服务的,只需向人力资源社会保障行政部门备案。

三、中国人力资源服务业的发展趋势

中国人力资源服务业有以下发展趋势:

(1)市场化。市场在人力资源配置中具有决定性作用。面向多样化、多层次人力资源服务需求,鼓励各类人力资源服务机构提供优质高效的服务。随着市场化发展,国内人力资源服务业必将更加充分地融入国际人力资源合作,成为出国人力资源的提供者或直接成为对外合作的经营者。

(2)国际化。人才国际化带来人才跨国流动。中国加入世界贸易组织以来,积极履行承诺,使进入中国市场的外资人力资源服务机构逐步增加。未来中国将会吸引更多国际化人才,越来越多的国际人力资源服务企业将参与产业竞争,国内的人才也将越来越多地参与国际流动,人才队伍会不断发展壮大。在这样的大背景下,中国人力资源服务产业将得到不断的锻炼成长。

(3)智能化。如今,互联网和大数据给人力资源服务带来高效、便利,招聘、咨询等逐渐转移到移动互联网完成。随着我们进入智能化时代,强化科技支撑是人力资源服务业不可阻挡的趋势。

(4)融合化。人力资源服务业在发展过程中需要跨界融合,探索新兴业态,创新服务模式。

(5)专业化。人力资源服务机构日趋专注于某一领域或某一类型的人力资本服务产品开发,更加侧重于根据市场需求分门别类地提供更加细化、精准化的服务。

四、国际人力资源合作产业链上下游分工协作、合作共赢

国际人力资源合作已经形成了一个产业,形成了产业上、中、下游的链条:项目的前期市场调研、开发和项目设计属于产业链上游;出国生源基地中介公司和从事出国资源教育机构培育、输送出国资源,处在产业链中游;出国前面

试、培训、派遣和境外管理属于产业链下游。产业链就是不同产业链条上的企业之间的关联,而这种产业关联的实质则是各产业中的企业之间的供给与需求的关系。产业链中大量存在着上下游关系和相互价值的交换,上游环节向中下游环节输送产品,中游环节向下游环节提供资源供应服务。

因此,经营公司、关联学校和基地中介公司都是产业链条上的组成部分,需要专业化的分工协作,实现默契、顺畅的合作。

(1)选好合作伙伴。良好的合作需建立在双方的企业文化、诚信意识和业务基本相合的基础上。所谓"道不同,不相为谋",长远眼光的与"一锤子买卖"的、诚信的与坑蒙拐骗的、做质量精品的与滥竽充数的等等,肯定弄不到一起去。这与年轻人选择恋爱对象一样,应该有个基本条件。

经营公司的基本条件是有熟练业务技能的员工队伍,业务经营正常持续,境外管理有驻在人员,出国培训学校有思想教育课程。如果一家公司里没有精通业务的员工,靠恶性竞争抢业务,频繁更改或取消面试计划,需要慎重考虑。

基地公司的基本条件是有基层生源招聘渠道,能够对报名人员进行初试审核,能够积极配合经营公司工作。对于不讲长远合作而只看钱的,靠出卖经营公司讨好劳务人员的,送人凑虚数欺骗经营公司的,不择手段挖同行墙角的,不能合作。

(2)围绕生源工作主题,开展多种形式的交流研讨活动,在不断交流当中增进理解,解决问题和化解矛盾。

(3)经营公司要主动帮助基地实施网上推广和网上培训,主要目的是帮助基地宣传推广和储备生源。在困难的时候要体现出经营公司的能力和水平,做患难与共的合作伙伴。

(4)增强危机意识和竞争观念。派遣公司有800多家,正常派人的有500多家,基地选择的余地很大。反过来讲,派遣公司选基地的余地更大。生源基地中介公司这些年发展非常快,数量非常多,竞争也非常激烈。中国国内几万家人力资源中介公司中有一些已经开始做出国业务了。在这样的形势下,树立自己的良好形象尤为重要,我们都应有危机意识、竞争观念。

第五章
出国工作人员教育培训

　　一般而言,对人的教育分为家庭教育、学校教育和社会教育三个方面。出国工作人员教育培训是社会教育中的一项重要的继续教育。出国培训教育一般是指在出国人员培训学校里以提高综合素质,适应国外工作、生活为主要目的的一种教育形式。本章从广义角度上说说出国培训教育。

　　中华人民共和国国务院第 620 号令公布的《对外劳务合作管理条例》第二章第十二条明确规定:"对外劳务合作企业应当安排劳务人员接受赴国外工作所需的职业技能、安全防范知识、外语以及用工项目所在国家或者地区相关法律、宗教信仰、风俗习惯等知识的培训;未安排劳务人员接受培训的,不得组织劳务人员赴国外工作。"

　　出国工作人员培训工作一直得到中国政府商务主管部门、中国对外承包工程商会和国外用人企业的高度重视,也是关系到经营公司产品质量和品牌培育的大问题。在当前中国经营公司调结构转方式的市场形势下,应该更加清楚地看到,市场的竞争在很大程度上就是出国工作人员素质的竞争,如何做足做好素质培训这篇文章,应该成为经营公司的战略重点。经营公司将面临一系列需要去思考、去实践、去创新的课题:

　　——如何创新培训理念,适应当前市场需求?

　　——如何实施"适应性培训 + 成才教育"模式?

　　——如何提升培训目标,搞好素质教育?

　　——观念更新、思想教育的重点课题是什么?

　　——如何根据新生代农民工的特点开展有针对性的教育训练?

　　——出国工作人员培训学校如何转型升级?

第一节　创新培训理念

一、全方位实施出国教育培训

从广义角度看,对出国人员实施教育培训是全方位的,体现在四个方面:

——从业务环节上看,出国人员教育培训贯穿各个环节,如动员报名时的宣传教育,面试前的礼仪、技能培训,出国前的综合培训教育,出国后境外管理教育。

——从教育培训内容上看,除了外语、境外目的国相关知识、安全教育、针对性训练等适应性培训外,出国人员教育培训还应包括人生观、思想教育与观念改造、敬业精神、职业生涯规划、成才教育等。

——教育培训形式包括课堂学习、课下交流、生活能力培育(做饭帮厨)、营造环境影响、习惯养成训练。

——教育培训者有基地公司、学校教师、学校生活指导员、公司领导、业务担当。

综上所述,放到时间、空间维度上,培训教育不仅仅是培训学校的事情,而且是一件经营公司、基地公司、学校齐抓共管的事情;培训也不仅是在出国前,而是贯穿于咨询报名、在校培训和境外管理各个业务环节。

二、适应性培训与成才教育并举

采取适应性培训与成才教育并举的教学安排。一是通过培训学校的"精加工",按照高标准、重效果和人性化原则,实施适应性强化培训。二是提升培训教育的目标,把培训教育提高到成才教育和人才培养的高度来施教,把观念更新、成才教育和习惯培养作为重点教育和训练的内容。

三、培训教育为满足出国人员高层次需求服务

把出国前培训上升到综合素质培养和成才教育的高度,是基于人性化管理理念和以人为本的原则考虑的。

以适应境外工作、生活,让出国人员能挣到钱为目标的实用性培训,满足的是较低层次的基本需求;而根据以人为本的原则,采取适用性培训与成才教育

并举的教学安排,把出国前培训上升到综合素质培养和成才教育的高度,才能满足他们更高层次的人生需求。"干好三年,学好三年,着眼于回国后三十年"的技能实习目标,正是从满足技能实习生高层次需求的角度提出来的。这个目标,青岛环太经济合作有限公司用了 20 多年。

四、把培训学校办成名牌加工厂和人才生产线

培训学校把好的材料精雕细刻,加工成精品;把有瑕疵的材料用心修补,加工成合格品;把有问题的劣品、没有使用价值的废品检验出来,淘汰出去。一些有问题的人、不符合条件的人,在十几分钟至半个小时的面试时间里伪装得很好,而在几个月的高强度严格培训中就很难装得下去。

五、培训学校的办学原则

培训学校应坚守以下办学原则。

(1)教书育人原则。对学员进行人生观、荣辱观、创业观、职业生涯规划辅导和爱国情怀、合同意识、敬业精神、文明礼仪等方面素养的培养,实施"入学教育""成才教育""出国前教育""合同教育"等专题教育,其根本目的是培养学员的敬业爱岗精神和出国成才、学习成才意识。

(2)强化培训原则。用四个月时间按部就班地学习,达不到出国要求,必须实施高强度的训练和填鸭式灌输的办法。在紧张有序的作息时间里使学员没有时间和精力考虑家庭琐事、朋友亲情,只能把 100% 的精力放到学习上。

(3)服务于派遣业务原则,即按业务需求设计、改善教学。第一,派遣业务最重要的事情是保证学员出国后工作、生活能够正常进行,圆满完成出国工作任务。培训教育应始终围绕着这一主题开展。第二,培训学校是外界了解经营公司的一个窗口,应始终保持整洁有序的环境和良好的精神面貌,为经营公司的形象增添光彩。第三,积极配合客户到培训学校参观考察、面试新生等活动。

(4)半军事化管理原则。实施半军事化管理主要是为了培养学员的服从意识、遵纪守法意识,展现饱满的精神面貌和整齐划一的内务,磨砺他们的坚强意志。

(5)养成习惯原则。养成良好的学习习惯、卫生习惯和文明礼貌习惯。养成良好的习惯需要良好的环境氛围,但更重要的是对学员个人严格要求。"养成"需要经过无数次的动作重复与思想感应。是否"养成",是学校考核学员的

一项重要内容,考核的标准是能否达到"习惯成自然"的程度。

第二节 培训教育的基本内容

一、出国报名阶段宣传教育

宣传教育在项目的报名阶段进行。此时他们不是出国培训学校的学生,只是出国工作的报名者或者想了解情况的咨询者。在这个环节上,我们要留给他们的最初印象应该是什么呢?

首先,给他们宣讲他们最想知道的事情。

这个环节的宣传教育实际上是一种宣传性"启蒙"教育。实施形式上,它可以是在生源地集中一批人讲,可以是在线上视频会讲,也可以是对个别咨询者一对一地宣讲。由基地公司或其他资源培育、供应机构实施宣传教育,经营公司给予积极配合。

到哪里去,挣多少钱,城市、雇主怎样,这些肯定是求职者们最想知道的事情。我们首先把要去的国家和城市、雇主和工资待遇情况进行概括的讲解说明,在引起他们兴趣的基础上,顺着他们希望更多了解的想法,展开进一步的专业讲解。

介绍工作目的地,除了介绍国家基本概况外,还应该抓住这个国家的特点。以日本为例,只说日本是一个高度发达的资本主义国家,有多大国土、多少人口是不够的,如果把与工作生活有关的主要特点说出来,就会给听者留下深刻的印象。比如,讲日本一个是充分竞争的市场经济国家;讲企业竞争激烈,每个月都有近千家企业倒闭;讲迫使企业高度重视管理和质量的原因。日本的治安特别好也是一个非常显著的特点。有人做过实验,把一个包放到纽约、罗马,不到半个小时后再回去找就没有了;放到日本城市,几个小时过去后包还在。

再以荷兰为例,可以抓住荷兰的特点讲:一是荷兰国民幸福指数非常高,社会稳定,治安好,国家整体的福利待遇优越。这次疫情政府出资 90%,雇主出资 10%解决厨师的工资,厨师拿着全工资在家里休息。二是荷兰是面积小国、经济大国,有发达的工业和农业,农产品出口常年位居世界第二,为西方十大经济体之一。三是荷兰有"自行车王国"的美誉。首都阿姆斯特丹 73 万常住居民的自行车拥有量高达 60 万辆,全城约有 40%的交通由自行车承担。

其次,通过宣讲引导、改变他们的想法。

经营企业是经营人力资源的,这就决定了实行以人为本的原则。根据这个原则,青岛环太经济合作有限公司把"出国收益最大化、长远化"作为企业经营人力资源业务的愿景。实现这个愿景,要从改变想法开始,从成才教育入手。

要改变出国人员的想法,一是进行职业生涯规划的教育,二是进行先进案例解剖分析。公司表彰、奖励的100多例先进典型,每一例都是一个生动的成长故事。讲职业生涯规划,是让出国求职人员看到出国工作对今后职业发展的影响,把他们从只关心眼前的工资引导到对出国附加收益的重视和对职业发展的关心,以增强项目吸引力,也为他们之后到学校培训埋下初步印象和企盼。

二、学校思想教育与观念改造

进入学校培训的技能实习生学员,经过几次审查选拔,在同类人群中比较有素质和进取心,有急于赚钱改变现状的强烈愿望。但是,他们基本来自农村,绝大多数为农民工,外语基础为零,出国目的就是挣钱。他们经济条件较差,文化水平较低,有些自由散漫,视野不够开阔。还应该看到,随着近几年来人们出国意向下降,生源供应紧张,入学学员的质量有所下降,平均年龄有所增大,这给培训教育增加了难度。

培训的目标就是通过教育训练,让这样的人群适应国外工作生活,为他们出国后的锻炼成长打下基础。

思想教育与观念改造的基本途径是知识学习、理念灌输、行为干预和习惯培养,可分别从以下五个层面进行。

(1)大课堂专题讲座形式。对于较重大的培训课题,采取专题讲座形式,包括入学教育讲座、成才教育讲座、出国前教育讲座和法制教育讲座。

(2)春风化雨、潜移默化式的日常教育影响。例如,校训、校规教育,班主任根据学员思想状况开展有针对性的思想教育,每天大声唱《技能实习生之歌》,出国前面对国旗的宣誓仪式,等等。

(3)通过军队精神教育、军训和军事化内务管理,营造军营氛围,培养学员的服从意识和纪律观念。

(4)请优秀回国人员做报告,把他们的先进事迹编入思想教育教材,表彰宣扬他们的先进事迹,为在校学员树立榜样。

(5)把培养学员良好的习惯贯穿于培训学校整个教学与生活的管理之中。

三、强化外语教学

根据目的国情况和雇主要求,采取四项措施提高培训水平。

(1)按照初中毕业的要求把好文化关。初选时严格测试文化水平,不能把小学文化程度的人选进来;同时尽可能多选中专、高中以上文化程度和有一定外语基础的人。

(2)按照强化原则,培训学校要改革教学方法,提高教学效率。例如,大剂量课时模式;安排周小考,月中考,期中、结业大考(校考);每周开一次教研会,每月设置一个教研专题。

(3)根据适应性培训的原则,采取灵活多样的教学方法强化学员的外语口语、听力。

(4)采取先培训后面试的方式,这是提高出国人员外语水平、保证生源质量的有效办法。

四、针对性训练

培训学校对学员进行针对性训练,以提高他们在国外的工作、生活质量。

(1)工作实习。对于技术要求较高但本人缺乏工作经验的岗位,培训学校在学习结束后,还应安排学员到原派遣工厂或工作对口的国内工厂或农场进行有针对性的技能性工作实习,实习中应安排专人管理和技术指导。工作实习的时间根据雇主的要求而定,一般以一个月为宜。实习结束后,应请实习工厂或农场对学员的工作技术表现做出评价。

(2)介绍工作场所。介绍工作场所包括介绍工厂布局、工厂设施和使用注意事项,介绍工作流程和技术要求,最好辅之以图片和视频说明,这样可以使出国人员尽快进入状态,受到客户的好评。

(3)进行适应性生活训练。为了让在校学员习惯境外的生活饮食,在校培训期间,应根据学校的条件营造境外生活环境,让学员轮流值日、学习做饭等。

(4)加强体能训练。外方常反映出国人员的体能不适应问题。不少出国人员出国前没有从事过较高强度的体力劳动,肌肉松弛,体力较差,出国后的前两个月大都无法适应快节奏的高强度工作,出国人员叫苦,用人企业不满意。因此,经营公司在培训期间一定要加强学员的体能训练,让他们养成良好的生活和卫生习惯,保持充沛的体力和旺盛的精力。

五、项目介绍与普法教育

项目介绍和普法教育可以项目批次为单位，由项目担当负责授课。

向学员全面介绍用人企业的规章制度、工作环境、工作流程和工作要求，辅之以观看视频、照片，使学员有直观的印象。应根据以往管理经验，提示学员到用人企业后应重点注意的问题。还应介绍生活环境以及宿舍、生活设施的使用要求。

请律师做普法教育讲座，普及境内外法律知识，讲解合同条款，讲解有关法律概念。

——合同。《中华人民共和国合同法》（以下简称《合同法》）第二条规定："合同是平等主体的自然人、法人、其他组织之间设立、变更、终止民事权利义务关系的协议。"

——法律约束力。《合同法》第八条规定："依法成立的合同，对当事人具有法律约束力。当事人应当按照约定履行自己的义务，不得擅自变更或者解除合同。依法成立的合同，受法律保护。"

——合同意识。合同意识是现代社会中的人必须具备的意识。要结合出国工作项目的实际情况讲解经营公司与学员所签派遣合同的具体条款，明确双方的责任和权利。指导学员与雇主签订雇佣合同书，并进行详细的解释说明，教育学员增强履约意识，明确合同条款规定的合法权益。

六、安全教育

出国人员出门在外，最让家人和经营公司牵挂的不是挣多少钱，而是人身安全。要防止伤害事故的发生，经营公司首要的工作是加强安全教育，并让安全意识深入人心。

1. 生产安全教育

出国人员大多在工作条件和劳动环境比较差的行业工作，虽有一定的劳动保护措施，但仍会有安全隐患。加上语言交流的不通畅，现场操作知识缺乏，很容易发生伤亡事故。血的教训一再提醒经营公司，一定要加强对出国人员的生产安全教育。教育的内容可因出国人员行业而不同，例如，制造业主要是机器操作规程、危险品的处理和人工搬运三个环节。

2. 交通安全教育

在出国人员发生的境外伤亡事故中,交通事故居于首位,因此,应把交通安全教育作为安全教育的重要内容。不但要详细介绍交通规则、交通安全理念,还应通过事故案例教育,使学员加深对遵守交通规则重要性的认识,转变交通安全理念,提升交通安全意识。案例教育可以列举本公司出国人员在外发生的交通事故案例,并分析事故原因,总结惨痛教训,这样会收到更加直接的效果。为了给学员留下深刻的印象,达到较好的教育效果,应把观看事故录像教育列为必修课。山东省公安厅交通管理局制作的《生命单行线》《呼唤》等交通安全宣传教育系列专题片,以强烈的视觉效果和案例中血的教训告诫学员严守交通规则,珍惜自己的生命,具有很好的教育效果。

由于中日两国的交通安全理念存有差距,一些技能实习生带着"反正汽车不敢压我"的想法过马路,或在车行道上骑自行车,认识不到日本的驾驶员往往想不到行人或自行车会闯红灯过马路,带着在中国县、乡道路条件下形成的交通理念到日本去,是非常危险的。笔者曾听说过发生在 20 世纪的一个故事:有一位在日本工作的年轻人,开车带着日本女朋友遇到红灯,当时已是夜深人静,周围没有行人和车辆,于是这位年轻人毫无顾忌地闯过红灯。没想到这位日本姑娘竟然非常吃惊地看着他,心里在想:交通法规都敢违反,以后还不知会怎样呢。她越想越害怕,只好与年轻人分手了。这位年轻人非常沮丧地回到中国。闯红灯的阴影还没有散去,他开车带着一位新的女朋友又遇上了红灯,同样也是在夜深人静的时候,但他不敢再闯红灯了。这时,坐在旁边的这位中国姑娘急了,她的判断是这人也太傻了,没有警察,没有汽车,还在这里傻等,这样的人以后成不了大事。

在外技能实习生骑自行车违反交通法规而引发伤害事故,是一个较为普遍的现象。据笔者抽样调查,凡达到一定规模的经营公司,每年都会接到发生或大或小的自行车交通事故的报告。自行车交通事故已经成为在外工作人员安全的严重威胁。虽然各方面都在进行相关的教育和管理,但因违反交通规则而引发的伤害事故几乎年年发生。对此,经营公司应该客观面对自行车安全意识有待提高这样一个事实,采取切实措施,加大管理力度,特别是要不厌其烦地强调自行车违反交通规则的处罚规定,并以活生生的实际赔偿案例说明违反交通规则可能产生的严重后果。

在日本,自行车违反交通规则依据情节轻重,处罚分为以下几类:

——判一年以下有期徒刑或五万日元以下罚款的行为:因熬夜或过劳工作,摇摇晃晃地骑自行车;撞上步行者后逃走。

——判三个月以下有期徒刑或处五万日元以下罚金的行为:打着伞一只手骑车;一边打电话、发短信,一边骑自行车;不看信号灯;妨碍步行者;在没有"自行车和步行者专用"标志的路上骑车;没有遵守"一时停止"(到路口横线前停顿、观察一下)的交通规则;骑在路的右侧;看不清前面路的情况下不慢行就冲出来;从左侧超车;从步行者的旁边快速地超过。

——处五万日元以下罚金的行为:晚上不开车灯骑车;戴耳机或耳塞骑车;不打手势,突然变更车道右拐、左拐或停止;刹车或其他地方坏了不修理还继续骑。

——处两万日元以下的罚金或处罚的行为:两人骑车;并排骑行;骑在车上按着车铃让步行者给自己让开;在十字路口进入右侧车道右拐;在人行道通行区未被指定的情况下,不骑在从人行道中线到靠近车道的位置上。

在日技能实习生造成自行车交通事故的主要原因是没有进行安全确认,没有遵守"一时停止"的规定,不看信号灯。在日本,自行车虽然是不需要驾照的最常用的交通工具,但是如果与步行者相撞,造成对方伤亡,就会和汽车一样被追究刑事上的过失伤害罪和民事上的伤害赔偿,并且不能适用于健康保险,责任者将负全额损害赔偿责任。

下面是几起比较典型的赔偿案例,具有很强的警示作用。

——505万日元赔偿案:一边打伞一边骑车时,在丁字路口与一辆自行车迎面相撞,对方左大腿骨折。

——1 950万日元赔偿案:夜晚没开车灯,看不清路况,将行走在路上的老人撞倒,老人倒地后死亡。

——2 605万日元赔偿案:骑在道路右边时与对面骑来的家庭主妇的自行车相撞,该主妇摔倒在地,几天后死亡。

——4 403万日元赔偿案:红灯时,骑车从人行横道上横穿马路,与遇绿灯正常行驶的62岁的骑摩托车男性相撞,造成该男性颅骨受伤,13天后死亡。

——5 108万日元赔偿案:晚上一边使用手机一边骑车,而且没有开车灯,撞上了走在前面的57岁女性,造成该女性重大伤残。

技能实习生赔偿案例:

——38万日元赔偿案:实习生骑车在红灯时进入路口,与正常行驶的汽车相撞。实习生与对方的责任划分为 9 : 1,实习生还赔偿了汽车修理费。

——370 万日元赔偿案:实习生骑在人行道时不注意观察前方,将一名 60 岁的步行者撞倒,造成对方门牙折断,摔伤腰部,治疗六个月。

——1 754 万日元赔偿案:实习生以非常快的速度骑车下坡时,把一名老人撞死。

——3 326 万日元赔偿案:实习生夜间在人行道上骑车没有开车灯,与一名步行的男性正面相撞,被撞者死亡。

"十年磨一剑",环太学校成立 20 年,打磨出技能实习生教育的三堂精品课程,后者成为实施思想教育的重点内容。笔者曾经代表中国对外劳务合作经营公司在联合国国际移民组织主办的国际会议上就此专题发表演讲,受到主办方和与会代表的好评。

图 5-1 笔者在赴欧及其他国家劳务输出人员临行前培训研究会上做典型发言

第三节 入学教育训练

入学教育要解决的问题是从改变想法、认同文化、转变思想入手,以制度、流程来规范行为,再以养成训练的方法使好的行为、想法固化成习惯。

一、思想教育与理念导入

"适应性培训 + 成才教育"模式,从入学第一天开始。入学教育的重心在思想认识提高和观念转变上面。

1. 认同企业文化

首先是向学员灌输公司经营理念、品牌战略和管理目标,使学员了解和认同经营公司文化(参见本书第九章第五节)。

其次是对学员进行培训学校校训、校规、办学宗旨教育,向学员介绍经营公司及培训学校的情况,使学员尽快融入培训学校氛围,实现从农民工到学员的角色转换(参见本章第七节)。

2. 转变思想观念

为了实现收益最大化、长远化,要首先从改变入学新生的想法开始。思想观念是一切行为的根源,英国前首相撒切尔夫人有一段话:"注意你的思想,因为它将变成言辞;注意你的言辞,因为它将变成行动;注意你的行动,因为它将变成习惯;注意你的习惯,因为它将变成性格;注意你的性格,因为它将决定你的命运。"可见,一个人的看法是多么重要,它能够决定这个人的命运。

除了强化外语学习,在培训中,培训学校将通过知识学习、理念灌输、行为干预和习惯培养等多种方式来更新学员的观念,提升学员的素质。培训学校实施思想素质教育的根本要求是"提高认识,更新观念,让学员从道理上明白,挣的钱再多,也有花完的时候;而学到的知识和本领,偷不去,烂不掉,是一生的财富。因此,学习知识、提高素质比挣些钱回来更重要,学员要把握这次改变人生道路的重大机会"。

二、端正学习态度

培训学校要让学员明确强化培训的意义。一是为了境外工作生活学习的需要。通过在校学习训练,实现由农民、工人向出国工作者的过渡,以适应境外的新环境、新工作、新生活。无论是思想教育还是外语学习,都至关重要。不能真正认识和理解出国工作,不懂得出国工作的基本要求,不了解工作目的地的风土人情和常识,就不知道如何工作、如何生活;不懂外语,在国外就寸步难行。二是为了顺利完成国外的工作任务。学不好四个月,就不能完成三年技能实习任务,无法实现技能实习目标。三是为了回国后更好地发展。

围绕入学教育,通过生动的事例,引导学生端正学习态度。

1862 年,德国哥廷根大学医学院的亨尔教授迎来了他的新学生。开学不久的一天,亨尔教授突然把自己多年积下的论文手稿全部搬到教室里,分给学生们,让他们重新工整地眷写一遍。但是,当学生们翻开教授的论文时,发现这些手稿已经非常工整了。几乎所有的学生都认为根本没有重抄一遍的必要,做这种没有价值而又烦冗枯燥的工作是在浪费青春和生命。有这些时间,还不如发挥自己的聪明才智去搞研究。他们的结论是,傻子才会坐在那里当抄写员。最后,他们都去实验室里搞研究了。让人想不到的是,竟然真有一个"傻子"坐在教室里抄写教授的论文手稿,他叫罗伯特·科赫[①]。

一个学期以后,科赫把抄好的手稿送到了亨尔教授的办公室。看着科赫满脸疑问,一向和蔼的教授突然严肃地对科赫说:"我向你表示崇高的敬意,孩子! 因为只有你完成了这项工作。而那些我认为很聪明的学生,竟然都不愿意做这种繁重、乏味的抄写工作。我们从事医学研究的人,不光需要聪明的头脑和勤奋的精神,更为重要的是一定要具备一种一丝不苟的精神。特别是年轻人,往往急于求成,容易忽略细节。要知道,医理上走错一步,就是人命关天的大事啊! 而抄那些手稿的工作,既是学习医学知识的机会,也是一种修炼心性的过程。"

这番话深深触动了科赫年轻的心灵。在此后的学习和工作中,科赫一直牢记导师的话。他老老实实做最"傻"的人,一直保持严谨的学习态度和研究作风。这种做事态度使他在人类历史上首次发现了结核菌、霍乱菌,发现"传染病是由病原体感染造成的"。1905 年,鉴于在细菌研究方面的卓越成就,瑞典皇家学会将诺贝尔生理学或医学奖授予了科赫。

这个故事讲的是对待学习我们应采取一种什么样的态度。它告诫我们,脚踏实地、严谨细致、一丝不苟的学习态度和研究作风,是成功的必经之路;在知识的积累过程中,没有捷径。

三、养成训练

养成训练从入学军训和礼仪训练开始。

入学军训是全程半军事化管理的启动仪式,包括军队精神演讲、操场队列训练、宿舍内务管理示范等。军训的目的是训练学员不怕困难、战胜困难的毅力和打不烂、拖不垮的精神,培养学员的服从意识和执行能力,让学员形成良好

---

① 罗伯特·科赫(Robert Koch,1843—1910),德国医生和细菌学家,世界病原细菌学的奠基人和开拓者。科赫对医学事业所做出的开拓性贡献,使其成为在世界医学领域中令德国人骄傲无比的泰斗巨匠。

的沟通、协作能力,提升学员综合素质。

礼仪训练以学习目的国礼仪文化为主,包括介绍当地礼仪文化、学会使用问候语、训练课堂礼仪等。

通过四个月的训练,养成良好的学习习惯、卫生习惯和文明礼貌习惯。英国哲学家培根说过一句话:"习惯是一种顽强而巨大的力量,它可以主宰人的一生。"为什么习惯有这么大的力量呢?

行为科学研究得出结论:一个人一天的行为中大约只有5%是非习惯性的,而剩下的95%的行为都是习惯性的。另一研究表明,21天以上的重复会形成习惯,90天以上的重复会形成稳定的习惯。同一动作,重复21天会形成习惯动作。同样,同一想法,重复21天或验证21次,就会变成习惯性想法。所以,一个观点如果被验证21次以上,它十有八九已经变成了你的信念。

习惯的形成有三个阶段:① 1～7天,刻意、不自然阶段;② 7～21天,刻意、自然阶段;③ 21～90天,不刻意、自然阶段,即形成稳定习惯。这说明,只要学员在4个月的学习生活中认真地按要求不断重复地去做,就一定能够养成适应境外工作、生活,并让学员终身受益的良好习惯。

第四节　成才教育

给一心想到国外挣钱的学员们讲成才,并不是一件容易的事情。笔者的切入点是提出问题。

问题一:出国是为了什么?

学员步入出国务工的行列,朴素的愿望是想通过努力获得较好的经济收入。出国就是仅仅是为了挣些钱回来吗?这里涉及一个更高层次的问题,即问题二。

问题二:人生是为了什么?

人生是为了满足需求,那么人的需求是什么?出国工作可以帮助学员实现人生各层次需求。青岛环太经济合作有限公司的企业愿景是出国工作"收益长远化,收获最大化"。

问题三:怎样实现自身需求?出国工作怎样才能收益长远化,收获最大化?

无论从社会效益和企业利益看,经营公司都希望出国工作人员通过出国工作能够获得尽可能多的收获。

由上述问题引出"抓住机会,迎接挑战——出国工作的成才之路"这一主题,就抓住了学员的思想关注点。

一、从需求理论说起

把出国前培训上升到综合素质培养和成才教育的高度,是基于人性化管理理念和以人为本原则考虑的。

马克思把人的需要分成三个层次或三个阶段。第一是人的生存或生理需要。它既包括吃、喝、排泄、睡眠等"原有个体生命的再生产"需要,也包括生育等"新的个体生命的再生产"或种的繁衍的需要。第二是人的谋生或占有需要。人要满足自己的自然生存或生理需要,就必须从事劳动和生产。不仅要生产出维持个体生存和家族繁衍的生存资料,而且要追加生产劳动力的教育训练费用等生活资料。第三是人的自我实现和全面发展的需要。在人的劳动和生产活动发展的基础上,人的高级需要产生和发展起来了。它包括人的科学探究需要、社会交往需要、审美创造需要等等。

马斯洛[①] 需求理论认为,人的需求分为五个层次(图5-2)。

(1)生存需求。生存需求是人类维持自身生存的最基本要求,包括呼吸、水、食物、睡眠、生理平衡、分泌、性等。生存需求是推动人们行动最首要的动力。

(2)安全需求。安全需求包括人身安全、健康保障、资源和财产所有性、道德保障、工作职位保障、家庭安全。

(3)情感和归属的需求。情感和归属需求包括友情、爱情、性亲密。人人都希望得到他人的关心和照顾。感情需要比生理需要细致,它和一个人的生理特性、经历、教育、宗教信仰都有关系。

(4)尊重的需求。尊重的需求包括自我尊重、信心、成就、对他人尊重、被他人尊重。人人都希望自己有稳定的社会地位,要求个人的能力和成就得到社会的承认。马斯洛认为,尊重需求得到满足,就能使人充满信心,满腔热情,体验到自身的价值。

(5)自我实现的需求。自我实现的需求包括道德、创造力、自觉性、问题解

---

① 亚伯拉罕·马斯洛(Abraham Maslow, 1908—1970),美国社会心理学家、人格理论家和比较心理学家,生于美国纽约布鲁克林,曾任美国人格与社会心理学会主席和美国心理学会主席。

决能力、公正度、接受现实能力。这是实现个人理想、抱负,达到自我实现境界的最高层次的需求。这一需求超出了满足自我的境界。

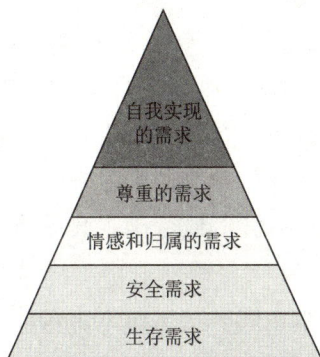

图 5-2　马斯洛需求理论的五个层次

上述需求层次理论告诉我们:

(1)某一层次的需求相对满足了,就会向高一层次发展,追求更高一层次的需求就成为驱使行为的动力。

(2)在多种需求未获满足前,首先满足迫切需求;该需求满足后,后面的需求才显示出其激励作用。

(3)五种需求分为两级。其中,生存需求和安全需求属于低一级的基本需求,属于物质性价值需求,这些需求可以通过外部条件满足;而情感和归属的需求、尊重的需求和自我实现的需求是较高层次的需求,属于精神性价值需求。

以让出国人员适应境外工作、生活,能挣到钱为目标的实用性培训,满足的是第一、第二个层次的基本需求;而根据以人为本的原则,采取适用性培训与成才教育并举的教学安排,把出国前培训上升到综合素质培养和成才教育的高度,才能满足他们更高层次的人生需求。"干好三年,学好三年,着眼于回国后三十年"的技能实习目标,正是从满足技能实习生高层次需求的角度提出来的。

二、做好职业生涯规划

1. 职业生涯规划的概念

职业生涯就是从职业学习开始,经历职业劳动,到职业结束的全过程。人的一生主要是在职业生涯中度过。职业与人生关系密切：职业对人生有重大影响，人希望通过职业实现自己美好的理想。

以赴日本技能实习目标"干好三年，学好三年，着眼于回国后三十年"为例，这里的"三十年"就是职业生涯，"着眼于"是职业生涯规划，而"干好三年，学好三年"则是职业规划的实施。古人云："凡事预则立，不预则废。"对于有理想、有事业心的年轻人来讲，进行有效的职业生涯规划是至关重要的。

职业生涯规划就是把个人和社会结合起来，在对自己职业生涯的主客观条件进行测定、分析、研究、总结的基础上，确定其最佳的职业奋斗目标，并为之做出行之有效的安排。

职业生涯的设计由谁来做呢？是出国工作人员自己，也只能是出国工作人员自己。

2. 规划职业生涯的意义

首先，实施职业生涯规划，可以实现出国工作人员收益的长远化、最大化，实现"干好三年，学好三年，着眼于回国后三十年"的目标。出国前开始学习职业生涯规划的知识，自觉地规划自己的职业生涯，并在出国后开始为实现自己的规划而努力，这才是出国工作人员的长远利益和最大收益所在。其次，进行职业生涯规划，可以使出国工作人员明确自己学习和工作的目标，产生更大的动力。

3. 职业生涯规划的原则和步骤

职业生涯规划的原则：

（1）具体性（个体性）原则——要因人而异。

（2）清晰性原则——发展目标及措施必须明确清晰。

（3）现实性原则——要有事实依据，不能抱幻想。

在遵循职业生涯规划原则的同时，还要考虑自己的职业取向。职业取向有以下三个前提：

（1）你想干什么（职业期望值）。

（2）你能干什么（职业素质的具备状况）。

（3）你面临的就业环境允许你干什么（机会、条件、渠道是否具备）。

这三个前提说明，任何人在职业取向上，并不是"你想干什么就可以干什么，你能干什么就一定干什么"。

职业生涯规划的步骤：

（1）自我评估。主要对职业兴趣、价值观、个性和行为倾向、文化水平、知识结构等进行自我认识、自我了解、自我评估。

（2）环境分析。主要是对社会各行各业人才的需求和供给情况、社会政策法规情况做分析评估。

（3）职业生涯发展机会评估。环境为每个人提供了活动的空间、发展的条件、成功的机遇，个人如果能很好地利用这些机遇，就会有助于事业的成功。

（4）职业目标设定。设定的目标既要有可行性，又要有挑战性、激励性。

（5）职业生涯规划的实施。要为达到目标而制定具体的行动规划和行动措施，如提高文化水平、改善知识结构、培训管理知识和技能等。

三、调整心态，发奋努力，积累成才要素

设定了科学的职业目标，只是迈出了成才路上的第一步。但凡个人的成才或事业的成功，无一不是经过长期的努力和一步一个脚印的跋涉才最终到达胜利彼岸的。

成才切忌好高骛远、急于求成。曾有这样一个故事，说的是一位青年大学毕业后豪情万丈，为自己树立了许多目标。可是几年下来，他依然一事无成，于是满怀烦恼地去找一位智者。此时智者正在河边小屋读书，微笑着听完青年的倾诉，说："来，你先帮我烧壶水！"青年看见墙角放着一把大水壶，旁边是一个小火灶，但没有柴，于是便出去找。他在外面拾了一些枯枝回来，装满一壶水烧了起来。可由于壶太大，那捆柴烧尽了，水也没有开。于是他跑出去继续捡柴，回来时那壶水已经凉得差不多了。这回他学聪明了，没有急于点火，而是再次出去找了些柴。由于柴准备充足，水不一会儿就烧开了。智者忽然问他："如果没有足够的柴，你应该怎样把水烧开？"青年想了一会儿，摇了摇头。智者说："如果那样，就把水壶里的水倒掉一些！"青年若有所思地点了点头。智者接着说："你一开始踌躇满志，树立了太多的目标，就像这把大水壶装了太多水一样，而你又没有足够的柴，所以不能把水烧开。要想烧开，或倒出一些水，或多去准备柴！"青年恍然大悟。回去后，他把计划中所列的目标去掉了很多，只留下几个短期目标，同时利用业余时间学习各种专业知识。几年后，他的目标基本上都实现了。

这个故事告诉我们，制定目标不能想当然，不能脱离个人的实际条件；大目

标的实现是通过若干个子目标的实现而达成的;目标的实现是一个循序渐进的过程,"一口吃不成胖子"。只有删繁就简,从最近的目标开始,才会一步步走向成功。我们只有不断地捡拾"柴",才能使人生不断加温,最终让生命沸腾起来。这位青年一直"不开壶"的原因,一是没有准备好足够的柴,二是壶里装的水太多。对此,要对壶里的水做实事求是的调整,然后去准备足够多的能烧开水的柴。这就是我们经常说的"积累"。那么,为了实现自己的成才计划,我们应该如何积累呢?

第一,立志成才,改变人生,积累热情与激情。根据笔者的初步统计,在通过面试到培训学校学习的学员中,绝大多数人的目的是为了挣钱,而其中大多数人并没有考虑出国学些东西回来。因此,教育引导学员改变这种原始朴素的想法,激励起他们"立志成才,改变人生"的决心,是首要任务。出国工作人员要正确认识出国工作。出国不仅是打工挣钱,更要着眼长远,树立目标,规划自己的职业生涯。

第二,坚定信心,咬定目标,积累勇气与坚持。经营公司应该教育学员清醒地认识到,进入学校是迈出实现理想、改变人生的第一步,而出国后的工作生活环境是实施职业生涯规划、使自己不断成长进步的良好平台。一旦设定了自己的职业目标,就要坚定不移,要有充分的实现目标的信心和勇气。成功的人目标不变,方法常改;不成功的人则不改方法,常变目标。人们说"失败是成功之母",但若失败了就不再坚持,等于放弃了"成功之母"。所以,坚持很重要,坚持是"成功之父"。在科学设定目标的前提下,不怕失败,顽强地坚持下去,就一定能够取得最终的成功!

第三,勇对竞争,搏击风浪,积累经验与能力。笔者曾看过一个关于熊的故事,讲的是大熊猫和北极熊本来自同一祖先,但由于气候变化,它们一种转移到中国四川、陕西、甘肃,另一种远涉北极的寒带地区。而后来的演变却完全出乎意料:由于环境好,大熊猫由以前比较凶猛的动物变得好吃懒做、濒临灭绝。出现这样的结果是因为大熊猫退出食肉动物竞争行列。大熊猫改为吃草后,由于吃草的动物也很多,它又决定草也不吃了,专吃竹子。竹子毕竟太少,大熊猫很容易饿死,到现在全世界只剩下几百只了。而体格彪悍的北极熊却成为当地的一霸,本是陆生动物的它,练就了在海中捕获鱼类和海豹的本领,还能在零下40多摄氏度的寒冬冬眠三四个月。故事尽管存在某些科学性错误,但蕴含的哲理发人深省,教育学员到了国外,不能学大熊猫贪图安逸,而要学北极熊主动适应恶劣的生存环境，勇敢地面对生与死的挑战。学员无论工作、学习，都要以饱满的精神积极地投入，有争强好胜、不服输的劲头和"要干就干一流"的气魄，不怕吃苦受累，不向困难低头。

第四，主动接受艰难困苦的磨砺，不断增强心理承受能力，积累痛苦的考验与挫折的磨难。真正有人生阅历的人都会感悟到，苦难是人类的最大一笔财富。人的一生不经历苦难的洗礼，精神世界不可能得到真正的升华，也难以有大的作为。把苦难看成是人生的财富、资本，以苦为乐，现在的年轻人可能理解不了或理解不深。说到这里，笔者想到一个曾给自己留下深刻印象的故事：

美国有个大学生，每逢学校放假，他都得赶到父亲开的工厂去上班，用打工的工资去偿还父母为他垫付的学费和伙食开支。当他终于熬到大学毕业，认为自己可以接管父亲的公司时，父亲不但不让他接管公司，反而对他更加苛刻。他想不明白，父亲是公司的董事长，不缺钱花，还经常捐钱给福利院，为什么就是舍不得多给他一分钱。

不久，他竟然被父亲逼出了家门。他觉得自己肯定不是父亲的亲生儿子，自己跟这个父亲已经没关系，不如去外面另谋生路。他想去银行贷款做生意，可父亲坚决不给他担保，于是他只得去给别人打工。因为复杂的人际关系，他被人挤出了工作的公司。失业后，他用打工积累的一点资金开了一家小店，小店的生意不错；他又开了家小公司，小公司慢慢变成了大公司。然而，令他万分痛心的是，公司因经营不善倒闭了。

他想到跳楼，但实在不甘心就这样离开人世。他总结了自己失败的教训，决心咬紧牙关、挺起胸膛从头再来。就在他振作精神准备再干一番的时候，他的父亲出乎意料地找到了他，张开双臂紧紧地拥抱自己的儿子，并决定让他接管自己的公司。

对于父亲的决定，他非常不解。他说："我现在一无所有，是个失败的人，你为什么还要我接管你的公司呢？"

父亲说："不，孩子，你虽然跟几年前一样，依然没有钱，可你现在拥有了一段可贵的经历。如果我几年前就将公司交给你，你很难把公司经营管理好。可能你迟早会失去它，最终变得一无所有。可是现在拥有了这段经历，你会珍惜它，而且会把它管好，让它不断发展壮大。"

他果然没有辜负父亲的期望。在他的精心运作下，公司得到长足发展，他以独特、简明的投资哲学和策略，投资可口可乐、吉列、所罗门兄弟、通用电气等著名公司股票、可转换证券并大获成功,他公司的股价从最初的每股 7 美元一度上涨到 9 万美元,成为一家令全球瞩目的国际大公司。他就是伯克希尔公司总裁,当今世界具有传奇色彩的证券投资家——沃伦·巴菲特[1]。

一个人一项事业的成功背后都有一段艰难曲折的奋斗过程,体力上经受吃大苦、耐大劳的考验,精神和心理上承受压力、委屈。正如孟子的名言:"故天将降大任于斯人也,必先苦其心志,劳其筋骨,饿其体肤,空乏其身,行拂乱其所为,所以动心忍性,曾益其所不能。"因此,要想实现自己的职业目标,必须立志拼搏发奋,经受艰难困苦的考验。

第五,日省吾身,天天向上,积跬步以至千里,积点滴以汇江河。曾子曰:"吾日三省吾身:为人谋而不忠乎?与朋友交而不信乎?传不习乎?"(出自《论语·学而》)这是流传千百年的一句名言,告诫我们要严于律己,修身养性。

成才的脚步总是伴随思想的进步与行为的修正。全国人大代表、沧州市对外经济技术合作有限公司董事长尹广军讲的坚持做到"每早六问"与"每晚六思",是出国工作人员修身养性、提高素养的必修课。"每早六问"是每天早晨起床后,在头脑中先问一问自己:① 我今天的工作是什么,要注意什么问题?② 我今天最重要的三件事是什么?③ 我今天怎样安排自己的业余时间?④ 我今天要学到哪些新的知识?⑤ 我今天要在哪些方面进步一点?⑥ 我今天怎样才能更健康、更开心?"每晚六思"是针对"每早六问"进行自我检查,盘点一下一天的收获,反问一下自己有哪些方面做得不够好、如何改正。"每晚六思"与写外语日记结合起来,会收到更好的效果。如果你做到了这一点,你就会天天进步。

四、努力学习,提高素质

人在学员时代所学的一点知识,对于人的一生所需来说实在是微不足道。人类的知识几乎每三年增长一倍,有学者称之为"知识爆炸"。因此,任何一个有进取心的人都在不断学习,"活到老学到老",否则就会落伍、被淘汰。但学习必须根据个人和工作的需要,有针对性,有重点。作为出国工作人员,突出的重点是学外语、学管理、学技术。通过努力学习,刻苦钻研,不断提高自身的文化

---

[1] 沃伦·巴菲特(Warren Buffett,1930—),全球著名的投资商家,生于美国内布拉斯加州奥马哈。在 2008 年的福布斯排行榜上,他的财富超过比尔·盖茨;2011 年其财富位居世界第三,净资产约 500 亿美元。

涵养和业务技能,这是实施职业生涯规划、实现成才理想最主要的途径。

首先,外语学习是在国外工作、学习、生活等一切的基础,不懂语言,什么也谈不上。在日本曾发生过这样一件事:有一名技能实习生在日工作很努力,但日语学得不好。在回国的前一天,日本用人会社社长对他说:"你工作很卖力,我感谢你。我在你房间床铺的枕头下面放了一个信封,是给你的。"可是他只听懂了前面一句话,知道是表扬他,但后面关键的一句没听明白,以为是社长让他回国前整理好房间床铺。这位实习生回国后,社长发现他没有拿那个信封,很不理解,拿起电话联系经营公司说:"你们这个研修生是不是太有钱了,我给他 20 万日元他都不要!"这名技能实习生知道后追悔莫及,只能恨自己的日语没有学好。实际上,这个故事讲的还是眼前利益,学好日语更长远的收益是能够为回国后几十年人生打下一个好的基础。

其次,在学习掌握外语的基础上,要尽快提高自身的综合素质。本书第七章第二节会讲到优秀出国工作人员努力工作、刻苦学习的事迹,在此不再赘述。

第五节　赴日本技能实习生出国前教育

出国前教育是学员离校前的一次专题思想教育课程,主要实施以下四项教学内容。

一、做好思想准备

1. 正确认识出国工作

按照赴日本技能实习的目标和要求,放眼长远,正确认识出国务工。不要仅仅将出国看成是打工挣钱,而要树立远大的理想,充分利用在国外工作的机会,在完成工作任务的前提下,利用一切时间学习业务、学习外语,不断提高自身的业务素质、心理素质和文化素质,主动接受艰苦工作的磨炼。只有这样,才能把三年出国技能实习变成人生道路的一个转折点,为今后几十年人生道路打下一个好的基础,达到出国技能实习的收益最大化、长远化。

2. 树立人生目标

在高起点上考虑问题,放眼成才的人生大目标,着眼于自己的职业生涯规划。没有相应高度的思想认识,就不会有相应高度的行动和成果。

3. 设立技能实习目标

我们的培训目标是针对学员现状,在一定的学期内,教育培训学员适应国外的工作生活,为学员出国后的锻炼成长打下基础。

4. 做好心理准备

赴日学员要做好三个方面的心理准备。① 吃苦准备。任何成就的取得必须付出吃苦、耐劳、受磨难、受委屈的代价。② 拼搏准备。工作上做好刻苦钻研、奋力拼搏的思想准备,要立下争先创优的决心。③ 刻苦学习准备。坚韧不拔,知难而上,不达目标誓不罢休。

5. 规划职业生涯,确定回国发展目标

在制定出职业发展目标的基础上,启动岗位成才计划,为回国工作或创业做好知识、技能和信息准备。制订在国外工作期间的学习计划,如外语、文化课程、专业知识、企业管理知识等学习计划,要根据自己职业生涯的目标要求,根据自身的具体情况,并做到持之以恒。学习要注意点滴积累,"不积跬步,无以至千里"。在工作中要做到手勤、嘴勤、脑勤,要学会感悟,学会用心理解。技术的掌握和提高关键在一个"勤"字,做到勤琢磨、勤动手,随身带一个小本,碰到问题或偶有收获随时记录下来。

二、深入解读目的地国家,提高学员认知度

对大多数学员来说,日本这个国家只是一个抽象的概念。把日本的情况向学员做一步分析讲解,有助于学员理解日本社会现象,帮助学员透过日本的社会百态把握本质。通过"知其然",认识"所以然",从而帮助学员理解在日本工作和生活上的一些要求。

1. 正确认识日本经济体制,培养"和舟共济"意识

为了让技能实习生加深对用人会社的理解,有必要向他们介绍日本的经济制度。日本是一个完全的市场经济体制国家,大、中、小企业(会社)都要面对十分激烈的市场竞争。日本东京商工调查所发布的报告显示,2019 年度日本企业破产(负债总额 1 000 万日元以上)数量是 8 383 件,比上年增加 1.7%。据分析,其中 70% 以上为中小企业,企业倒闭的主要原因是销售不畅。要想保持

产品的正常销售，就要不断地在提高质量上、在降低成本上、在服务水平上下足功夫。

图 5-3　2008 年 10 月 26 日，笔者目睹横滨有 144 年历史的老店在夜色中谢幕

因此，日本会社的经营者——社长面临巨大的压力。他们在市场面前不敢有丝毫的懈怠，面对同行已经很高的质量水平、已经很低的产品成本，他们只能选择更高的质量和更低的成本。知道了这一点，技能实习生就容易理解日本会社过于苛刻的质量要求，一丝不苟、精益求精的工作态度和非常严格的管理措施。在这样一个认识基础上教育技能实习生加强工作的主动性和自觉性，培养"和舟共济"的思想意识，可以收到事半功倍的效果。

2. 了解日本是一个资源贫乏的国家，理解节约型社会的习惯和要求

日本是一个资源匮乏的国家。从土地资源上看，陆地总面积为 377 972 平方千米。地形以山地丘陵为主，占日本国土面积的 75%。平原面积狭小，仅占日本国土的 12%，而在这狭窄的土地上，却生活着 1.25 亿人口（截至 2019 年），因而日本是世界上人口密度最大的国家之一。日本在能源、原材料方面也极其贫乏，需从国外大量进口。日本几乎所有的地下资源都依赖进口。根据日本国势社的统计，日本地下资源对外依赖程度为铁矿石 100%、原油 99.7%、煤91.4%。据统计，日本每年进口的主要工业原料和燃料约占进口总额的 67%。

资源的贫乏增强了日本国民的危机意识，不但促使日本人养成了节俭的习惯，而且在资源回收再利用技术上也使日本走到了世界的前列。例如，日本人多年来在废品中开发资源。由于城市废品所含的资源总量已经相当于一座矿山的资源含量，故"城市矿山"的开采成为日本资源战略的一个侧重点。日本前任国土交通大臣冬柴铁三曾在视察日本一家手机回收厂后说:"我们在手机中找到了黄金。"从中可以看出,日本的资源回收再利用是一项利国利民、造福人类的很有意义的事。赴日技能实习生应该学习这种精神,充分理解它的社会意义,积极参与到用人会社的资源节约、成本控制等工作当中,自觉认真地按照规定做好生活垃圾分类。

3. 品质和效率关系到用人会社的兴衰存亡

在日本会社里,品质和效率是最重要的事情。生产数量再多,如果出了不良品,就失去了品质;而生产品质再好,如生产数量不够,没有赶上交货时间,就失去了效率,不但产品单位成本提高,还会影响会社的信誉。因此教育技能实习生增强质量意识,消灭或最大限度地降低不良品率,关系到用人会社的兴衰存亡。员工素质对于企业品质和效率具有重要意义。在日本用人会社,什么样的员工受欢迎,什么样的不受欢迎,一目了然。

三、正确认识和平稳度过技能实习的四个时期

认识技能实习四个时期的特点、要求,预防和避免不同时期最容易出现的问题,过好三关。

1. 重视适应期(第 1 ～ 3 个月),平稳度过工作关

第一个月的集合研修是技能实习生来到日本后的最初适应期,技能实习生不但要认真学好各项课程,还要主动去了解和适应日本的生活环境、风俗习惯和交通法规等。第二个月技能实习生进入用人会社后,应以充沛的精力迎接新的工作,注意向会社管理人员、实习生前辈学习。

这个时期容易出现的问题:① 不适应工作和环境,想家,想亲人。② 生活问题,如宿舍设施不齐备,不知道如何购物、如何上网等。

对策:参加集体活动,充实生活;业余时间抓紧学习日语;团结友爱,互相帮助。生活方面自己解决不了的问题,及时与经营公司联系,由经营公司与监理团体或用人会社协商解决。

2. 抓紧进步期(第 4 ～ 12 个月),拼过语言关

度过了适应期,进入第二阶段,大多数实习生在生活上步入正常状态;在

工作上能够独立操作,开始进步提高;在语言上感到了压力,有了尽快提高的愿望。这时,一些实习生的心态比开始的时候明显放松。

这个时期容易出现的问题:① 工作质量出现问题,受到用人会社批评;② 发生工伤事故。

对策:克服麻痹大意思想,集体分析原因,总结教训;向会社道歉,并说明今后能够改进;保证睡眠休息时间。

3. 把握成长期(第二年和第三年上半年),过好思想、感情关

经过在日本用人会社一年的实习,实习生在工作和语言方面都得到较大提高,这时,出现了两种不同的倾向:随着新实习生的到来,认为自己已经熬出来了,可以松一口气了;但更多的是尝到了学习的甜头和工作进步的乐趣,通过一年来的亲身感受,观念得到更新,思想有所感悟,想到了自己今后的人生,检查对照职业目标,发现了更大的差距,感到了更大的压力。在这样一种思想境界下,制定出新的工作目标和学习计划。

这个时期容易出现的问题:① 实习生之间闹矛盾甚至打架;② 有的实习生松散疲沓甚至怠工,日语学习放松;③ 个别实习生男女关系暧昧;④ 遇到重要情况不向监理团体、经营公司汇报,擅作主张。

对策:由组长负责协调化解矛盾,矛盾双方做自我批评;必要时经营公司派员现场指导解决;不忘既定目标,坚定意志,振奋精神。

4. 冲刺总结期(第三年下半年),争取收益最大化

大多数实习生在最后的半年时间能保持平和的心态和正常的工作、学习状态。其中不少实习生把这一阶段看作冲刺、总结期,他们感叹在日本的时间过得太快,要学的东西还有很多,于是更加努力抓紧时间学习技术,备考日语一级、二级。但也有的实习生做不到善始善终。

这个时期容易出现的问题:① 心态变得浮躁,工作不认真;② 互相走动,影响工作;③ 与用人会社发生纠纷。

对策:① 重温《技能实习生守则》《技能实习生之歌》《技能实习生宣誓词》,检查自己制定的职业生涯规划执行情况。② 告诫自己临回国前要保持正常心态,善始善终,圆满完成三年技能实习。③ 经营公司把进入第四阶段的实习生作为沟通、服务、管理的重点。

四、杜绝不文明行为

监理团体、用人会社和当地市民普遍反感的发生在外国技能实习生身上的18种不文明行为,不应当再出现。

（1）在家起居时不脱鞋;

（2）使用厨房不清洁;

（3）扔垃圾时不遵守当地的规定;

（4）厕所堵塞不清理,使用厕所不清洁;

（5）深夜聚众喧哗;

（6）从家里往窗外扔烟头、方便面空盒、纸杯等器具;

（7）在零售商店内,不爱惜商品,随意摆弄;

（8）做错事不认账,无理也要辩三分;

（9）能听懂当地语言,但做错事情时就装作不懂;

（10）走路不让人;

（11）搬东西不用手,用脚踢;

（12）不会主动找工作做,干完了就无所事事;

（13）别人对他说话时走神,眼睛不看对方;

（14）饮食时,不注意桌面清洁;

（15）在公共场所有烟灰缸,但仍把烟灰弹到地板上;

（16）不按时更换内衣;

（17）随地吐痰;

（18）闯红灯。

第六节　赴欧洲、澳新工作人员出国前培训

外派欧洲、澳新的工作人员有很多共性,在工作种类上大多是高级技工或白领,工作准证申办与签证要求也大同小异,出国旅途较长,他们所处的环境、工作的内容和有关法律规定大体相同,因此培训的内容差别不大,故不做一一阐述。在此,主要以荷兰等欧洲国家中餐厨师的行前培训为例来阐述外派欧洲、澳新工作人员行前培训的内容、方法和注意的重点问题。

培训的主要内容包括首次出国宣传教育（包括出国工作项目简介、餐饮文化、生活环境、有关法规、风土人情等）、海外餐饮业卫生条例培训、出行培训、海

外生活安全培训、思想教育与职业规划培训五个部分。通过培训，使厨师能够顺利、安全到达工作地国家，按当地政府规定的卫生条例进行工作，在最短的时间内适应海外生活，了解当地的风俗习惯等。

一、出国宣传教育

　　首先把要去的国家、城市、企业情况和工资待遇等进行概括的讲解说明。介绍工作目的地国家，除了介绍基本概况外，应该抓住这个国家的特点。以荷兰为例，只说荷兰是一个充满魅力的国度，是高度发达的资本主义国家是不够的。如果把它的特点说出来，就会给听者留下深刻的印象。

　　可将当地的风俗习惯作为知识点或趣味点进行演讲，告诉厨师外出旅游时应该了解当地的风俗习惯和注意的问题。在信仰与禁忌方面，荷兰人主要信奉天主教和新教。他们忌讳"13""星期五"，认为"13"象征着厄运，"星期五"象征着灾难。他们忌讳交叉式握手和交叉式谈话，认为这些都是极不礼貌的举止。他们在相互交往中，不愿谈论美国人、钱和物价等方面的问题。荷兰人特别忌讳别人对他们拍照，在拍照留念时不要打扰到其他人，不要直接对着别人拍照。

　　职业生涯发展的话题内容可以浓缩讲一下，目的是让厨师看到出国工作对职业发展的影响，把他们从只对眼前的工资关心引导到对出国附加收益的重视和对职业发展的关心，以增加项目吸引力。对其他几项面试通过后的培训也要做一个简要的宣讲，给厨师一个大体的印象，也为后面的培训埋下初步印象和企盼。

二、餐饮业卫生安全知识培训

1. 中国食品安全法规培训

　　培训的主要内容是《中华人民共和国食品安全法》和《餐饮服务食品安全操作规范》。"民以食为天"，人们都渴望吃上放心食品。为保障公众的生命安全和身体健康，《中华人民共和国食品安全法》对食品安全标准做出了规定，形成了科学有序的食品安全管理体系，对促进人民健康和社会和谐发展也有着重要的意义。近年来国家对餐饮从业人员的培训工作尤为重视。2010 年 2 月 8日，国家卫生部就发布了第 71 号令，即《餐饮服务食品安全监督管理办法》，共计六章五十三条，自 2010 年 5 月 1 日实施。2018 年 7 月，国家市场监管总局发布《餐饮服务食品安全操作规范》,2018年10月1日起施行。内容涉及餐饮服务场所、食品处理、清洁操作、餐用具保洁以及外卖配送等餐饮服务各个环节的标准和基本规范。

2. 欧盟食品安全法规培训

欧盟国家国民对其日常生活质量有着非常高的要求,其食品安全体系也是全球最完备的食品安全体系之一。欧盟的食品安全体系由"一份白皮书、官方主管机构、统一的技术标准、统一的法规法令、重要的食品安全制度"五个部分构成。

欧盟对食品安全实行集中管理模式,并且食品安全的决策部门与管理部门、风险分析部门相分离。目前,欧洲的食品安全决策部门包括欧洲理事会以及欧盟委员会,它们负责有关法律法规及政策的制定并对食品安全问题进行决策;管理事务主要由欧盟健康与消费者保护总署(DG SANCO)及其下属的食品与兽医办公室(FVO)负责,对欧盟各成员国在食品安全、消费者权益及公共健康等方面开展的工作进行监督,并与欧盟其他成员国政府等开展合作。不难看出,整个欧盟的食品安全体制是相当完整、严谨和规范的,大到欧盟国家进口食品的安全检验方面,小到公民每日饮食营养成分搭配,都有着严格的要求和规范。

以荷兰食品安全法规及操作规程培训为例,荷兰食品产业高度发达,产业链完整,分工精细,十分重视食品和消费者安全。从理念、立法、执法和监管到技术、舆论和消费者监督乃至国际合作,荷兰均已形成一整套较为成熟和完备的食品安全保障体系。荷兰作为欧盟的成员国,其食品技术标准体系基本参考欧盟指令原文构建,在此基础上也制定了一些本国的食品安全标准。

荷兰食品安全行政机构为荷兰自然食品安全部下属荷兰食品和消费品管理局(NVWA),该机构主要负责制定食品安全综合政策和进行食品安全监督管理,其主要任务包括食品监管、风险评估、政策建议、预警和通报、事件和危机处理等方面。NVWA也是荷兰餐饮服务业的主要管理和监督单位,对于任何侵害消费者健康和安全的行为,都将给予最严厉的处罚,并对被侵害者进行最大程度的补偿。

有这样一则报道:一位客人在阿姆斯特丹中央火车站附近的苏里南餐厅用餐时,发现菜里居然有只小蟑螂,于是拍照发到了自己的社交平台,没想到这则图文信息被近万人转发评论。这件事在社交媒体上持续发酵后,NVWA 迅速派员开始了检查,当即要求这家餐厅马上停业整顿,餐厅老板还将面临巨额的罚款。NVWA 一位发言人表示,确实在该餐厅发现了"虫害","这是绝对不能被姑息的"。不难看出这种全方位监督体系和网络,加上严厉的处罚措施和高效的执行力度,为荷兰的食品安全和卫生提供了很好的监督和保障,在涉及食品安全的问题上,任何企业和个人都十分谨慎和小心,鲜有"越雷池半步者"。

中国的餐饮从业人员,特别是厨师,多数人在上岗工作前接受了《餐饮服务食品安全操作规范》的培训。但是笔者在与厨师接触中了解到,目前的确有一些厨师在国内工作期间没有接受过正规的餐饮服务食品安全与操作的有关培训,或者在食品卫生方面意识比较淡薄。欧盟餐饮服务卫生要求比国内更为严格,惩罚制度更为严厉,这就对我们厨师的食品安全意识和操作知识提出了更高的要求,必须充分认识海外餐饮卫生安全知识培训的特别重要性。

鉴于欧盟食品安全法规与国内法规的差别,以及海外雇主的不同要求,需要在厨师出境前为其提供针对工作地国家餐饮服务从业人员的卫生与操作培训,让厨师在出国上岗前就开始学习有关条例,充分认识其重要性,在日后的工作中不断学习完善。这样的培训最大限度避免了由于厨师不了解海外有关法规而违法违规的情况,缩短了厨师的工作适应期。

3. 培训内容

在培训内容的选定上,要做到三个"突出"。第一是突出重点。找出哪些事项是餐饮条例明令禁止、处罚非常严厉的,哪些是厨师容易忽略的,都列为重点培训内容。第二是突出差异。在国内,有些行为与操作是允许的,但是到了国外却是不合规的,要通过对比进行重点说明。第三是突出特点。外派到欧洲的厨师工作的餐厅主要是中餐、日韩料理和无国籍料理自助餐厅等,要根据不同的工作要求进行有针对性的培训。

培训主要环节包括接收货物及其微生物标准,储藏,布局设计要求,卫生清洁与消毒,病虫害的防止,食品在非冷冻情况的摆放,卫生的处理,寿司的制作、保存和展示。

三、出行培训

出国工作人员大都来自农村,工作在三、四线城市,绝大多数是第一次出国、第一次坐飞机,有的甚至没有出过远门。他们根本不清楚行李中可以带哪些东西,如何换登机牌,如何过安检,如何在异国他乡转机,如何在到达地顺利通关等一系列的问题。此项培训目的是让他们能独立完成上述出行事项,顺利达到工作目的地。

1. 选对培训时间

有的公司在出国工作人员还没有拿到签证的时候就安排行前培训,效果往往不理想,因为绝大多数出国工作人员是第一次签证,对能不能拿到签证心里没底,没有心思投入培训。从办理材料到拿到签证,平均需要三个月左右的时间。拿到签证后,他们就会重视培训,学习也认真投入。

2. 做到"细致具体、重点提醒"

要把培训做到细致有效,就必须制定有针对性的培训内容。要考虑到出国人员的具体情况,培训内容尽可能细致。从行李打包开始,明确列出哪些是能带的,哪些是不能带的。特别需要强调的是,出国行李中一定不能有禁止入境的物品,如果抱着侥幸心理装入行李中,或将承担严重后果。曾有一名赴澳大利亚工作人员入境时被海关查出较多数量火腿肠,定性为走私犯罪,结局是拘留、取消签证、一家三口遣返回国,教训极为深刻。有些生活品是要提前准备的,如欧标转换插头(适合为国内带去的手机等电器充电)、适合当地天气条件的衣物、电动理发器(欧洲、澳大利亚理发非常贵)等等。有的出国人员不知道买什么样的产品合适,可以将网上的产品图片或者购买链接发给他们。

在出行方面,要细致到几点出门、乘坐什么交通工具、是否有堵车风险、最晚几点到达北京机场、在哪个航站楼、登机牌的信息等等。在出行培训手册上尽可能以图文并茂的形式呈现,帮助他们在国内出发机场和国外转机机场顺利登机。有三种方法解决在别国转机的问题:第一种,查找转机机场的信息,将转机指示牌、信息牌的图片发给出国人员,让他们按照自己的航班号找寻登机口。第二种,向同行的转机中国旅客询问转机信息。第三种,将转机的航班信息打印在纸上,并配有"您好,我要乘坐×××号航班前往×××,请帮助我"的英文,将此信息给机场工作人员看,并请求帮助。以上三种方式基本能解决出国人员转机难的问题。把自己放到出行人员的角度去考虑,提前想到出行人员可能遇到的问题,与已经外派的人员多做沟通才能将行前工作做到细致。

做出行培训大约在出行前一周,出国人员利用这段时间准备行李,但经过几天忙碌准备,往往会淡忘某些培训内容。对此,应该在出发前一天,再为出国人员做一次复习性培训,要一项一项地检查他们有没有忘记重点内容,提醒他们起飞时间、重要文件等。护照是笔者每次提醒的重点。之前有位赴欧洲工作人员,在转机的时候发现自己的护照找不到了,结果被扣留在了转机国,后来几经周折,终于在中国大使馆的帮助下解决问题。有的出国人员第一次出国比较兴奋,容易麻痹大意,所以要多次提醒他们护照的重要性,并且为了引起重视,要把严重后果告诉他们。2018 年,一名外派荷兰工作人员,得知香烟价格昂贵,就在出发机场免税店买了四条香烟,在荷兰被查出,结果是没收三条,罚款 300 欧元。

携带物件、资料提示如下。

——行李:单件行李不能超过 20 千克。需要带的物品有常用药类、欧标转换插头、打包带、充电宝(随身带,不能放入托运行李;全程保持手机有电)。

——证件、资料:护照、双认证材料原件、雇主合同、工作准证(随身带,不要放入托运行李)。

登机牌上注意三个信息:登机口、座位号、登机时间。

转机提醒:注意转机标志,往换乘方向走,不要走向出机场方向。

到达目的地后:打开手机,机场有免费 Wi-Fi,连上 Wi-Fi,告知雇主自己已经到达。然后,办入境手续,提取行李,通过海关,至到达厅出口找接机的人。

四、海外安全培训

出国工作人员在外工作,其安全是家人和外派公司最为牵挂的。安全教育是行前培训的一个重点环节。

海外安全教育的具体内容见本书第五章第二节第六点。

五、思想教育与职业规划培训

目前外派的群体大部分是在三、四线城市工作的农民,文化程度不高,出国目的单一,就是为了挣钱。

首先,思想教育的重点是让出国工作人员提前了解海外工作的强度,做好吃苦工作、服从指挥、工作积极上进的心理准备。对待工作认真负责,精益求精,不计较,与雇主、同事搞好关系。出国工作既是挣钱的机会,也是一个很好的学习机会。

其次,由于历史原因与国情的差别,色情服务业、博彩业和吸食大麻在有的国家政府规定的场所区域内是合法的。应明确告知出国工作人员不要前往这些场所,教育他们在国外挣钱不容易,不能挥霍自己的血汗钱,应多想想自己出国的目的和在国内辛苦持家的家人。另外,这些场所鱼龙混杂,初到的出国工作人员语言不通,不懂有关法律,其财产和人身安全容易受到侵害。而且,没有任何一个雇主能接受自己的工作人员出入这种场所。

再次,由于欧洲一些国家的引进劳工政策不同于日本的技能实习生制度,不仅没有工作年限的限制,而且为工作满一定年限的工人提供申请绿卡的机会。例如,在荷兰,工作满五年就可以向政府申请永居,享受荷兰国民的福利待遇。所以,从长远来看,公司不仅为出国人员提供了海外工作挣钱的机会,更是为其提供了一次改变一生的机会。如果申请到永居,其妻子与孩子可以一起享受当地福利,孩子可以免费入学,享受一流的教育资源。在培训中要引导出国工作人员认识出国工作的长远意义,制定长期职业规划,让其更加重视出国工作与锻炼的机会。

第七节　培训学校软实力建设

一、培训学校文化

学校文化是在长期办学实践中逐步形成的,凝聚于学校的办学宗旨和教育理念中,体现在学校的日常教学管理上。经营公司实施以人为本的教育理念,把学员当客户、当朋友,平等对待,用心服务,建立深厚的师生情谊,以提高培训教育的针对性、专业性和愉悦性。一家优秀的出国人员培训学校,应以"帮助出国工作人员实现人生梦想"为宗旨,按照"教育引导出国工作人员敬业爱岗,走成才之路,追求收益长远化、最大化"的出国工作导向,形成系统的教育理念和管理体系。

校训是一所学校精神的凝聚,是学校为树立优良校风而制定的要求师生共同遵守的准则。培训学校的校训是办学理念、办学原则和培养目标的概括和抽象,反映了学校培养出国工作人员的特点,对实现办学目标和形成良好校风、实现学员的出国工作目标具有重要的规范、引导和促进作用,它是学校文化的核心和灵魂,是学校的一面旗帜。青岛环太学校"诚信、守约、服从、敬业、勤奋、好学"12字校训,体现了这一要求。

二、培训学校教学工作流程

按照 ISO 9002 质量认证文件的要求,将全部教学工作划分为若干流程,进行程序化规范管理。格式如表 5-1 所示。

表 5-1　培训学校教学工作流程表

序号	教学流程单元	工作内容和要求	工作依据	责任人
1				
2				
(以下省略)				

"教学流程单元"包括计划及准备、入学手续、入学教育、校规校纪礼仪教育、军训、交通安全教育、入学集体生活教育、日语学习、外派劳务培训证考试、素质教育和结业离校等。"工作内容要求"包括教学内容、教学课时、进度或时限要求等。"工作依据"是指实施该项工作流程的必要条件和制度根据,通常包括法律、法规、规章、制度、文件和书面指令、通知等,它是形成经营公司制度体系的连接点。

三、教师职业行为规范

1. 教师工作职责

(1)认真贯彻落实学校的办学宗旨和管理方针。办学宗旨和管理方针体现了严格管理和人性化理念,不能只强调一个方面而轻视另一个方面。

(2)教好外语。重点是打好基础,教会常用的和专用的口语、听力,培养学员的自学能力。

(3)做好班级的管理工作,当好班主任。通过大会讲、小会说、个别谈的形式,通过说服、教育、引导的方法,通过表扬、批评、自我批评的手段,做学员的思想工作,把好的班风树起来,把不好的苗头压下去。

在开展表扬和批评时注意:第一,要多表扬少批评,不能只表扬不批评,也不能只批评不表扬。第二,表扬除了为了鼓励,更是为了肯定,为了树立好的风气和做法。除个别表扬和班会表扬外,也可上报校长建议在全校通报表扬。第三,表扬只是肯定了事情的本身,并不说明学员其他方面都好,可适时指出缺点,防止骄傲。第四,对学员的缺点错误要敢于提出批评,但批评要注意方式、方法和场合,要考虑对方的承受能力。

（4）把爱国教育、人生观教育、道德品质教育、守法教育、职业规划和创业教育贯穿于教学工作之中。

（5）介绍在所在国工作生活常识,告知应注意的问题。

（6）在教学和管理中考察学员综合表现,了解其人品、性格,发现问题及时报告。

2. 加强学习,不断提高自身素质

（1）语言方面,要着重提高口语、听力水平。

（2）不断充实出国工作相关方面的知识,包括历史、地理、人文、政治、经济等。

（3）自觉研讨教学规律,不断改进教学方法。

（4）加强个人修养,敬业爱岗,忠于职守,为学员做表率。

3. 做到教书育人"八讲""八不讲"

八讲:

（1）讲学习方法,培养良好的学习习惯:让学员理解预习的重要性,知道如何预习,"预习好比进山有向导";让学员理解复习的重要性,知道如何复习,"学而时习之""学而不思则罔",复习是消化吸收的必要环节;培养在各种场合、利用各种时机学习的习惯,培养随手记笔记的习惯,培养勤于思考的习惯。

（2）讲出国工作目标和职业精神:出国工作人员代表中国青年人的良好形象,要积极向上,好学上进,勤奋工作,爱岗敬业,学习国外的先进技术和管理理念,为祖国现代化贡献力量。

（3）讲人生观、成才观、事业心:要有人生理想、奋斗目标和努力方向,树立通过出国工作改变人生的信心;实现个人理想从技能实习起步;出国工作与个人职业规划有机结合。

（4）讲优秀出国工作人员事迹,总结他们的成功经验。

（5）讲遵纪守法,灌输诚信意识、守约意识、服从意识。

（6）讲吃苦耐劳。吃苦是成长的阶梯,是人生的财富。

（7）讲校训、校规、校纪。

（8）在课堂上多讲外语。

八不讲：

（1）不讲有损两国友好的话。

（2）不讲消极落后、有负面影响的内容。

（3）不讲伤害学员自尊心的话。

（4）不评判、比较学员将要去的雇主企业。

（5）不提前讲获得签证的消息。

（6）不讲与教学及学校管理无关的内容。

（7）不讲出国工作人员的私人信息。

（8）不讲不宜对学员宣传的情况。

四、培训质量调查反馈

借鉴海尔对客户回访调查制度，定期对教育培训质量进行回访调查，使之不断改进教学。接受调查的主要对象是合作方中介管理机构、雇主、经营公司业务担当和学员本人。

在学员离校后、出国前，让学员填写的一份教育培训质量调查问卷，了解学校的教学质量和内容，检查任课教师是否按流程规定完成了教学项目。

第八节　创新出国培训体制

鉴于目前日本技能实习生和特定技能生是中国出国培训的主体生源，本节针对技能实习生培训机构提出初步体制创新建议。

一、中国赴日本技能实习生培训机构的基本状况

目前，经营公司对技能实习生实施适应性培训教育，普遍采取自己办学培训的做法。但由于外派规模和经营理念的差异，各家培训学校的办学规模、形式与教育方法千差万别，培训效果悬殊。

少数年外派千人以上的大型经营公司具有雄厚的经济实力和生源保证，在学校硬件设施和软件建设上都有较大的投入，经过多年的发展提高，形成了完整的经营管理运行体系，成为提高生源质量、打造公司品牌形象的有力支撑。

外派200人以上、1 000人以下的中型经营公司，无论公司数量还是外派

人数都是市场的主流,它们具有一定的经济实力和基本的生源保证,所办学校能够满足技能实习生出国工作、生活的需要。但多数学校的经营管理及教学效果尚达不到理想的状态,尤其是年外派人数 200 人以下、基本处于亏损状态的经营公司所办的学校。它们当中的不少公司没有常设的经政府主管部门批准注册的培训机构,没有走上规范化培训轨道。其中,有的缺乏稳定的生源支撑,采取临时有一批培训一批的办法;有的采取委托社会教育机构培训的办法,这样能够降低培训成本,但容易与业务需要脱钩,缺乏针对性。

二、技能实习生培训机构存在的体制缺陷与问题

从学校的运行模式上看,目前一家一校零星分散的办学体制不适合市场经济条件下专业分工、规模经营的要求,不适应中国对外劳务合作行业转型升级的发展趋势,势必成为制约培训质量和培训效率的桎梏,而失去规模效益的惨淡经营也难以为培训机构的发展壮大提供足够的教育资源和财力支撑。

仅仅把通过日方面试的技能实习生人选作为培训机构唯一生源来源的模式,限制了培训机构对教育资源的有效利用,剥夺了学校的市场主体地位,而使其成为经营公司的一个被动附属品。

目前,小规模经营公司大都被培训所困,因自身生源太少办不了常规化学校,委托其他公司的学校培训还怕泄露了商业机密,于是只好采取游击战式的培训方式。这种方式的问题是没有固定的常设培训场地,无法实现常态化管理;不具备稳定的师资队伍,教师往往由项目经理兼任;缺乏规范的教学计划和适用的教材,教学质量很难保证。因此,难以适应日方用人会社对技能实习生的要求,更谈不上树立良好的公司形象。而且,培训不到位或质量差致使技能实习生在国外发生种种问题,应引起政府主管部门和经营公司的高度重视。

三、技能实习生培训机构的转型升级

大型经营公司所属的培训机构具有丰富的专业教育资源和办学管理经验,应以此为基础,面向社会的教育需求,走产业化、综合型办学的发展路子。同时,面向日本技能实习生市场,在境外建立教育培训子公司,或通过与监理团体某种形式的合作,承接本公司和其他经营机构所派技能实习生在日本的集合研修培训。

中小型培训机构走联合办学之路,资源共享,优化组合,名称中性,产权多

元,推动出国培训向专业化、规模化、高水平、高质量的方向发展,大大改善培训机构的对外形象。具体办法如下:

(1)在经营公司较为集中的地区范围内,通过政府主管部门或行业商会的牵头引导,采取自愿结合的办法组成联合办学体。对不具备办学条件的培训机构,政府主管部门应进行必要的行政干预。

(2)联合体为股份制体制,出资比例可根据出资人在联合体中责任大小和提供生源数量的多少由全体出资人协商确定。

(3)采取企业化管理,独立核算,自负盈亏,以微利保本原则确定收费标准。根据合资建校协议及章程由联合体董事会研究确定培训机构的管理、教学规章制度。

(4)以出资方生源为起点,以有竞争优势的教学质量及软硬件设施,面向本区域有培训需求的经营公司招收生源,不断扩大办学规模,实现规模效应。

培训机构向学历型中等技工学校的方向发展,这是解决技能型生源难招,解决培训学校生源不足,实现生源储备的有效途径。山东济南、威海、烟台和德州的经营公司在出国培训与中专技能学历教育相结合方面做出有益尝试,还有的将原来的培训中心升格为正规的学历型中等技工学校,取得中等技工学校办学资质。学制类别有初中起点三年制国内外就业中专班、高中起点一年制赴日技能特色班和通过日方面试人员的五个月集训班。据介绍,升格后的学校具备四大特色:教育特色——教你做人,教你做事,教你技能,教你成才;管理特色——尊重学员,关爱学员,让学员快乐开心每一天;学历特色——学历证、技能等级证双证齐拿;就业特色——日本高薪技能实习,国内日资企业工作。学校的转型升级化解了许多年轻人既想赴日技能实习又想拿到国家正式文凭的矛盾,同时也缓解了人才储备不足的问题。笔者认为,对所属培训机构转型升格的尝试,符合新的市场形势和国家政策环境对外派出国工作人员转型升级的要求,符合技能实习生培训机构的发展方向,值得业内借鉴学习。

第六章
出国工作人员境外服务管理

境外服务管理是整个业务链条中的重要一环,它是经营公司对服务产品的一种不可或缺的售后服务行为。

本章以 2012 年 8 月 1 日起施行的《对外劳务合作管理条例》为依据,从剖析和定义出国工作人员服务管理的本质特性入手,提出境外服务管理的原则、制度设计和基本要求,阐明实施境外服务管理的基本内容和处置境外劳务纠纷或突发事件的办法和程序,通过总结分析笔者亲历的真实案例,探讨研究解决境外突发事件、劳务纠纷和疑难问题的思路和方法。

第一节　境外服务管理的本质特性

一、劳动力商品的特性

从政治经济学观点看,劳动力商品是将劳动者的劳动能力看作商品。出国工作人员是一种劳动力商品。主要特点表现在以下方面。

1. 商品的人性特点

作为劳动力商品的人,有思维、有观念、有个性、有喜怒哀乐,这一特性决定了境外服务管理必须坚持"以人为本"原则,实施人性化服务管理。

2. 质量的内在性特点

劳动力商品的质量表现在道德品质、文化涵养和工作技能等方面,属于思想、精神范畴的内在的东西,因此不容易了解、考察和把握。这一内在特性,提示经营公司在境外服务管理工作中开展深入细致的思想教育工作。

3. 品质的可变性特点

一方面,通过对出国工作人员实施有效的教育、培养、管理,可以不断提高劳动力商品的质量;另一方面,如果放松教育管理,在一个不好的环境中,劳动力商品的质量也有可能向相反的方向发展。

4. 环境、条件的特殊性

境外劳务服务管理面对的服务管理对象是身处异国他乡为境外雇主工作的群体,他们离开熟悉的家乡来到十分陌生的国度,所处的环境发生了大幅度改变,工作、生活条件出现极大反差。对此,经营公司应该允许他们有一个适应的过程,同时更要关注和关心这种改变、反差带给他们思想和行为的变化,引导和帮助他们尽快地适应新环境、新要求。

上述四个特点是我们研究境外服务管理诸多问题的立足点和出发点,决定了境外服务管理必须坚持"以人为本"原则,实施人性化服务管理。

二、境外服务管理的基本定义

通过剖析劳动力商品的特性,我们得出如下结论:境外服务管理是一种对人的服务管理,它不同于一般的人力资源管理,是一种在特别环境下对特别对象实施的服务管理。这种服务管理的特殊性,是由出国工作人员本身的特性和出国工作人员特殊的存在形式决定的。从这个意义上说,对出国工作人员的境外服务管理,就是针对出国工作人员这种商品的特殊性和出国工作人员工作、生活环境的特点,体现"以人为本"经营思想,实行中外双方共同服务管理、服务和管理相融合、远程监管和现场服务管理相结合的人力资源管理。

第二节　境外服务管理的原则与制度保障

一、境外服务管理的原则

在对境外服务管理本质特性认识的基础上,把握以下几项原则。

1. 与外方雇主协同管理原则

按照中国政府对经营公司的规定,中方派出公司负有对出国工作人员的境外服务管理职能。具体的管理职责视所在国法规和雇主的用工情况而定。雇主支付管理费的,外方企业规模小或管理能力薄弱的,派出方管理的责任和工作量会大一些;雇主为较大型企业或管理体系比较健全的,雇主为中国投资公司或中方承包工程项下的,则派出方管理职责较轻一些。具体管理职责将根据雇主需求在合作合同中予以明确。

2."以人为本"原则

实施境外服务管理要兼顾基本生存和发展自身两个方面的需要:从满足人性的基本需要出发,帮助出国工作人员解决在工作、生活中遇到的困难;从满足出国工作人员自身发展提高的需要,对他们实施教育培养,为他们回国后的发展打下基础。

3.快速反应原则

在了解掌握出国工作人员工作表现和思想动态的情况下,发现问题,及时处理,必要情况下应赶到现场处理解决问题,及时回复并反应外方中介或雇主提出的问题和要求。建立境外出国工作人员纠纷或突发事件应急预案,快速处理突发紧急事件。

4.信任定律原则

信任是重要的社会综合力量,信任在管理互动中占有重要地位。在境外管理中,管理的难易程度,与被管理者对管理者的信任度成正比;信任度的建立,与管理者与被管理者的感情成正比,感情越好,信任度越高;感情的建立,与思想交流的深度和频度、与管理者留给被管理者的形象直接相关。

二、境外服务管理的制度保障

根据境外服务管理的原则和所要达到的目标,设计境外服务管理的运转框架模式,制定不同类别、工种的出国工作人员在不同进程状态下实施境外服务管理的制度,形成一套科学、全面、适合经营公司实际情况的制度体系,并在实践中不断充实完善,使境外服务管理工作在制度的规范、保障下,能够健康、平稳、有序地运行。

1. 建立"三结合"服务管理体系

"三结合"服务管理体系是驻国外机构人员长期驻在服务管理、业务担当短期出国现场服务管理与国内业务部门实施远程遥控服务管理相结合,同时整合出国工作人员家属、基地或对外劳务合作服务平台和培训学校教师等相关资源,形成一个对在外工作人员进行全方位跟踪服务管理的系统。

建立经营公司与雇主、在外工作人员及其家长和生源基地的定期情况交流制度,形成系统互动管理。要搞好服务管理,重点是要保持通畅的信息沟通,至少每个月与每家雇主的在外工作人员联系一次。不管是雇主条件好的还是一般的,都不要疏忽对他们的关心。在外工作人员的合理要求要及时向雇主争取,雇主的要求和做法也要及时向工作人员解释清楚。通过经常与雇主的沟通协调,通过各种形式教育工作人员遵纪守法,认真履行工作职责,及时化解他们与雇主的误解和矛盾。

2. 制定境外服务管理的应急预案

境外出国工作人员纠纷或突发事件通常具有群体性、突发性和复杂性特点,如处理不当,将影响国家对外形象和该项业务的健康发展,诱发社会不稳定因素。因此,经营公司建立快速、有效的境外纠纷或突发事件处理机制,是实施境外服务管理的重点。根据《商务部关于处理境外劳务纠纷或突发事件有关问题的通知》(商合发〔2003〕第 249 号)的原则要求和《对外劳务合作管理条例》第十七条的规定,经营公司要针对各自业务的特点,制定具体的可操作性强的突发事件应急预案。

第一,建立境外突发事件预警机制。及时向国内有关部门和驻在国有关机构了解安全信息,采取适当的预防和保护措施。定期对反馈回来的出国工作人员情况进行分析研究,把发现的问题解决在萌芽当中。

第二,建立健全内部防范机制,保证信息的准确通畅。经营公司在商谈签订合同时,要有关于预防和处置突发事件的条款,要求用人企业在出国工作人员的工作和生活场所采取必要的安全防范措施,保障出国工作人员的安全。加强经营公司部门间有关信息的沟通,搞好协作配合,公司内部任何部门和个人对突发事件,不得隐瞒、缓报、谎报或帮他人隐瞒、缓报、谎报。

第三,做好处理突发事件的各项准备工作。① 搞好外派项目的档案管理,包括合同文本,出国工作人员的通信地址和外派手续材料,境外中介和雇主的地址、电话及企业基本情况,等等;② 掌握出国工作人员所在地国家政局形势、安全情况和社会治安状况等动向;③ 尽可能多地了解掌握国家和有关部门的有关政策法规;④ 学习了解已有同类事件处置经验的兄弟经营公司的做法及有关情况。

第四,规定突发事件的处理办法和程序。

(1)获得发生突发事件的信息后,成立由经营公司领导牵头,部门经理和项目负责人参加的突发事件处置小组,在充分了解相关信息的情况下,及时做出初步的处置方案。

(2)在第一时间与用人企业、在外工作人员本人取得联系,了解掌握第一手资料,并通过与境外合作方相互配合,控制局面,消除引发此次突发事件的因素。

(3)重大突发事件应及时向当地商务主管部门、中国对外承包工程商会,以及中国驻外使馆经商参处、领事馆汇报情况,请求指导和帮助。

(4)直接接触与突发事件有关的在外工作人员家属。如属伤亡事件,要做好家属的工作,稳定他们的情绪,征求他们对经营公司处置方案的意见。如属出国工作人员纠纷或群体事件,要在与家属充分沟通情况、讲清利害关系的情况下,要求家属积极配合经营公司开展工作,共同做好对在外工作人员的说服教育工作。

(5)查阅该出国工作人员有关合同资料,确认该事件与合同条款的关系和责任。

(6)在做出处置方案后,以最快的速度派出工作组前往事发地了解情况,处理解决问题。

(7)现场处置突发事件。根据事件性质,采取不同的对策了解掌握资料,交涉解决问题。如是伤亡事件,要首先配合用人企业搞好索赔工作,同时要以合同为依据,分清责任,特别要了解掌握责任方违约的事实,并阐明这种违约的性质和诉诸法律的后果,迫使责任方承担其应负的责任。对于纠纷、群体闹事事件,要说服在外工作人员放弃过激行为,恢复正常秩序,同时要以合同和有关法律为依据,在与用人企业、出国工作人员充分交流的基础上,分清是非,从而消除事件的引发因素。

(8)通过分析事件的发生、发展和解决过程,总结经验教训,防范同类事件再次发生。

3. 派遣目的地办事处的工作职责

（1）按照经营公司的工作部署制定事务所工作计划，进行日常工作。

（2）定期到用人企业了解工作人员的工作环境、工作情况及待遇，重点查询享受工资待遇的情况。认真听取用人企业负责人对工作人员的评价及意见、建议，并有针对性地采取改正和防范措施。及时向经营公司汇报管理工作中出现的情况、问题和相关信息。

（3）定期到宿舍看望工作人员，了解其日常生活情况，帮其解决生活当中遇到的实际问题。

（4）监督和辅导工作人员的业余学习，提高其外语水平。

（5）耐心细致地做好在外工作人员在各阶段的思想工作。

（6）通过加强与合作方的紧密联系，建立良好的合作关系，稳定现有的业务基础。

（7）在稳定现有客户的基础上，积极配合公司本部开发新市场、发展新客户。

（8）及时搜集整理与出国工作业务有关的各类信息、资料，并及时向公司汇报。了解和收集在外工作人员的语言能力、工作表现及生活自理能力等情况，及时反馈给公司业务部门和培训学校，并针对出现的问题提出改进培训工作的建议。

（9）对于合作方和用人企业在履行派遣合同中出现的问题，要及时向公司汇报，并协助公司积极与其沟通交涉，避免造成后果。

（10）定期向中国驻外使馆经商参处、领事馆汇报有关情况，发生大的问题随时报告。

4.《赴日技能实习生守则》

《赴日技能实习生守则》是为了保证技能实习生合法权益不受损害，安全顺利履行合同，圆满完成技能实习任务，依据中日两国相关法规和技能实习生与经营公司签订的合同，由经营公司制定的一项更加具体的对技能实习生的言行进行指导和规范的规定。

第三节 境外服务管理的重点内容

总结中国国际人力资源合作经营公司多年来境外服务管理工作发现，存在的主要问题有以下几方面：

（1）由于出国前培训教育不到位，出国工作人员思想准备不充分，语言不达标，安全卫生意识淡薄，给日后管理工作增加了难度。

（2）有的经营公司采取低价竞争的手段，大幅度降低外方管理费，致使境外管理不到位。

（3）有的经营公司错误地认为把出国工作人员送出去了，以后的服务管理就是用人企业的事了，长期放任不管，致使问题成堆，甚至发展成为恶性事件。

为了提高境外服务管理水平，解决境外服务管理中存在的问题，经营公司在履行境外服务管理职责时，应重点从以下几个方面做好服务管理工作。

一、提前介入境外服务管理

境外服务管理工作是外派工作人员出境后的事情，但好多工作出境前就开始了，这种"提前介入"始于项目的前期开发。

1. 前期考察

《对外劳务合作管理条例》第二十二条明确规定："对外劳务合作企业与国外雇主订立劳务合作合同，应当事先了解国外雇主和用工项目的情况以及用工项目所在国家或者地区的相关法律。"在项目的评估考察阶段，经营公司项目担当必须亲临雇主的工作现场考察了解工作环境、工作内容及有关待遇情况，达不到要求的项目坚决舍弃。

2. 项目筹划、设计、论证

根据用人企业要求，确定选人标准及考试方案、收费标准、培训重点，确认出国工作人员合法权益的保障和相关待遇及有关税费的合法性等。充分预测该项目在境外服务管理环节可能出现的问题，通过谈判，合理筹划和设计项目运行方案，避免留下隐患。

3. 培训阶段

要以提高出国工作人员的综合素质和岗位适应能力以及生活适应能力为目标。在培训阶段就要为今后的境外服务管理做准备、打基础。培训学校要摸清每一个学员各方面的情况，并做出综合素质评价，为业务部门今后的服务管理提供依据。对于在校表现突出的学员，要做好培养教育工作，使之成为派出后的骨干。注意了解掌握学生中有影响力的人，将其列为重点关注和工作的对象，争取让他们起正面影响。

4. 家庭访问

家庭访问需了解的情况和访谈内容：

（1）看家庭经济状况，观察亲属的态度和品行。

（2）检查出国准备情况。

（3）向亲属讲解合同条款，要求其配合经营公司共同管理在外工作人员，理解和关心他们在外的工作生活，做好他们的思想工作。

（4）向亲属讲明在外工作对今后职业发展的重要性，要让在外工作人员充分利用这段时间充实、磨炼、提高自己，学会从长远着眼，不要过于计较眼前利益。通过家访，与家长或配偶建立联络关系，为日后共同做思想工作打下基础。

二、实施人性化服务管理

要着眼于对在外工作人员生存状况的服务和关爱。实施境外服务管理要着眼于满足用人企业的需求，但不能忽视满足人性的基本需要，要了解关心在外工作人员的喜怒哀乐，帮助他们解决在工作、生活中遇到的困难。从某种意义上说，在外工作人员也是经营公司的顾客。

在此基础上，经营公司应站在长远的角度，为在外工作人员自身发展和提高提供咨询服务，实施教育引导。例如，引导他们以在外工作为契机，确定并实施个人职业生涯规划，制定学习计划，为他们回国后的发展打基础。

三、维护出国工作人员的合法权益

中国政府高度重视维护在外工作人员合法权益这项工作，对外贸易经济合作部和劳动部早在 1994 年就下发了《关于切实加强保护外派劳务人员合法权益的通知》（外经贸合发〔1994〕第 654 号）。2012 年 8 月 1 日起施行的《对外劳务合作管理条例》第二十九条对经营公司协助劳务人员维护合法权益做了更加严格、具体的规定。维护在外工作人员的合法权益是经营公司不可推卸的基本职责。出国工作人员身在异国他乡，是易受伤害的弱势群体。经营公司应站在维护其合法权益的角度充分理解他们的处境，把维护合法权益细化到工作环境、吃住条件、工资待遇等各个环节。发现个别雇主违反合同规定使在外工

作人员权益受到侵害时,要及时出面交涉,妥善解决,切实保护在外工作人员的合法权益,

四、纠正在外工作人员违约违规行为

要通过各种形式教育出国工作人员按合同规定的要求,认真履行工作职责,遵守当地的法律和用人企业的规章制度;以多种渠道、方法主动了解在外工作人员的表现情况,通过批评教育和思想工作帮助犯错误的工作人员认识错误、改正错误,发挥经营公司的管理优势,配合用人企业或境外管理机关及时纠正个别在外工作人员的违约违规行为,并采取措施防范今后类似事件的发生。

五、实施现场管理

经营公司要定期或根据需要随时委派专人到出国工作人员工作地实施现场管理。经营公司本部项目负责人与公司驻外机构做到分工协作、密切配合,定期到工作地实施现场服务管理工作,共同搞好境外服务管理工作。现场管理解决问题的前提是全面、细致、深入地了解分析情况,学会运用企业管理中的"5W"工作法,即对发生的问题,要调查清楚 When(何时)、Where(何地)、Who(何人)、Why(何因)、What(何事),并做好记录。

第四节　处置境外突发事件和疑难问题案例总结

经营人力资源这个特殊商品,随着业务量的增多,难免会出些问题。应对境外劳务纠纷或突发事件的关键是事先要有应急预案,并做到能积极快速应对,正确妥善处置。应充分重视各种疑难问题。小的疑难杂症得不到重视和解决而被拖成一个大事件,一次突发事件处置不当而最终拖垮一家公司,这样的情况并不鲜见。因此,经营公司必须认真重视境外纠纷或突发事件以及其他各种问题,使之都能得到及时、有效、妥善的处理。

对此,笔者以亲身处理过的几个事件为例,谈谈做法和体会。

一、快速反应、积极应对

2006 年 3 月,日本岛根县发生一起青岛环太经济合作有限公司派出的 29 名研修生和实习生集体罢工的事件。公司事先已有突发事件的处理办法和程

序,因此能够快速反应、积极应对,使该事件得到了妥善、及时的处理。

1. 项目的基本情况

29 名罢工研修生和实习生是公司派到日本岛根县某市的一家缝制加工会社的缝纫研修生和实习生,有研修生 9 名、实习生 20 名,全部为女性。该派遣业务始于 2001 年 11 月。研修生每月基本研修津贴 7.4 万日元,实习生每月个人总收入 12.8 万日元左右。

2. 紧急应对

公司 3 月 15 日下午 5 点接到中国对外承包工程商会和青岛市商务主管部门关于 29 名研修生和实习生罢工的通知后,立即落实商会、中国驻大阪总领事馆经济商务处的意见和指示及青岛市商务主管部门的要求。

(1)启动处理突发事件应急机制,成立以公司总经理为组长的突发事件处理小组,研究落实商会和有关领导意见。

(2)立即向青岛市商务主管部门汇报并请示。

(3)为稳定局势,防止事态的扩大,派劳务部经理于 16 日乘坐早班飞机,经大连转机,当天下午到达事发地点日本岛根县。

(4)通知研修生、实习生的家属做好她们的思想工作,要求她们放弃过激行为,配合经营公司的工作。

(5)于 16 日上午向中国驻大阪总领事馆商务室和中国对外承包工程商会驻日本事务所汇报公司应对此事件的初步安排,并征求指导意见。

3. 现场工作步骤

以公司总部为处置罢工事件的信息汇集分析中心和指挥控制中心,与国内外中国政府有关机构、中国对外承包工程商会和派出现场的公司业务部经理保持高频率的联系沟通,笔者则以公司突发事件处理小组组长的身份坐镇指挥。17 日,在中国驻大阪总领事馆商务室和中国对外承包工程商会驻日本事务所的具体指导下开展工作,并采取以下工作步骤:

(1)充分听取研修生、实习生的意见和要求,听取日方监理团体和用人会社的情况介绍。公司了解到该事件的直接起因:以前用人会社不扣研修生、实习生在宿舍内每月的日常生活用水、电、热、煤气等费用,该费用由用人会社全额承担。近期用人会社给研修生和实习生花费 4 000 万日元专门建造了离上班工厂很近(步行两分钟)的新宿舍。现在研修生、实习生每人每月花费水、电、热、煤气等费用 7 900 日元左右,用人会社负担 4 500 日元,由个人负担 3 400 日元。对此,研修生和实习生提出异议,不愿意缴纳该费用。根据公司与研修生和实习生在国内签订的合同,该项费用应由研修生和实习生本人负担。

此次罢工的根本原因及研修生、实习生希望解决的问题:

一是实习生对加班费较少心存不满,要求增加加班费。用人会社解释:现在实习生加班费低于法定标准,但是用人会社扣除的房租很低(每月每人10 000 日元,当地市场价格为 17 000 日元左右),用人会社还负担了应由个人负担的 4 500 日元的水、电、热、煤气等费用。

二是研修生、实习生对用人会社的有些管理行为不满,要求改善管理和工作生活条件。例如,用人会社存在不合理的罚款和扣款行为,用人会社的日本员工对中国研修生和实习生存在歧视和打骂行为。除此之外,还提出在宿舍内有研修生和实习生的现金被盗的情况,要求用人会社予以补偿;宿舍内冰箱的购买款项不应该由研修生和实习生负担;宿舍内的设施不全,要求添置椅子、暖瓶、自行车、电话等;用人会社不能在节假日没有事先通知的情况下临时决定加班;要求用人会社对工资单做出说明;要求允许研修生和实习生在用人会社二楼用餐;等等。

之后,公司就上述问题和要求,认真听取了日方监理团体和用人会社的情况介绍和说明。

(2)表明四点态度。公司做出充分说明和解释,进行耐心细致的疏导工作,在听取了双方情况介绍后,表明四点态度。第一,对于研修生、实习生要求中合理合法的部分,公司会积极争取,但是大家的目的都是为了解决问题,都要考虑到做一定程度的让步。第二,研修生、实习生既要要求用人会社做出改善,又要反思自己哪些方面做得不好。第三,如果用人会社满足不了个别要求,希望研修生、实习生顾全大局,先恢复上班。第四,研修生、实习生要考虑到一切行为的后果。如果用人会社由此而倒闭,大家的利益也得不到保障,请大家充分理解。公司在进行说明解释和疏导的同时,也消除了双方在一些问题上的误解,稳定了研修生、实习生的情绪。

(3)与用人会社进行交涉,并组织研修生、实习生与用人会社谈判。根据中国对外承包工程商会驻日本事务所的要求,公司依据有关法规和派遣合同的规定,积极争取日方认可研修生、实习生提出的合理要求。经过谈判,用人会社满足了其中的大部分要求,并在公司的积极协调下,用人会社、研修生和实习生进行了面对面的交流和谈判。研修生和实习生首先提出研修时间、出勤时间、加班时间、加班费等事项应按照日本的法律执行,并补偿以前少付的加班费。用人会社承诺从 2006 年 3 月 18 日始,研修生和实习生在日本期间的研修时间、出勤时间、加班时间、加班费等事项按照日本的法律执行,但是房租要按市价 17 000 日元的标准收取,不再负担实习生个人的水、电、热、煤气等部分费用。用人会社考虑到自身的现状和支付能力,对于实习生提出补偿以前加班费的要求不予满足。对于其他要求,用人会社也做了说明,并承诺马上解决,只有研修生和实习生提出的对在宿舍内有研修生和实习生的现金被盗进行补偿的要求、在宿舍内安装电话的要求(由于日本电信局的设施不到位)、购买自行车的要求(考虑到安全问题)等没有满足。

在双方谈判达成初步一致后,公司要求全体研修生和实习生在 2006 年 3 月 18 日恢复正常研修和实习,对其他有关问题再做进一步的沟通和交流。如果再不恢复正常研修和实习的话,个人要承担一切后果。一个小时后,当晚全体研修生和实习生表示同意从 2006 年 3 月 18 日恢复正常研修和实习,对其他有关问题再做进一步的沟通和交流。2006 年 3 月 18 日 8:00,全体研修生和实习生在经过了三天罢工后恢复正常研修和实习,用人会社恢复正常生产。

(4)请用人会社对所作承诺做书面确认。2006 年 3 月 18 日,公司将用人会社对研修生和实习生做出的承诺形成书面文字,对于满足不了的要求也做出书面说明,由用人会社盖章确认。

(5)研修生、实习生向公司做出书面承诺。2006 年 3 月 19 日晚,研修生和实习生向公司做出书面承诺:遵守合同、遵守法律,以后不管发生什么事都要和公司多联系,做到及时报告,不擅自处理;以后决不采取罢工、聚众闹事等过激手段与用人会社进行交涉,否则,一切后果由自己负担。

4. 达成共识,圆满解决

2006 年 3 月 20 日下午,监理团体、用人会社、公司、全体研修生和实习生开会。

(1)日方道歉。监理团体、用人会社对于以前与法律不符的行为和对中国人歧视的行为等做出正式道歉,并承诺以后在用人会社内对中国员工和日本员工一视同仁。

（2）公司做出说明。公司作为派遣公司向全体研修生和实习生做了解决问题的说明。

（3）研修生、实习生表态。全体研修生和实习生表示接受公司提出的要求，放弃对之前加班费进行补偿的要求，对以前做得不够的地方要努力改进。她们表示，大家也不希望会社倒闭，会社好了，她们才能完成研修和实习；感谢公司为此所做的努力和协调，也对监理团体发挥的作用表示感谢。全体研修生和实习生承诺以后会努力工作，改进自己，为用人会社的发展共同努力。

至此，这次集体罢工事件得到圆满解决。

总结这次集体罢工事件的处置，笔者有以下几点感想：

（1）这次事件能得到妥善处置，离不开各级领导的关心指导。这次事件的圆满解决与中国驻大阪总领事馆、中国对外承包工程商会劳务部和驻日本事务所、青岛市商务主管部门有关领导的关心和指导是分不开的。公司在这次事件的处理过程中，及时向上级主管部门汇报，多次请示并听取中国驻大阪总领事馆商务室和中国对外承包工程商会驻日本代表事务所的指导意见，在国内得到了中国对外承包工程商会劳务部和青岛市商务主管部门的指示，掌握处理问题的原则和具体方法，才使这一事件得到迅速而圆满的解决。

（2）公司根据上级要求制定的境外纠纷或突发事件应急预案非常必要，完全可行。根据应急预案规定的程序和工作要求，公司在接到信息 24 小时之内即赶到国外现场有序处理，避免了事态的扩大，为事件的圆满解决赢得了时间。

（3）运用谈判策略。在处理的过程中，公司掌握轻重缓急，对不同当事人采取不同的谈判策略，收到好的效果。

一是重点说服日方用人会社做出必要让步。用人会社是矛盾的主要方面，问题的根子在用人会社。整个事件牵涉到几个方面，用人会社的问题解决了，其他问题就好办了。在交涉过程中，主要抓住其违约违法的问题，指出这些问题是导致罢工的直接原因。

二是正确对待研修生、实习生。公司从两方面开展工作：既要充分听取研修生和实习生的要求，让她们释放情绪、不满（倾听的过程也是她们释放情绪的过程，会有利于事情的解决），又要指出她们违约违规的问题，深入分析事态发展下去可能产生的严重后果。对于研修生和实习生的合理要求，站在保护研修生和实习生的合法权益的角度与用人会社积极交涉，指出用人会社不合理、不合法的方面，迫使用人会社做出改善。对于研修生和实习生要求中不合理、不现实、不合法的方面,对研修生和实习生做了大量的说明和说服工作,并积极引导研修生和实习生朝着合理、现实、合法提要求的方向去做。对于研修生和实习生错误的、不合法的行为进行严肃批评教育。特别对重点人员,针对不同对象采取不同的方法,进行重点工作,指出其煽动闹事的危害。

三是利用监理团体对用人会社的制约作用和影响力,发挥其积极促进问题解决的作用。向监理团体讲解此类问题处理不好而最终导致监理团体被取消接收研修生资格的案例,使监理团体感到利害关系重大。

(4)管理首先是服务。公司深刻认识到对研修生、实习生的管理首先是服务,不管用人会社条件好还是条件一般,都不要疏忽对研修生、实习生要求的关心,否则小问题越积累越多,就会发展成大问题。研修生、实习生的问题解决了,心态好了,才能更好地完成本职工作。

公司快速圆满地处置解决29人罢工事件的做法,得到我驻日使馆经济商务参赞处、青岛市商务主管部门和中国对外承包工程商会的充分肯定。2006年6月,中国对外承包工程商会在大连召开的全国对外劳务合作业务管理培训会上,笔者应邀介绍了此次突发事件的处置做法和经验(图6-1),获得好评,引起与会代表的热烈反响。

图6-1　笔者在会上介绍成功处置境外突发事件的做法和经验

二、取得工人理解支持,是妥善解决问题的必要条件

在外人员权益受损时,领导主动介入,及时跟进,取得工人的理解和支持,是妥善解决问题的必要条件。

2016年9月，笔者公司建筑部业务担当接到在沙特工作的32名建筑工人的投诉，称已被欠薪7～9个月，经交涉，雇主方仍没有明确答复。欠薪的这家企业是北京一家建筑材料企业投资在沙特的承包工程公司，自2015年开始，先后分三批派出木工、钢筋工、泥瓦工、吊车司机、建筑机械修理工等30多人。之前，工资发放延期最长不超过半年，家里有急需的经过申请可以随时领取部分工资，工人知道这也是大多数工地的做法，能够接受。这次，由于欠薪时间超出工人的心理承受范围，工人反应强烈。招聘生源的几家基地公司也很快打来电话说家属们开始找到公司，强烈要求支付拖欠的工资。

对此，笔者作为公司领导立即主持召开会议，提出两条应对意见：一是立即与沙特雇主的北京母公司取得联系，落实事实，商讨解决方案；二是马上联系工人及其国内的家属了解情况，表示公司的积极态度，安抚工人情绪。

北京母公司承认有此事，答应让沙特雇主解决。但是好多天过去后，雇主并没有任何举动，而北京母公司也没有给出明确的说法，这让工人看不到解决问题的诚意，感觉要被一直拖下去了。于是笔者与业务担当两人去京交涉，同时协助全体工人向设在中国对外工程承包商会的外派劳务人员投诉中心投诉，并函请北京市商务委员会对北京母公司予以督促。经过与北京母公司总经理反复商谈交涉，在政府主管部门的干预下，北京母公司最终答应不再扩大拖欠金额，并在年底前将欠薪降到半年以内的工资数额。

到年底，由于雇主只部分履行承诺，工人强烈不满，工地上讨薪纠纷一触即发。公司在国内一方面与工人保持高频度联系，嘱咐他们一定不能有过激行为，不能做违法的事情；另一方面向中国驻沙特大使馆经济商务参赞处汇报情况，请求提供指导帮助。经过劳资双方的交涉和几个方面的参与调解，欠薪问题仍没有得到解决，这时多数工人沉不住气了，提出要回国。对此，公司的意见是钱拿到手后再回来；雇主的意见是工程接近尾声，在这里闹下去容易出事，同意订机票送工人回国，钱到位了会及时补发工资。

工人回国后，基地公司来电话说工人都来找了，问我们怎么办。笔者提出两家公司领导带队领着回国的工人一起去北京母公司讨薪的计划。很快，笔者、公司业务担当和一家基地公司的副总经理带领10名回国工人一行于2017年1月12日一早来到北京母公司总部。上午10点多，该公司总经理来电话，说"你们的人到公司来了"。笔者说："是的，我也来了，找你解决工资。"他说对不起，他今天一早去张家口了。笔者说："你回来吧，你要是不回来我们只能找政府了。"他说他安排看看。下午2点，北京母公司总经理与我们一起在他的会议室开始谈判。工人刚提出欠薪的事怎么解决，总经理就开始对工人进行训斥。工人像犯了错误的小学生，不敢吱声，气氛很不好。笔者看不下去，激愤反驳："到底是谁欠谁的钱啊？怎么感觉像是他们欠你的钱？"接着历数雇主的种种违约违规、自食其言的劣迹，会议室气氛马上转变了。时间一分一秒地过去，谈判却没有什么进展。到半夜，大家都没有精力再谈下去。大部分人在办公室睡下了，笔者离开办公室去宾馆休息。第二天早上7点，业务担当来电说，凌晨2点，他们公司报警，警察将睡在办公室的人劝离。

笔者事先告诉在央视工作的一位朋友："春节将至，海外工作工人被这里的一家公司拖欠了大半年的工资，现在回国来讨薪，还是不给。"这位朋友说："这是个节前的报道题材。"笔者说："你就先帮着促进一下吧，解决了就好。"到下午2点半，会议室内双方僵持不下，气氛紧张，正在这时，这位中央电视台朋友的电话来了，笔者立即对总经理说这是中央电视台朋友的电话，得接一下。在会议室门外，笔者回复说谈得不顺利，然后将对方告诉的地址房间号记在本子上。下午3点多，还是谈不下来。笔者站起身来说："不谈了！央视那边已经联系好了，我要带着这些人到央视去曝光！"这位总经理这时才有些改变态度，让笔者消消气，坐下来慢慢谈。下午5点，总经理终于在补发全部工资的书面承诺书上签字、盖章。回来不久，工人们终于拿到了所欠的全部工资。

回想艰难曲折的讨薪经历，笔者有几点体会：

第一，经营公司要充分理解工人们上有老下有小的不易，抱着真心诚信和积极热情的态度去处理解决他们遇到的问题和困难。做到这一点，真心换回真心，与工人们的距离就拉近了，容易得到他们的理解和支持。

第二，主动跟进，及时回复问题，绝不能躲避、推脱，要用自己负责任的积极态度赢得工人们的信任。记得十多年前，山东省一家公司派到新加坡的一名劳务人员急病亡故，劳务人员家属在与这家公司领导联系交流过程中，领导失联，家属找到其他工作人员仍解决不了问题，就闹了起来，越闹越大，最后召唤来大量亲友把公司占领，打出横幅标语……没多长时间，这家公司就"消失"了。

第三，事关在外工作人员重大利益的事件，领导一定要重视，并直接指挥。事情发生后，笔者出面了解情况，商讨办法，并两次带队去北京讨薪。为了了解第一手情况，指导工人合理合法讨薪，笔者及时建了一个微信群，主动把工人加为好友再拉到群里。几年过去了，他们仍然是笔者的好友。

第四，调动雇主相关方的影响力多方干预施压，对于最终促成问题的解决起到了不小作用。在整个讨薪过程中，笔者先后向外派劳务人员投诉中心、中国驻沙特大使馆经济商务参赞处和北京市商务委员会汇报情况,请求帮助;向雇主公司的总包单位中国交建二公司报告欠薪问题,请求配合解决;同时了解到雇主方提出的总包方欠工程款的事实并不存在,这成为后来谈判时戳穿对方谎言的武器。

三、以法规、合同为依据,用事实、道理说服人

2003年4月10日,公司接到日本香川县一家技能实习生监理团体电话通报,公司派出的一名研修生4月10日凌晨在日本住所煤气中毒死亡。根据现场分析,初步判断为自杀。笔者当即召集有关人员研究处置办法。第一,根据业务部平时掌握的情况,对事件做了初步评估分析,同时意识到这是人命关天的大事,必须以最快的速度做出反应。第二,成立以笔者为组长,以当事业务部经理为组员的赴日处置小组。第三,责成业务部与该监理团体保持不间断的联系。第四,向青岛市商务主管部门和中国驻日大使馆经济商务参赞处汇报情况,请求帮助指导。第五,抓紧了解有关的法规条文。随后,笔者带领业务部经理赶赴死者家中通报情况,与家属协商处置意见。

为妥善处理此事,经家属同意,公司决定由处置小组带家属两人赴日本了解情况和处理后事。在中国驻日大使馆和山东省公安厅的大力协助下,公司以最快的速度为家属办出护照。4月15日,公司处置小组成员及两名家属由青岛赴京,当天取得日本驻华大使馆签发的赴日签证。在京期间,笔者向曾经处理过研修生自杀事件的一家北京公司的朋友请教,被告知,自杀不在保险赔偿的范围之内,又不是监理团体和用人会社的责任,因此处理起来非常棘手。看着死者家属呆滞的目光,笔者心情沉重。笔者一行四人于4月16日从北京出发,于当日到达事发地——日本香川县某市。

到了事发地,我们感到面临的形势比开始想象的更为严重。我们四人下飞机后,没有见到死者所在用人会社的人,接机人没有亮明身份,只说是给监理团体帮忙的朋友。当时笔者严肃地提出:为什么用人会社的人不来?接机人说,用人会社领导的态度很强硬,表示发生这样的事情对他们的影响很大,他很恼火,声称不接待、不负责、不负担费用,已请了律师,不怕打官司。

我们首先与监理团体理事长会面,就死亡事故的有关情况进行交谈,并商讨处理事宜。理事长告诉我们,当地警方已对此事立案调查,基本确定为自杀。我们从交谈中感到,监理团体不是积极配合的态度,却为当事的用人会社做了

不少解释。随后,我们按原定计划,在监理团体担当的陪同下,与家属一起首先来到死者的住处察看并了解情况。在向死者同屋住宿的两名研修生了解情况时,发现了一些当事会社重要的违法违规事实。在陪同死者家属到殡仪馆察看死者遗体时,死者的父亲再也控制不住自己的情绪,埋藏在心底多日的悲哀终于激烈地爆发出来,同时尖锐地向我们提出一连串为什么。

针对这样的局面,赴日处置小组及时研究了谈判方案,调整了对策。针对日方当事会社蛮横的"三不"态度,我方采取针锋相对的办法:不与日方当事会社接触,不让其参加谈判,也不让其与死者家属接触,把其排除在外。第二天上午,处置小组要求在没有当事会社参加的情况下与监理团体其他成员会社洽谈解决方案,期间又把与死者同屋住宿的两名研修生叫到会上说明情况。在谈判过程中,日方参会代表的基本态度是公司派的研修生有问题,发生这样的大事,给监理团体和用人会社造成恶劣影响。其中一名理事态度骄横,根本不把处置小组放在眼里,连续打断笔者的发言。在他第三次打断时,笔者忍无可忍,将手里的打火机往桌子上狠狠一拍,厉声呵斥:"请你不要打断我的话!你发言时,我一次也没有打断,但你已经是第三次打断我的发言了!你懂不懂礼貌!"一下子就把这位理事的气焰打下去了,日方人员开始重视笔者的发言。随后,我方有理有据地摆事实讲道理,从基本事实中归纳梳理出用人会社违反有关法律、合同和规定的多种行为,以及这些行为应承担的法律责任,并严正指出如果事件得不到妥善处理的严重后果。通过激烈交锋,整个气氛很快向有利于我方的局面转变,我方掌握了谈判桌上的主动权。笔者发现,随着谈判的进一步深入,日方监理团体的七八位参会代表慢慢地相继投来认可的目光,他们开始认识到用人会社的违法违规行为与研修生自杀的一定关联,同时他们也看到了可能给监理团体带来的严重后果,表示要做当事用人会社的工作,让其承担应负的责任。出乎笔者的意料,第一回合的谈判就取得了这样的进展。

当天下午,当事用人会社开始沉不住气,几次托人捎话要请处置小组吃饭,这让笔者暗自高兴。经商量,处置小组决定乘胜出击,继续施压,以突破其最后防线。于是拒绝了其吃饭的邀请,采取控制谈判节奏、掌握交涉的轻重缓急的策略。处置小组据理力争,终于迫使用人会社逐步转变了态度。当天晚上,该用人会社表示承担应负的责任。这样,在4月18日,也就是事发第九天,处置小组到日本事发地点的第三天上午,当事用人会社向死者家属支付了七位数日元的慰问金,并为死者在日本的后事处理支付全部费用。对这一结果,家属表示接受。同时,这一结果对于平息当地70多名被激怒的中国研修生、实习生的情绪也起到了一定的作用。

此事处理得比较及时、妥善,未对当地研修生、实习生合作业务产生大的影响,也没有引发研修生、实习生过激行为。事后,笔者在总结处理这一事件经验教训的基础上,拟定了青岛环太经济合作有限公司处理境外劳务纠纷或突发事件的基本工作程序。

四、抓住问题的焦点

2009年,日本神奈川县技能实习生李某因搬移一铁件而腰部受伤,到医院检查未有筋骨伤,休息几天后就上班了。医疗费按规定报销70%后,个人需负担30%(5 000日元)。李某说,铁件足有500千克,他曾提出不能搬,应使用吊车,但工场长非让搬,现在把腰搬坏了,这5 000日元应由用人会社承担。用人会社则认为,铁件只有50多千克,过去都是由人搬移的,且与李某一起搬移的日本员工未受伤,5 000日元按规定由个人负担没问题。

双方僵持不下,闹到监理团体。监理团体理事长亲自前往处理,经现场调查了解后认定:铁件不会超过100千克,同意用人会社由李某负担5 000日元的处理意见。李某不服,到公司讨公道。

公司业务担当接到李某的申述电话后,感到难办,请示上来,笔者要求先弄清情况。通过向日方监理团体、用人会社和李某本人调查了解,发现其他情况没有出入,关键是这个铁件该不该由人搬移的焦点在铁件的重量上。于是通过电话与李某确认重量。李某改口说,铁件如果没有500千克,也有300千克。经再次确认,李某仍然坚称铁件绝对在300千克以上。公司又与日本用人会社核实,日方还是说不会超过100千克。根据双方的争辩,有一点可以肯定,那就是必有一方说的是错误的。第二天,公司又接到监理团体的通知:处理不好这事,李某暂不上班。

经分析研究,公司针对"50千克还是300千克"这个焦点问题,提出了一个处理意见:5 000日元先由李某支付,由公司负责调查核实铁件的重量。如铁件超过300千克,公司负责说服日方负担这5 000日元,说服不了则由公司负担;如铁件不足300千克,5 000日元由李某负担没有问题。笔者让业务担当将这个意见通知李某后,李某提不出异议,表示接受公司的意见。

后来根据我们的判断,没有必要去找日方核实重量,就将此事放下了。这位姓李的研修生直到回国也没有再提及此事。

五、摆正自己的位置,积极做好双方的疏导说服工作

公司曾遇到过一起在外工作人员高空坠落死亡事件,当地警察局的结论为自杀,排除了他杀的可能,也不存在监理团体、用人会社管理和工作上的原因导致其自杀的事实。但在处理这一事件时,公司却发现由于有关各方所处的地位及认识上的不同、各自掌握信息不对称等,外方监理团体、用人会社与家属代表的认识存在巨大差距。两名家属代表认为:"人是在你们这里死的,你们能没有责任?"因此,家属就是来拿赔偿的,而且对赔偿的期望值非常高。而外方监理团体的理事长、用人会社的社长一直坚称自己没有责任,根本不存在赔偿的问题。

面对这样的棘手局面,作为中方经营公司,应站在什么角度,以什么样的立场、观点来应对呢?

笔者想到了房屋中介卖房时使用的工作方法。同一套房子、一样的市场形势,房屋中介公司采取分别对买卖双方做工作的方法,有的直接把买家和卖家安排到两个房间里,用不同的说法两头做工作:在买家那里把房屋的优点说足说透,以提升房屋价值;而在卖方面前则充分地揭示房屋存在的不足,打压其心理预期,从而达到缩小买卖双方心理价位的差距、促成交易的目的。房屋中介的这种做法似乎不是那么光明磊落,但他们的工作模式体现了中介的职能与优势,给笔者很大启发。笔者由此想到,经营公司还是站在中介的角度,利用中介的身份,发挥中介的特殊作用,做好沟通、调解和说服工作比较有利。

为此,公司处置小组实施了以下工作步骤。

(1)经征得家属同意,由处置小组代表家属与外方交涉。这样就设定了一个由处置小组以中间人身份在外方与家属之间进行回旋交涉和调解的有利局势。

(2)连续三次压抑家属无根据的过高的赔偿期望值。从出事的第二天接触家属开始,公司就感觉到家属的赔偿期望值太高,后来提出了五六十万人民币的高价要求。由此笔者感觉到,若不把家属无根据的过高的赔偿期望值压下去,根本不可能处理好这次后事。

到日本后的第一天中午,在听完当地警察局调查结论、看完现场后,处置小组便及时做工作。我们向家属重点阐明:① 警察做出的自杀结论证据确凿;② 通过看完宿舍、工作现场,与用人会社其他出国工作人员交谈,了解到死者

生前的工作、生活条件都不错，没有受虐待的情况，因工作生活问题导致自杀的可能性基本排除；③ 这样看，目前缺乏让外方赔偿的根据。紧接着，到当天晚上，处置小组又在宾馆如实地向两位家属代表通报了下午交涉时监理团体理事长的态度：日本人的规则意识特别强，没有责任是根本不可能赔偿的，顶多象征性地拿出一点钱表示安慰。第二天一上午与理事长的交涉没取得实质性进展，几乎"谈崩"。中午回到宾馆，处置小组向家属介绍谈判的艰难，并表示下午还会抱着一线希望去争取，但希望非常渺茫。这样，在 24 小时内，处置小组连续三次如实向家属说明情况，引导家属回归理性期望值，打消了他们采取拖延火化遗体等一些不理智做法向对方施压的想法。这是我们处置工作的一个关键点，为最终达成一致的解决方案打下了基础。

（3）代表家属向监理团体和用人会社争取赔偿。根据现场了解和事前掌握的情况，处置小组向用人会社提出其管理中存在的问题与死者的自杀有一定的关系，但经过几个回合的交锋仍没有得到对方的认同。为了避免谈判陷入僵局，笔者及时改变话题，介绍了死者不幸的家庭情况：死者 8 岁时因母亲出走、父亲病故成为孤儿……现在疾病缠身的死者母亲追悔莫及，痛苦欲绝。笔者又当场表示，公司对此虽无责任，但拟从人道主义出发对死者家属实施救助。用人会社社长、社长夫人和监理团体理事长听后被深深感染，短时沉默后，相继表态以援助的名义支付给死者家属一定数额的款项，并负担在日本的火化及丧葬费、医院抢救费等。

经过艰难曲折的紧张工作，处置小组于到日本的第四个工作日完成了这起突发事件的全部善后事宜。在回国途中，家属代表几次对公司表示谢意。

这次事件给我们的教训深刻。死者少时因家庭重大变故成为孤儿流落街头，后来是他大爷收养了他。血的教训让我们认识到，对于在异常环境中成长、心理发育不健康的人，应慎重安排出国工作。

六、雇主企业倒闭带来的境外管理问题

2018 年 10 月，公司派往荷兰的中餐厨师来电反映，雇主通知，一周以后酒店就要关门，想回国的员工需抓紧时间购买机票，想继续在荷兰工作的要自行寻找雇主。电话里，厨师情绪激愤，笔者感到事态有些严重。接到电话后，我们马上联系海外中介管理机构核实情况，对方答复说情况基本属实，是雇主为了酒店员工的稳定没有提前告知厨师们。我们分析，厨师签的是两年的工作合同，

计划是至少挣两年的钱,目前只工作了一年多,现在由于酒店的原因而回国,厨师不会答应;在荷兰换一家酒店继续工作是最好的安排,但是荷兰的劳工法规定,如果厨师调换工作,必须要拿到新酒店的工作许可,需要一个月左右的时间,而厨师宿舍就在工作的酒店内,酒店关闭后,宿舍也要清空,一周后厨师的住宿还是个问题。

面对突如其来的事态,公司在听取了厨师与海外管理公司双方的情况后,经研究认为:第一,要依法保护厨师在海外的合法权益不受侵害。当地的《劳动与安全法》规定:"由于公司财务状况不好而导致解雇员工的情况下,雇主可以向劳工保障机构申请解雇许可,然后由劳动保障机构评估解雇理由是否合理;或者雇主与雇员进行和解协议。在这种情况下,雇佣双方可以就过渡时期的补偿以及其他解雇事项进行谈判。但必须保证至少提前一个月告知雇员。"很显然,此次事件的起因是雇主经营不善而导致厨师被解聘,雇主没有按照法律规定提前一个月告知厨师,有责任对厨师的后续工作提供协助,并给予经济补偿。第二,按合同规定,要求海外管理机构与雇主共同负责厨师的工作安排与住宿问题。第三,公司业务担当要积极配合做工作,争取尽快处理好此事。

业务部根据公司意见快速落实。首先,安抚厨师们与其国内家人,倾听厨师的诉求,与他们保持联系,要求他们不要与雇主发生冲突,不能有过激行为,要相信公司能够解决好问题。要求他们积极配合,服从安排。其次,第一时间与海外管理机构沟通,商量解决方案,抓住海外雇主违反劳动法规的事实,与雇主进行交涉。根据协商的处置意见,海外管理公司工作人员及时赶到厨师们工作的酒店,现场了解情况,让雇主与厨师们坐到一起进行沟通。经过沟通调解,雇主承认没有提前一个月告知厨师们解约的做法是不对的,表示最后一个月的工资正常发放,另外多发一个月工资作为补偿,并积极配合海外管理机构办理手续,为厨师们寻找新的雇主。厨师们当场表示接受,并表态在剩下的一周时间内保证认真工作。我公司与海外管理机构共同努力,在事发第四天就为厨师们找到了新雇主。经协商,新雇主同意在等待办理材料的这段时间让厨师们以打临时工的身份先到店里工作,并负担食宿。

由于应对及时,方法得当,此次突发事件得到了及时、妥善的解决,没有对海外厨师与雇主造成负面影响,也没有引发厨师与雇主之间的过激行为。厨师本人与家人对公司表示感谢,对公司也更加信任,表示在今后要更加努力地工作。

事后，公司与海外管理机构一起总结了此次事件的教训，达成三点共识：第一，在今后厨师市场开发中，雇佣方经营状况应作为调查重点；第二，向雇主强调解除工作合同必须严格按照法律规定的流程进行，避免类似事件再次发生；第三，将当地劳动与安全法规相关条款列入厨师出国前培训内容，告诉他们要积极配合公司解决问题。

第七章
出国人员回国发展

"干好三年，学好三年，着眼于回国后三十年"，这是青岛环太经济合作有限公司 20 多年前制定的出国技能实习目标，由于准确、通俗地诠释了技能实习制度的宗旨，为出国工作人员指明了正确的方向，成为激励广大技能实习生规划人生、发奋努力的座右铭，得到行业商会和海外雇主的赞赏。境外工作岗位是出国工作人员摔打磨炼的训练场，是学习知识、增长见识的大学堂，境外工作经历为回国职业发展和创业打下基础。引领和助推出国人员回国职业发展，既是国际人力资源经营公司业务链的自然延伸，更是经营公司履行社会责任的光荣使命。

第一节　成才目标管理

一般讲，企业或组织机构目标管理分为目标设置、实现目标过程管理和总结评估三个阶段。出国工作人员成才目标管理是一种对个人的目标管理。本节结合青岛环太经济合作有限公司优秀出国人员事例，说明目标与成才的关系，阐述出国工作人员如何设定、实施目标等问题。

一、设定成才目标的意义

出国工作人员出国前的情况都差不多，多数来自农村，家境也没有很好的，但出国三年后却大大拉开了差距，这是为什么呢？根本原因在于有没有理想和目标，在于出国工作人员能否把人生理想和职业生涯规划分解成不同阶段来制定具体目标。

颜俊佩，山东省泗水县人，2008 年 1 月—2011 年 1 月在日本高知县电子生产会社研修和技能实习。她出国前是一名普通的电子工。然而,她没有停留在繁华都市里的平淡生活,而是带着对人生的理想和希望,加入了出国工作的行列。颜俊佩去日本之前,把通过日语二级考试作为自己的奋斗目标,每天不断地学习和积累,到日本第二年就通过了日语二级考试。于是她又把日语一级证书作为新的目标。为了全面提高自己的文化素质,她又设定了参加留学考试的新目标。颜俊佩的发奋努力,得到用人会社的认可和信任,会社经常把一些翻译工作安排给颜俊佩,使她得到更多锻炼提高的机会。功夫不负有心人,技能实习第三年,颜俊佩取得了留学考试的好成绩。同年 12 月,又接到了通过日语一级考试的通知。颜俊佩没有虚度三年的研修、实习生活,她收获了辛勤耕耘带来的硕果,她站到了更高的位置,看到了今后更长远的目标。

目标能有助于合理安排时间,让人知道什么是最重要的事情。颜俊佩在设定了目标后,她的生活变得更加紧张有序,每天 8 小时工作后,一个半小时吃饭、洗刷,然后回房间学习。每星期一、三、五晚上复习初中、高中功课,二、四、六晚上备考日语一级的单词和句型,每天晚上临睡前听半小时新闻,节假日去图书馆或国际交流中心查找资料。正是因为有了明确的目标,她才做到了未雨绸缪,把握今天,一步步走向成功的彼岸。目标对人生的导向性作用,使得她从写字楼里的白领变成赴日留学的大学生,现在是东京一家知名企业的营业部主任。

哈佛大学的一项调查显示,27%的人没有目标,他们随波逐流,最后进入社会的最底层;60%的人目标模糊,计划性不强,靠运气,生活在社会中下层;10%的人有短期目标,缺乏长远的后劲,往往到一定程度就上不去了,他们一般生活在社会的中上层;只有 3%的人有长远目标,他们成为社会上的成功者。

为什么有目标的人容易成功? 有研究表明,目标具有很大的威力,会给设立目标的人带来源源不断的动力,主要表现在:① 给人的行为设定了明确方向;② 使人充分了解自己每一个行为的目的;③ 有助于人合理安排时间,知道什么是最重要的事情;④ 迫使人未雨绸缪,把握今天;⑤ 使人能清晰地评估行为的进展;⑥ 使人正面检讨自己每一个行动的效果;⑦ 使人把重点从工作本身转移到工作结果上。

从颜俊佩身上,我们看到了目标的威力,是目标给她的行为设定了明确的努力方向,给她的工作学习带来澎湃的动力,使她成为一架时刻上紧发条的钟表。

二、分析自己所处位置和起点

　　徐云，山东省宁阳县人，2009 年 1 月—2012 年 1 月在日本静冈县塑料成型生产会社研修和技能实习。2007 年大专毕业后，她在泰安的一家工厂打工。2008 年她过 20 岁生日时，突然意识到自己的生活缺点什么。出国培训学校的学习使她开阔了思路，启迪了思想，她重新审视自己的人生，深感自身的浅薄与无奈，渴望用全新的阅历、充实的知识和努力的打拼来填充自身的苍白。于是她在学校的辅导下规划了自己的职业生涯，希望在迈入 30 岁门槛时，手捧丰硕的果实，真正做到青春无悔。正是从那时起，她给自己制定了人生的第一个"五年计划"：一是到国外赚取人生的"第一桶金"；二是学习日本的先进管理理念和技术，学习日本人的工作态度，提高能力，开阔视野；三是利用三年时间刻苦学习日语及日本文化，争取拿到日语一级合格证书。通过上述计划的实现，为回国后的工作打下基础。她坚信只要努力，任何困难都是可以克服的。

　　黄海，2001 年毕业于青岛旅游学校旅游英语专业，不久通过青岛环太经济合作有限公司到马来西亚丽星邮轮工作了四年。黄海刚毕业时，对于职业发展、以后要做什么工作也是茫然的，无法给自己准确的方向，看似都想做，但是都做不来，找不到自己的目标。笔者与黄海的妈妈下乡在一个知青组，有一次她跟笔者说起了黄海的苦恼和迷茫。笔者听完大体情况后对黄海说："你不满足于现状，但是你有没有分析一下自己与同学、同事们相比，优势在哪里？在资历、学识和能力上你有什么过人之处？"几句话说得黄海开了窍，他明白了自己的起点和方向。很快，他出国工作了，这才有了后来黄海职业生涯的精彩故事。

三、目标的期望强度分析

　　我们已经知道，目标有很大的威力，会给设立目标的人带来源源不断的动力。颜俊佩、徐云、黄海的成才证明，设定目标对于一个人的成才是多么重要。但从成功学的角度来讲，成功不仅仅是"因为设立了目标""明确定位和起点"那么简单，我们还应从这些成才事例中得到更多的成功启示。

1. 目标的期望强度

　　设立了目标，并不等于成功。心理学有一个"期望强度"的概念，即一个人在实现自己期望达成的预定目标过程中，面对各种付出与挑战所能承受的心理限度，或是期望的牢固程度。你对实现目标的期望强度将直接决定你是否能够达到目标。

徐云显然是践行100%期望强度的成功案例。随着学习的进步，自信心的增强，她先后报考了日语二级和一级，在备考学习中，除了上班，其他时间几乎全部用在了学习上。别人看电影、喝咖啡、逛街时，她在看书；别人睡觉时，她还在看书。她怀着一定要成功的欲望，为达到目标而竭尽全力，她几乎用上了所有能用的学习途径，几乎拿出了全部的业余时间来学习日语和日本文化，备考日语等级证书。正因为她始终抱着一定要成功的信念，有足够牢固的期望强度，才使她排除万难，坚持到底，永不言败，直到成功实现目标。

2. 目标期望强度的对比

目标期望强度的对比如表7-1所示。

表7-1　目标期望强度对比表

期望强度	实质表现	结果
0%～30%	订立目标带有较大的随意性，根本没有把实现目标放在心上；不会采取实现目标的行动	无法达成目标
30%～60%	想要达成目标，也知道该如何去努力，但努力一段时间后，碰到难题就会选择放弃；幻想轻易达成目标	很难获得成功
60%～90%	有强烈的成功欲望，但是没有坚定的决心，总是在等待机会与运气；当遇到很大阻力时，便会转移目标	可能成功，也可能失败，决定性因素不是个人，而是运气
90%～99%	付出了最大努力，做了所有工作，再坚持一下就能成功，结果因为一丝放弃的想法而失败	容易的目标能达成，较难的目标则难以达成
100%	只有成功，决不失败，不留任何退路，不找任何借口；为了达成目标，愿意付出一切	一定能够成功

四、态度决定一切

马刚，山东省宁阳县人，2007年10月—2010年10月在日本高知县铁工会社电焊作业岗位研修和技能实习。马刚来到日本，以全新的姿态投入工作和学习，特别是他具有一种与常人所不同的态度。比如，别人都认为日本人的工作节奏快、效率高，马刚却认为中国人和日本人没有区别，日本员工一小时能做完的事，我们为什么一小时之内不能完成？工作中，他只要是学会的东西都会跟他人比着干。刚开始随着日本员工的节拍走，会觉得很累，但每次超过他们的时候,都会有一种很强烈的成就感。就这样,经过一次次的超越,他的电焊技术跃上了该会社第一的位置。马刚的工作激情和工作效率得到了会社和日本员工的肯定。在马刚到日本第三个月的时候,社长给他加了两万日元的工资,并要求日本员工向马刚学习。

有一天,车间主任拿来一本专门收录研修生、技能实习生参加日语作文竞赛获奖作品的书,开玩笑似的对马刚说:"这上面要是有你的名字该多好呀!"无意中的一句话却激起了马刚试试看的念头。当时是他到日本的第二年,正赶上百年不遇的经济危机,报纸、电视新闻等到处传播着工厂倒闭的消息,更让马刚关注的是许许多多研修生、技能实习生在这次经济危机中被迫遣返回国。马刚所在会社也没能逃脱这次灾难,工厂的情况日益萧条,最严重的时候每月只能上八天班。由此,马刚想到应该呼吁所有研修生、技能实习生振作起来,虽然条件恶劣,但也要努力工作,团结起来度过这次经济危机。基于这样一种背景和想法,他确定写一篇关于迎战经济危机的作文。但他以当时的日语能力要写出一篇通顺的作文是很吃力的,1 000字的作文写了两个月。稿子寄出三个月后,意外的事情发生了:马刚收到了作文获得一等奖的通知。他兴奋极了,会社也为马刚能在5 800多名入围者中成为胜出的四个人之一而感到荣耀。金秋十月,日本监理团体派人和马刚一起到东京参加了表彰会。

笔者为马刚的成长进步由衷地感到高兴。马刚在日本三年的奋斗足迹发人深思,他不愧是中国技能实习生的优秀代表。追踪马刚的成才轨迹,研究成才的因果关系,对于实施赴日技能实习生的成才教育具有现实意义。

我们知道,设立了目标并不等于成功,足够的期望强度是实现目标的必要条件。既然期望强度有如此重要的作用,我们怎样才能达到足够高的目标期望强度呢? 从马刚的事迹中,我们看到,"态度"是这里至关重要的因素。

1. "态度"是什么?

美国心理学家、ABC理论的创始者阿尔伯特•埃利斯(Albert Ellis)认为,激发事件A(activating)只是引发情绪和行为后果C(consequence)的间接原因,而引起C的直接原因则是个体对激发事件A的认知和评价而产生的信念B(belief)。这个B就是"态度"。按照ABC理论,马刚出国到日本技能实习(A)并不能直接导致成才(C),而引起成才的直接原因是马刚对出国技能实习这个激发事件的认知和评价(B)——这是一次学习的机会,成长的机会,自己应该抓住机遇,迈向成功。马刚的这一正确的认知,对他实现三年的奋斗目标起到了决定性作用。

2. "态度"有什么作用?

第一,态度可以转化为能力。态度与能力的演变关系表现在"昨天的态度决定着今天的能力,今天的能力造就了明天的现实;今天的态度决定着明天的能力,明天的能力造就了后天的现实"。

第二,态度是影响成功的最主要要素。影响成功的因素很多,通常可以分为态度因素、技巧因素和客观因素。国内影响力教育训练团队通过对两万人次以上的调查发现,在影响成功的所有要素中,80%属于自我取向的态度因素,13%属于自我修炼的技巧因素,7%属于客观因素(图7-1)。态度又直接影响着技巧因素和客观因素,因为个人能否驾驭客观因素的关键是态度,今天的所有技巧都来源于昨天练习技巧的态度。

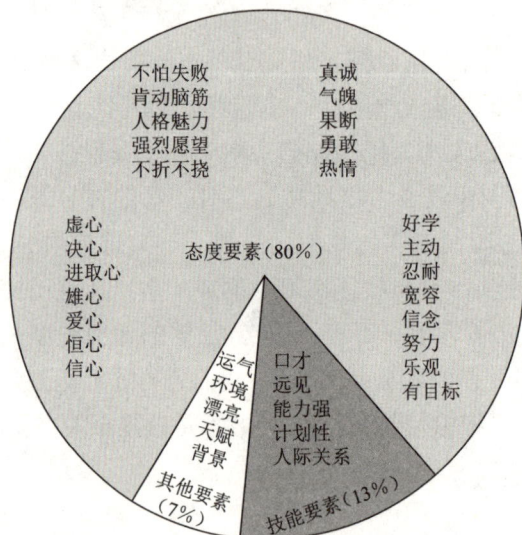

图 7-1　影响成功的要素

3. "态度决定一切"

"态度决定一切",这是中国国家男子足球队前主教练博拉·米卢蒂诺维奇(Bora Milutinovic)的一句广为流传的名言,也同样适合马刚。马刚的闪光点在于胸怀人生的理想抱负、明确的职业生涯目标,争创一流的敬业爱岗精神和发奋努力的求知好学态度。笔者分析,马刚从 5 800 多名参赛者中脱颖而出,一举夺得一等奖的根本原因在于他本人的态度。分析研究马刚的态度,可以为出国人员成才提供一些借鉴和启发。

一是好胜不服输。刚到日本,马刚对工作的态度是好胜,看待日本人的态度是不服输。这种积极向上的态度成为一种内在动力,促使他每天都会跟日本员工比着干,并一次次体味超越的成就感。就是这种态度,决定了马刚成为该会社里技术最好的员工,他的表现得到社长的充分肯定。二是主动意识。马刚的主动意识是一种学习方法,更是一种人生进取的理念。三是勤奋吃苦。"书山有路勤为径,学海无涯苦作舟。"勤奋吃苦是马刚实现人生转折的推进器,是他成才的桥梁。四是不放过机会。一次偶然的机会,马刚得知举办日语作文竞赛的消息。由于他的执着好胜和不放过机会的态度,他毅然应对车间主任的"激将",用两个月时间写出一篇战胜经济危机的日语作文。马刚在东京获奖时,他的最大感悟是"机会总是留给有准备的人",机会不是等来的,是依靠平日的努力争取来的。

第二节　回国发展管理

一、回国发展的准备与积累

回国发展并不是回国以后才开始做的事情,也不仅仅是出国人员个人的事情,而是出国人员在经营公司的具体指导下,从进入出国培训学校就开始实施的一项系统工程。这项工程分为三个阶段:一是在校期间,通过教育转变观念,制定职业目标;二是在国外工作期间,努力工作学习,开阔眼界,提高素质,实施职业规划;三是回国以后,按照既定职业目标,启动回国发展计划。

在学校培训阶段,要普遍地对学员进行人生观和成才意识的培养,激发、引导他们发奋努力,积累成才要素。要注意考察了解学员的思想表现和学习情况,重点辅导进取意识强、表现突出的学员的职业生涯规划,将他们作为典型培养。应该认识到,对学员进行素质教育与成才培养,是经营公司提升产品质量和服务质量、打造出国工作服务品牌的关键环节,也是服务"三农",教育、帮扶新生代农民工进步的重点工程。

在境外工作期间,出国人员要带着自己的职业规划去迎接新的挑战,在艰苦的工作、学习中经受磨炼,增长见识。

回国生黄海能够具备大型酒店总经理和大型跨国公司旗舰店经理的任职条件,是因为他在丽星邮轮四年的工作历练,为他回国后的职业发展打下了坚实的基础。回顾个人在职业发展上的进步,黄海感谢青岛环太经济合作有限公司为他搭建的出国平台,庆幸他和家人 2002 年做出的那个出国决定(详见本章第三节)。同样,从日本技能实习回国创业的王甲邹,也深感三年的国外研修、实习生活极大地提升了自身状况,青岛环太经济合作有限公司"干好三年,学好三年,着眼于回国后三十年"的技能实习目标给了他动力和方向。王甲邹以"公司 + 农户"订单式经营模式,每年向 150 多户养鸡户提供优质育成蛋鸡 50多万只,成为养鸡户勤劳致富的引路人,被评为助推脱贫的先进典型(详见本章第三节)。

二、回国发展的支援与推进

经营公司是出国工作人员回国发展的主要引导者和推动者。

1. 善于发现和培养先进典型

多年来,根据国家有关规定,在商务主管部门和行业商会的指导下,中国经营公司注重出国人员的素质培养与成才教育,激发了他们的工作学习热情。出国人员的综合素质得到普遍提高,涌现出一批批成绩突出的优秀分子,他们的共同特点是吃苦耐劳、奋力拼搏、抢抓机遇、实干创业。在外期间,他们服从雇主企业和经营公司的管理与指导,在各自的工作岗位上表现突出,成为出国工作人员的典范,获得了各方面的好评。他们不仅获得了劳动报酬,积累了人生的"第一桶金",而且学到了本领,增长了才干,为自身未来事业发展打下了基础。

2. 对具备一定能力、热心创业的回国人员,实施重点帮扶指导,使其做成规模,形成影响,树立榜样

青岛环太经济合作有限公司在回访的过程中,发现许多有志于职业发展、创业的回国人员,于是多次召开不同区域的回国人员座谈会,让他们交流各自的想法和经验,公司在项目可行性研究、报批土地等方面给予指导和帮助。

3. 做好先进典型总结宣传推广

定期表彰奖励优秀出国工作人员和回国发展先进典型,在在校学员和在境外工作人员中树立学习的标杆,进一步弘扬敬业爱岗、职业发展和创业的风气。出国工作人员的成才经验是国际人力资源合作事业的一笔宝贵财富,是广大出国工作人员的"活教材"。经营公司应该充分用好这项资源,用身边熟悉人、本土同乡人的生动事迹来影响、带动、教育在校学员和在国外工作人员,使他们学有榜样,赶有方向,在国际人力资源合作的平台上,根据个人实际情况规划设计自己的成才路径,引导他们将出国工作这一难得的机遇变成人生道路的转折点。

为了鼓励先进,倡导回国发展,经营公司应及时搜集整理优秀出国工作人员的先进事迹,不断总结他们的好想法、好做法和好业绩,特别是回国技能实习生干事创业的事迹,把它们编写成文章、故事或讲稿,通过经营公司、培训学校和境外合作伙伴等渠道进行推广宣传。

青岛环太经济合作有限公司自 2008 年以来,先后召开表彰大会 11 次,其中国内 9 次、境外 2 次,先后表彰优秀出国工作人员和回国发展先进个人 106名,发放奖励金 38 万元人民币,并把他们的典型事迹推荐给政府主管部门、行业商会和主流媒体进行宣传推广。中央电视台曾两次专题报道环太出国工作人员的先进事迹和回国创业事迹,省市级电视台各种形式的报道多达十余次。

本章第三节推介的回国发展、创业先进典型,是广大回国发展人员中的优秀代表。他们的先进事迹从不同的角度为我们展现了出国工作人员发奋努力、吃苦磨炼和成长进步的路径,从成功学的角度深入浅出地对成才案例进行解读剖析,生动诠释目标、行动、时间管理、情绪管理、人际管理、自身修养、特长、创新能力和自学能力等成功要素,对于成才教育具有典型示范意义。

三、回国人力资源管理

1. 建立回国人员数据库

回国人员经过境外工作历练,职业素养和技能水平得到大幅度提高,成为优质人力资源来源。为了充分合理地利用资源,经营公司应建立回国人员数据库,了解掌握回国人员的基本情况和新的求职意向,实施分类管理。在条件成熟的情况下,可由行业商会或人力资源服务机构牵头,在较大范围内组建回国人员数据库,成为社会和经营公司重要的人力资源来源,有效及时地为回国人员提供有关服务。

2. 分类做好对回国人员的咨询服务工作

对于想在国内求职者,为他们提供国内人才(劳务)派遣服务或提供就业信息、中介渠道等方面的支持服务;对于希望继续到国外工作的,为他们推送出国工作机会,经常性地发布境外工作招聘简章。

3. 建立经营公司回国发展微信群

建立回国发展群的目的是促进、引导和鼓励回国人员的事业发展,同时把更多的人引导到"出国锻炼,回国发展"的人生轨道上。通过公司选定和大家推荐,吸纳回国发展、干事创业的佼佼者和追求职业进取的回国群体为成员,聚集大批回国创业有成者、回国职业发展者和创业意愿强烈的新锐群体。回国发展群的功能是联络感情,互通信息;交流职业发展经验,宣传职业成才先进事迹;编织业务交流网络,架设合作共赢桥梁。让群成员相互成为朋友,让群平台成为回国人员奋斗路上的心灵驿站,精神家园。

第三节　回国发展报告

中国对外劳务合作行业诞生 40 多年来,累计派出各类劳务人员 900 多万人次,劳务合作遍及全球 180 多个国家和地区。境外的工作经历为出国工作人员回国后职业发展和创业打下了基础,他们当中涌现出大量回国职业发展的先进个人。由于篇幅所限,这里仅从青岛环太经济合作有限公司的 100 多名被表彰的先进典型中选取四名,展现他们回国职业发展的事迹。

一、回国发展报告一

王甲邹回国创办养鸡场

出国工作,虚心学习钻研技术

王甲邹是山东省泗水县人,中专文化。2008 年 3 月—2011 年 3 月由青岛环太经济合作有限公司派到日本长野县一家企业研修、技能实习。2010 年顺利通过日语二级能力考试。过了语言关，为他打开了一扇窗户。通过与不同层次的日本人交流，他的眼界开阔了，信息、知识的获取量大大增加，为他日后的发展打下了一定基础。

王甲邹清楚，日语仅仅是工作、学习和生活的工具，而现代化的企业管理和生产技术、工艺流程才是自己更需要学习掌握的知识。功夫不负有心人，王甲邹突出的工作表现多次受到工场长和社长的表扬，两年后他的工作效率和工作质量超过了日本同事，成为该工序中的一名技术能手。

王甲邹三年的研修、实习生活极大地提升了自身状况，被派出机关评为优秀技能实习生。他的优秀事迹被青岛环太出国人员培训学校编入《赴日技能实习生教育读本》。

回到家乡，买下养鸡场

2011年3月，王甲邹踌躇满志地带着在国外见识到的新理念，在日本企业里学习到的管理、技术知识，怀揣着回国发展的梦想，从日本回到家乡。然而现实与想象总是有很大的距离，在家里半年时间，他一直没有找到合适的切入点。这期间，他亲戚因为去城市照看孩子想转让经营的蛋鸡养殖场。经过与这位亲戚进一步沟通了解，在征得家人同意后，王甲邹于2012年5月买下这位亲戚的养鸡场。就这样，一次偶然的机会让他走上了蛋鸡养殖的创业路。

王甲邹接手的鸡场是一家规模较小的传统蛋鸡养殖场。当时赶上鸡蛋价格从低点反弹，他抓住机会，很快将2 000只的养殖规模提高到4 000多只。创业初期，由于从来没有接触过养鸡行业，缺乏技术和经验，他遇到很多难题，诸如疫情多变、疾病多发、死亡淘汰率高、产蛋率低、蛋品质量不稳定等。面对种种问题和经营困难，他不气馁、不服输，不断地向养殖同行请教学习，上网查询，请教专业兽医师，还买来养鸡书籍认真钻研。经过两年时间的学习研究、摸索规律，他慢慢地掌握了管理技术，改变了被动局面，养殖量增加到10 000多只。

专业生产育成鸡，做精做大

经过考察市场，发现问题，特别是分析查找原因，王甲邹看到了一个广阔的新兴市场，他有了新的蓝图。王甲邹对原有生产经营做出以下三项调整：

（1）把自己的综合养殖鸡场改造成专业育成场。他将蛋鸡养殖分割出去给养鸡农户，支持他们养鸡致富；公司只保留育成鸡生产段，在做精做专上下功夫。

（2）依托本地较为成熟的产业链，建设标准化规模育成鸡场。项目占地面积 7 800 平方米，总建筑面积 3 600 平方米，建设 4 栋育雏育成舍，饲养育成鸡 8 万只，年出栏青年鸡 35 万只。

（3）实施青年鸡品牌建设，打造"合顺禽业"品牌。为适应新的调整，王甲邹在生产和经营管理中与本地饲料、疫苗、兽药经销商合作销售；签订长期供求合同，按照国家倡导，建立"公司＋养殖户"合作模式；通过网络（搜索引擎、微信公众号、QQ 群）销售等方式开拓外部市场。

服务养鸡农户，成为农民致富引路人

为了帮助养殖农户提高养殖水平，公司投入人力物力开展技术指导等售后服务活动，建立了养殖户交流微信群，为养殖户提供信息推广和技术服务。微信群成为广大养殖户学习交流的平台，辐射带动作用日益凸显，吸引了更多的养殖户成为合作伙伴。对于急于求助的养殖户，王甲邹都会予以及时的帮助指导，先后具体帮助 300 多家农民蛋鸡场实现增产增收。

创业七年，王甲邹的合顺禽业养殖有限公司从小到大，从普通蛋鸡到专业育成鸡，从简单作坊到现代标准化鸡场，实现了跨越式发展。公司建立起来的"公司＋农户"订单式经营模式，采用与养殖户提前签订预订协议的方式，每年向养蛋鸡户提供育成蛋鸡 50 多万只，为养鸡农户实现 6 600 多万元销售收入，成为向养鸡农户提供全程信息、技术和管理的枢纽，为农村劳动力开辟出一条创收致富的通道。

青岛环太经济合作有限公司对王甲邹的创业扶贫做法给予积极的肯定与支持，公司董事长曾专程前往养鸡场现场了解采访，写成先进事迹材料进行推广宣传。2016 年夏，山东电视台《民生直通车》栏目刘继顺主编找到笔者要回国发展典型，笔者首推王甲邹。很快，一档生动感人的专题节目与观众见面了。

二、回国发展报告二

追踪闫修泉的创业足迹

（一）

2015 年 9 月 20 日笔者到宁阳县参加员工婚礼，遇到一位嘉宾热情地跟我打招呼，可我并没有想起他。他自我介绍说："我叫闫修泉，是跟新郎小李一起

出国的实习生!"说起回国后的情况,小闫告诉我,三年国外工作学习令他收获很大,他还一直记得出国前笔者对他的教育。他没有拿挣到的钱去买房子买车,而是在装饰市场开了一家装饰材料门市店。婚庆结束后,笔者到了他的店里,好啊,规模还不小呢。他说,开业半年了,经营步入正常。笔者向他表示祝贺,并随机拍下几张照片,要了一张名片,还加了微信好友,相约经常保持联系。笔者衷心期待他的小门店在不久的将来变成大公司。

(二)

交谈中,他向笔者说起了他的出国经历和感悟。

闫修泉中专毕业,数控车床专业,出国前在当地一家机械厂工作。2011年,闫修泉赴日本滋贺县彦根市一家机械加工企业研修数控机床操作。在日本研修和技能实习期间,他不但刻苦学习技能,还通过了解观察所在企业生产运营,学习、领悟日本会社的经营理念和管理模式,感觉收获很大,这成为他回国创业的思想基础。2014年他回国后,没有像其他回国人员一样去买房买车。在用了半年时间搞市场调查后,他果断决定投资创办瓷砖、卫生洁具门头店。

(三)

不久,在山东省济宁市商务局的支持下,笔者公司负责运营的邹城市对外劳务服务平台投资拍一部出国劳务宣传片,笔者把闫修泉选入回国创业发展的典型,带着节目摄制组第二次来到他的门店。我们看到一楼是瓷砖产品区,二楼是卫浴产品区。凭借多年的诚信经营口碑,闫修泉与厂家签订了独家延长质量保证协议,从而扩大了销售市场。

闫修泉向节目组介绍了他出国和回国开店情况。他经营的产品来自广东佛山新恒隆陶瓷,该公司是一家大型现代化企业,质量佳、品种全,市场影响力很好,产品涵盖仿古砖、金刚玉石系列、通体大理石瓷片、柔光晶钻大理石瓷砖等,款式新颖,花色繁多,可以满足不同文化个性的需求。目前,闫修泉门店的业务发展顺利,实现了盈利,他对今后的发展很有信心。电视宣传片很快制作完成并在济宁和邹城电视台滚动播出,收到了很好的宣传效果。

(四)

之后,闫修泉的门店成为笔者的一件心事。笔者一直通过微信关注着他的业务发展,发现他工作非常投入,深入研究市场需求,不断调整经营策略和服务顾客的方式,创新营销方法,与当地十几家有实力的装修公司建立了合作关系。

经过几年的努力,闫修泉的业务从刚开业时的单纯销售瓷砖、卫生洁具,发展到目前的房屋装修设计咨询、推荐销售和组织装修施工"一条龙"服务体系。只要客户选好瓷砖,剩下的事情全由店里负责,包括装修房屋的免费测量、制作瓷砖铺装效果图、水电施工图和出具费用预算表等,受到顾客的好评。通过优良的服务和过硬的产品质量,闫修泉的门店在本地市场有了知名度,实现了业务的不断发展。目前,门店经营面积200余平方米,有店员10名,铺装施工人员10名,年营业额200多万元,多次被当地政府市场管理部门评为诚实守信商家。

三、回国发展报告三

豪华邮轮开启全新职业生涯

黄海,2001年毕业于青岛旅游学校旅游英语专业。不久,通过青岛环太经济合作有限公司到马来西亚丽星邮轮工作了四年时间。回国后,他的职业道路得到长足发展,先后就职于青岛大型酒店的大堂经理、前厅部经理、副总经理、总经理职位,现任大型跨国公司青岛旗舰店总经理。在丽星邮轮四年的工作历练,为他回国后的职业发展打下了坚实的基础。

四年工作生活经历的收益

第一是思想观念的转变。四年中,黄海经历了思想观念的转变,经历了正确自我认识、自我定位和形成良好心态的过程。第二是英语水平得到大幅度提高。来到了邮轮这个全新的工作、生活环境,身边的同事、客人都是外国人,黄海找到了学习英语最好的环境和最有效率的方式。第三是自身素质、情商和业务能力得到了很大提升。每月的技能考核评比和每月的最佳员工选拔,都是对优秀员工工作的认可,这让黄海知道如何做到卓越,如何获得成就感。第四是不断参加学习培训,使业务技能得到提高,同时获得职位提升。黄海曾经到过客房部、前厅部、酒吧、厨房面点部,参与过培训学习,学习了不同的知识和实际操作能力。通过自身努力,他获得交叉培训学习的经验,第二年就升职为前台主管。

回国后的成长与职业发展

在黄海四年的邮轮工作合同期里,他的家人、朋友都会感受到他的新变化。

邮轮的生活、工作，外派的工作经历让他知道自己需要什么，了解自己，完善自己的思维方式，更加懂得理解家人，更加成熟，综合素质得到提升。

2005年12月黄海回到青岛后，参加青岛颐中皇冠假日酒店大堂经理的职位面试，在与30位应聘者的竞争中突破重围，经过人事部经理、总监、前厅部经理和总经理的面试，顺利取得此职位。黄海的优势是英文沟通能力、在外工作经验和培训的综合经历。为了适应工作需要，提升文化水平，黄海于2007年考入上海理工大学工商管理专业，获得大学文凭。此后，黄海的职业发展进入快车道，先后在五星级酒店担任前厅部经理、副总经理、总经理职务。由于表现出色，他被大型猎头公司选入最佳酒店高层管理人员名单，不断获得更好的职业发展机会。

十年职业生涯的感悟与收获

黄海在刚毕业时，对于职业发展、以后要做什么工作是茫然的，无法给自己准确的方向，看似都想做，但是都做不来，找不到自己的目标。后来，黄海认识到，如果想要收入高，工作环境好，受到尊重、认可，获得更多学习提高的机会，拥有更大的职业发展空间，出国工作是一个比较好的选择。当时，他对比了几家劳务公司，综合比较了工作收入、工作环境和派遣公司实力、口碑等等，怀揣着对酒店职业的梦想，最终选择加入青岛环太经济合作有限公司的马来西亚丽星邮轮工作，由此迈出了职业生涯规划第一步。

拥有了平台，再加上自己的努力，黄海不断获得多项荣誉，在青岛颐中皇冠假日酒店获得2006年最佳语言能力奖、2011年最佳培训师奖、2012年最佳洲际会员引入贡献奖等。

黄海深深地感到，个人在职业发展上的所有进步和成绩都起源于他2002年的那个出国决定。在丽星邮轮公司的四年工作经历使他拥有良好的语言能力、业务技能和管理能力，开阔了他的视野，拓展了他的思维，为他今后的成长进步和职业发展打下了坚实的基础。现在每当朋友问起出国工作的经验，他都会很自豪地拿出照片和朋友一起分享，讲述每一张照片后面的故事。他还多次代表任职酒店到有关院校做宣讲，告诉那些正在对自己的未来发展犹豫的同学，告诉他们出国工作是一个不错的选择，那里也是人生的一个舞台。

2013年5月，黄海被山东省商务厅选为优秀典型在全省大学生海外就业推介说明会上发言，引起热烈反响，当场被济南大学聘为"就业实习导师"。

四、回国发展报告四

2018 年 11 月 8 日,由青岛市商务局与日本赞岐商工会主办,山东省国际承包劳务商会、青岛市外商投资服务中心、青岛环太经济合作有限公司承办的青岛-赞岐经贸合作洽谈会在日本赞岐市成功举办。会上,获得表彰的技能实习生回国发展先进个人项先举女士上台发言,引来会议代表们的关注和热议。

庆典大会上的回国发展报告

尊敬的各位领导、各位企业家、各位嘉宾:

大家好!

我叫项先举,于 2006 年 5 月由青岛环太经济合作有限公司派到日本香川县赞岐市商工会的江口产业会社做箱包加工工作。三年的技能实习生活让我终生难忘,深刻地影响了我后来的人生道路。在这里,我不仅挣到钱,更为重要的是学到了先进的技术和管理知识,开阔了眼界,增长了见识,提高了自身的素质。我还利用工作之余努力学习日语,考取了二级证书。

我于 2009 年回国复职,2010 年创办自己的公司,利用在日本学到的知识开始做机械设备进出口及零部件加工、模具加工。这些年来,辛勤付出,锐意进取,公司业务不断发展,已经和日本、瑞士、德国、美国、中国台湾、印度等多个国家、地区的客户建立了合作关系,年营业额 3 000 万元人民币左右,在中国香港和内地各有一家贸易公司。

我从一名普通工人到国际贸易公司领导人,从 12 年前迈出国门的研修生,到今天有幸成为山东省经贸代表团的成员,来到这里洽谈合作项目,我感慨人生实现的跨越。在这里,我要感谢青岛环太公司给我提供的平台,为我指引"干好三年,学好三年,着眼于回国后三十年"的奋斗方向;感谢赞岐市商工会和江口产业会社对我的培养! 我会继续努力,为国家的经济建设,为中日两国的友好合作贡献出我的一份努力。

谢谢大家!

项先举的创业故事源于 20 年前开始的中日技能实习生合作事业。派出机关青岛环太经济合作有限公司严格遵守日本政府的技能实习方针,做好各个环节的管理和服务。赞岐市商工会及接收会社遵守法规,热心关怀,认真实施技能指导,为技能实习生搭建良好的工作、学习和生活的平台。技能实习生自觉学习,开阔眼界,努力工作,锻炼成长,涌现出一大批优秀者和回国发展先进个人。合作 20 年,累计向日本赞岐市 22 家会社派出 400 名研修生、技能实习生。会上表彰了七名从历年技能实习生中评选出来的优秀个人,他们在日本努力工作、刻苦学习,回国发展事业有成。

第八章
国际人才引进

进入 21 世纪以来,世界各国特别是发达国家,都在加快经济结构调整,充分利用经济全球化和高科技带来的机遇,抢占全球经济发展的制高点。综合国力的竞争,说到底是人才的竞争。"得天下人才者得天下",占领人才高地已成为各国竞争制胜的关键。

从国内情况看,人口红利释放完毕,经济转型期产业升级急需人才来推动,在人口红利转向人才红利的情况下需要国际人才支撑。中国经济从高速增长转为中高速增长,从重视经济规模扩张转为追求经济结构优化升级,从要素、投资驱动转向创新驱动,掌握技术、知识、智慧的人才成为新常态下推动经济高质量高效益增长的关键要素。而在愈演愈烈的全球人才争夺中,吸引更多的国际人才,充分发挥其所长,显得尤为重要。

第一节　国际人才引进大背景

一、人才国际化趋势

国际化人才就是有在全球范围内与国际级企业、高层对话的能力和共同语言的人才。人才国际化,重在能力和素质的国际化。人才国际化,以本土人才国际化为基础。经济竞争的加剧和信息技术的发展,使得人才的竞争突破国界,国与国之间出现了零距离竞争的态势。同时,外资企业、跨国公司大量使用本土人才,这就使得国内竞争国际化、国际竞争国内化的现象非常普遍。国界一经打破,人才竞争的国际化就成为必然。人才竞争国际化导致了人才流动国际化。全球人才流动已成为全球化发展的重要特征和一大趋势,不仅人才流动的速度持续提高,人才流动的范围也在扩大。

人才国际化带来的最严峻挑战是人才流失和人才安全问题。人才竞争的国际化和零距离,致使高层次人才外流增多,而涉及国家机密、掌握国家核心技术的人才流失会造成人才安全问题,对此必须引起足够重视。

二、西方国家的人才争夺战

人才短缺是世界性现象,人才争夺已经成为没有硝烟的战争。国际人才市场的网格化进一步加速了人才竞争国际化进程,使得跨国人才竞争零距离,更加激化了国际人才大战。世界各国都把人才资源开发放在突出位置,制定了各自的人才开发战略,在加强本国人才培养的同时,千方百计吸引国外优秀人才。

各国争夺人才主要有以下做法。

1. 有重点地吸引高层次人才移民入境

美国从1921年开始实施移民配额制度,将技术人才作为移民重点,同时减少一般移民的数量。20世纪50年代以来,美国多次修改移民法,加大高层次人才移民优先力度。对于在学术、专业上有突出成就的人才,可不考虑年龄、国籍和信仰,一律允许优先进入美国。20世纪90年代的新移民法重点向投资移民和技术移民倾斜,鼓励各类专业人才移民美国。有数据表明,"二战"后美国所取得的科技成果中,80%以上是由外国人才完成的。

加拿大、澳大利亚、新加坡、英国、南非、以色列等国也采取优惠措施放宽技术移民。在移民问题上一向保守的欧盟,2005年1月发表了一份名为《欧盟管理经济移民方法》的绿皮书,表示有意采取引入外国移民政策来推动欧洲社会经济的持续发展。在欧盟成员中,德国率先实行该政策。2005年德国的新移民法开始实施,规定欧盟以外的高级人才可通过投资移民和技术移民获得"绿卡",取得德国的永久居住权。

2. 利用工作签证等方式吸引海外人才入境工作

美国为了缓解高级人才供给的紧缺状况,1990年开始实施H-1B签证计划,签发为期六年的临时工作签证,也称专业技术人员工作签证,旨在允许有专长的高级人才来美工作。美国另一类非移民类签证是O-1签证,主要签发给在科学、艺术、教育、商业或体育领域具有杰出贡献者,无配额限制。德国在

2000年就已推行"绿卡"计划,相当于美国 H-1B 签证,发放对象是欧盟以外国家的信息技术人才,"绿卡"持有者可以获得五年在德国工作和居留的许可。韩国也在2000年实施"金卡"制度,重点支持通信、电子商务、生物科技、纳米技术、新材料、数码家电等新经济领域的海外人才引进,持卡人可以在韩工作两年或三年。

3. 大力发展留学生计划,扩大海外人才储备

美国留学生数量约占全球留学生总数的近三分之一,庞大的留学生群体是海外人才的一个重要来源。美国吸引留学生的重要手段是大力度的留学资助制度。美国每年对外国留学生的投资高达25亿美元。日本政府(文部省)于1954年创设"国费外国留学生制度",提供高额奖学金资助外国留学生。

2006年以来,澳大利亚为留学生设立的奖学金也有所增加。教育已成为该国的第三大产业,吸引了不少人才。英国、法国等欧洲国家近几年将理工科作为优先推广的学科,并通过增加奖学金、放松签证要求等优惠条件来争取更多的留学生。英国 2004 年还推出了"理工科毕业生培养计划(SEGS)",该计划鼓励非欧洲经济区国家的理工科学生在英国工作,期限为一年。

4. 加强科研、教育合作与交流,引入国外智力资源

通过跨国科研和教育合作交流,可以有效地促进人才的柔性流动,获取稀缺人才。在美国的将近 1 000 个联邦研发实验室中,许多都会引入国外顶尖的研究者,这成为美国吸纳海外人才的重要载体。目前,美国已与 70 多个国家签署了 800 多项科技合作协议,其中相当一部分协议是在美国执行。德国也利用国际间合作推进本国科教发展。2001 年,德国政府和研究机构投入上亿欧元的资金,启动了"赢取大脑"工程,目的是促进本国和国外人才到德国做研究。最近几年,德国在基因工程研究方面的快速发展就是得益于"赢取大脑"工程。2001 年,德国学术交流中心(DAAD)推出为期三年的"国际质量网"计划,重点资助高科技新领域的国际合作科研和教育。

5. 中国优秀人才成为人才争夺战的重点目标

目前,美国、英国等发达国家除了加大政策力度吸引中国人才外,在全球跨国公司 500 强中,已有 400 多家企业及其 100 多家研发中心在中国落地生根,实施"人才本土化"战略,吸引了中国大批优秀人才。

上述各种人才争夺战加速了国际人才流动,扩大了人才流动的范围。随着国际经济技术交流合作的日益广泛,国际人才与智力的交流合作也日益深入。几乎所有国家既有大量的人才去其他国家工作,也有大批的外国人才来本国。最近20年来,人才占移民总量的比例不断攀升,许多优秀人才远离故土去国外长期工作。这种现象无论是在发展中国家还是发达国家都普遍存在。

发达国家吸引人才的种种措施,与其经济实力及社会发展水平有着密切关系。大多数欠发达国家很难全面仿效这些措施。为了应对发达国家的人才争夺,促进人才回流,不少中等发达及欠发达国家相继采取了一系列有力措施吸引海外人才:一是制定引进海外人才的规划与计划。二是设立相关人才招引机构。例如,韩国在海外设立具有招聘功能的韩国科学家和工程师协会。三是设立引进海外人才专项基金。例如,泰国实施"智囊回流计划",十年内投入22亿泰铢(约合4.7亿人民币)用于聘请海外泰国专家回国服务;新加坡设立"新加坡国际基金会"。四是制定实施优惠政策,为海外人才提供长期居留及出入境便利,提供经济资助及补贴,减免税收,提供股票、期权等。

三、国际人才引进受到国家高层重视

2017年10月,习近平总书记在十九大报告中明确表示:"人才是实现民族振兴、赢得国际竞争主动权的战略资源。"2016年3月,李克强总理在政府工作报告中提出"实施更积极、更开放、更有效的人才引进政策"。2018年3月,十三届全国人大一次会议表决通过了关于国务院机构改革方案的决定,同年4月2日组建成立国家移民管理局。中国于2016年6月正式加入国际移民组织。

国家移民管理局官网发布的主要职责为负责全国移民管理工作;负责协调拟订移民和出入境管理政策与规划并协调组织实施,起草相关法律法规草案;负责建立健全签证管理协调机制,组织实施外国人来华口岸签证、入境许可签发管理和签证延期换发;负责外国人来华留学管理、工作有关管理、停留居留和永久居留管理、国籍管理、难民管理;负责出入境边防检查、边民往来管理、边境地区边防管理;负责中国公民因私出入境管理、港澳台居民回内地(大陆)定居审批管理;牵头协调非法入境、非法居留、非法就业外国人治理和非法移民遣返,查处妨害国(边)境管理等违法犯罪行为;承担移民领域国际合作;等等。

移民人才是发达国家创新创业的很重要的力量,近几十年来,发达国家一直在享受移民红利。国际移民对移入国的经济贡献非常突出。决策者们发现,

一些移民国家已经"闷声发大财"很久了。

如此紧凑的步伐释放出中国由人口红利转向人才红利的重要信号。改革开放以前,中国依靠人口红利,迅速成为世界工厂,经济开始起飞。但随着现在人口红利释放完毕,国内产业升级,中国开始出"招商引资"转向"招商引才"。设立移民局,将推动引进外国人才的步伐。有数据显示,目前,中国的外国人口只占0.06%,远低于欧美发达国家10%~15%的平均水平,以及亚洲发达国家和地区2%~3%的平均水平。英国汇丰集团2014年10月公布的*Expat Explorer Report 2014*显示,在"最吸引外籍人士居住的国家或地区"排名中,中国总体排名位列第三,超过了美国、日本、法国和英国等发达国家。由此,可以更清楚地看到中国引智引才空间巨大、前景广阔,设立专门的移民管理机构已是大势所趋。近年来,中国也在不断加强外国人来华工作居留的管理服务工作,出台了《关于加强外国人永久居留服务管理的意见》等文件,全面启动实施外国人来华工作许可制度等。

第二节　中国海外人才引进基本情况

一、海外人才引进总体概况

中国科学技术部引进国外智力管理司介绍,通过深化人才发展体制机制改革,构建有利于吸引人才的政策环境,中国人才引进取得了明显成效。2018年,入境外国人3 000万余人次,同比增长4.6%,大批外国人来华工作、学习、生活。2018年,引进国外智力管理司累计发放外国人才工作许可33万份,在中国境内工作的外国人已经超过95万。

在全球化日益发展的今天,科技人才在全球范围内的交流和合作更加频繁,令每个参与国都获益匪浅。目前,中国已经与160多个国家建立了科技合作关系,签署了110多项政府间合作协议、340多项人才交流协议,参加了200多个国际组织和多边机制。中国人才研究会会长、人力资源和社会保障部原副部长何宪在第三届全球人才流动和国际移民学术研讨会上表示,新中国成立70年来,中国的国际人才事业逐步完善,更加包容开放的人才政策相继制定,中国正以更加开放的大国姿态参与全球化。

随着改革开放的不断深入,中国对包括外国专家在内的各类人才的需求急剧上升。根据国家外国专家局的统计,在中国改革开放初期的20世纪70年代末,每年外国人才的引进规模只有五六百人,20世纪90年代增加到每年6万多人;加入世界贸易组织后,中国引进人才的规模增至每年22万人,外国人才的来源从当初的十几个国家发展到现在的80多个国家,如果加上来自港澳台的,引进境外人才的总规模已近45万人次。在过去20多年里,中国已累计聘请各类外国专业人才来华服务超过100万人次,其中,在制造业领域服务的人才数量最多,超过20万人次。

从国际人才引进需求看,一是世界顶级科学家。目前中国能跻身国际前沿、参与国际竞争的战略科学家、首席科学家严重不足,一流的专家也十分缺少。二是高新技术人才。中国经济结构调整的重要任务之一是增强产业的竞争力,运用高新技术改造传统产业,发展具有比较优势的高新技术产业。中国高新技术人才本来就比较缺乏,在激烈的国际人才竞争中,高新技术人才不足的现象更加突出。三是高层次经营管理人才。有关调研表明,目前仅上海一地就需要上万名高层次企业经营管理人才。对上海商业领域1 000多名集团经营者的调查表明,不懂外语的超过90%,不能使用计算机的占75%,实在难以适应现代国际商业竞争的要求。

中国管理科学研究院常务副院长卢继传研究员曾与笔者说起引进海外人才的话题,以他掌握的数据,一口气向笔者列举了国家比较紧缺的19类人才:① 人工智能人才,包括特别学习管理功能设计人才;② 机器人设计人才;③ 大数据管理运用人才;④ 量子技术人才;⑤ 企业管理人才;⑥ 科技创新人才;⑦ 风险管理人才;⑧ 产品设计、工业设计人才;⑨ 互联网、大数据与实体经济融合,为实体经济服务人才;⑩ 计算机人才;⑪ 航空航天人才;⑫ 飞行员;⑬ 制造业高技能人才;⑭ 品牌营销人才;⑮ 社会管理人才;⑯ 现代城市化设计人才;⑰ 现代物流人才;⑱ 现代企业服务体系人才;⑲ 顶尖工匠人才。卢研究员指出人才引进的重点国家是欧洲(西欧、北欧)国家、俄罗斯、巴西、日本、韩国。

二、国家和地方出台引才计划

中国现阶段处于经济转型期,产业升级急需人才来推动,但国内人才缺口大、培养周期长,所以必须加大海外人才引进力度来补充中国经济社会发展需要的各领域人才。近十年来,中国有针对性地启动了多项引才引智计划,并且收到积极效果。

1. 国家级海外高层次人才引进计划

2009 年 1 月,中央决定组织实施海外高层次人才引进计划。用 5～10 年,在国家重点创新项目、重点学科和重点实验室、中央企业和国有商业金融机构、以高新技术产业区为主的各类园区等,引进并有重点地支持一批能够突破关键技术、发展高新产业、带动新兴学科的战略科学家和领军人才回国(来华)创新创业。根据统计,截至 2017 年 5 月,已分 12 批引进 6 000 余名国家高端专家级人才。

海外高层次人才引进计划人才资格:① 在海外取得博士学位,不超过 55 岁,在国外著名大学、科研院担任相当于教授职务的专家学者;② 在国际知名企业和金融机构担任高级职务的专业技术人才和经营人才;③ 拥有自主智慧财产权或掌握核心技术,具有海外自主创业经验,熟悉相关产业领域和国际规则的创业人才;④ 国家急需紧缺的其他高层次创新创业人才。

海外高层次人才引进计划人才使用:可担任高等院校、科研院所、中央企业、国有商业金融机构的领导职务或专业技术职务;可担任国家重大科技专项、自然科学基金等计划负责人。可申请政府部门的科技资金、产业发展扶持资金等,用于在中国境内开展科学研究或生产经营活动;可参与国家重大计划咨询论证、重大科研计划和国家标准制订、重点工程建设等工作。担任计划负责人的引进人才,在规定的职责范围内,有权对经费使用、人员聘任等做出决定。

2. 上海市浦东新区"百人计划"

上海市浦东新区海外高层次人才引进计划,简称浦东新区"百人计划"。根据中央和上海市有关引进海外高层次人才工作的文件精神,按照《上海市中长期人才发展规划纲要(2010—2020 年)》提出的目标任务,为加快建设浦东新区"国际人才创新试验区",上海浦东新区于 2011 年研究制定了《浦东新区引进海外高层次人才意见》(浦府〔2011〕93 号文发布,浦府〔2016〕133 号文修正)。根据该文件,浦东新区"百人计划"正式启动。"百人计划"力争用 5～10 年时间,重点引进 100 名具有海外丰富从业经历、通晓国际规则和惯例、掌握核心技术、带动产业发展的海外高层次人才。引才领域主要集中在金融、航运以及高新技术和战略性新兴产业领域。新区将为引进人才提供一次性资助、安家补贴,创业人才还将获得团队建设经费。同时,还将为人才提供出入境、户籍、子女入学、医疗保险等方面的综合性生活保障,解决人才发展的后顾之忧,为人才发展营造良好的生态环境。浦东新区"百人计划"分为创业人才、创新人才、航运人才和金融人才四类。申报评选工作一般在每年的 8～9 月启动,由新区人社局牵头,新区科经委、新区金融服务局、新区商务委(航运服务处)等委办局协同受理和组织评审。"百人计划"自实施以来,取得了良好的引才效果,形成了积极的社会影响。

3. 深圳市"孔雀计划"

"孔雀计划"的总体目标是以中央实施海外高层次人才引进计划为引领,进一步加快高层次人才队伍建设步伐,建设宏大的创新型人才队伍,推动支柱产业和战略性新兴产业发展。紧紧围绕深圳经济特区的战略发展目标,从 2011 年开始,在未来五年重点引进并支持 50 个以上海外高层次人才团队和 1 000 名以上海外高层次人才来深创业创新,吸引带动 10 000 名以上各类海外人才来深工作。

深圳市人力资源和社会保障局 2018 年公布的数据显示,2017 年度"孔雀计划"引进海外高层次人才 958 人,其中近九成在 40 岁以下,近 97% 拥有博士研究生学历。深圳"孔雀计划"政策施行以来,海外高层次人才数量逐年递增。截至 2017 年 12 月 31 日,深圳共确认海外高层次人才 2 954 名,共有 4 363 人次享受了奖励补贴,累计发放金额 9.16 亿元。深圳市引进的海外高层次人才专业分布较广,包括计算机科学与技术、生物学与生物医学工程、电子科学与技术、材料科学与工程、化学、应用经济学与数学、信息与通信工程、机械工程等。

三、企事业单位引进海外人才

许多著名跨国公司能够做成"百年老店",很重要的一个原因就是能有效地在全球范围内配置资源,包括人才资源。业内专家称,近年来,很多中国企业开始利用政府和专业平台自主引进国际人才。中国企业走出去的步伐越来越大,越来越需要具备国际视野的专业化人才。

中央直属企业公开招聘海外人才在国内外产生了影响。21 世纪初,一些中央企业开始尝试面向海内外公开招聘高级管理者职位。从 2003 年开始,国务院国有资产监督管理委员会连续组织了面向社会公开招聘中央企业高级管理者的工作,先后组织 78 家(次)企业面向社会公开招聘高级经营管理者。清华大学公共管理学院长期从事人力资源研究的于永达教授评价,国务院国资委公开招聘中央企业高级管理者的选人用人方式突破了原来企业内部培养管理者的模式，采取外部集聚优秀人才的方式，从而拓宽了企业人才的来源。

产业升级、动能转换、新业态新项目，给企业、院校和科研机构提出大量高端人才需求计划。青岛市第五届"百所高校千名博士青岛行"高级人才招聘活动博士岗位需求目录显示，中国海洋大学招聘"筑峰""英才"、师资博士后、教授、聘任制教师等岗位人才达 279 名。海信集团有限公司招聘噪音振动、电力电子、节能技术、超低温制冷、硅光设计、激光器研发、大数据场景规划、云计算、量子点技术方向、网络安全、芯片算法、企业战略管理等岗位人才 59 名。

第三节　中国海外人才引进的主要问题

目前，中国在国际人才争夺战中处于被动不利的地位，国际人才引进在数量、质量上都还远远不够，不能适应需要，主要的问题或原因有如下几点。

一、在引进海外人才的管理体制、机制方面不够完善

一是未从技术移民角度统筹协调海外人才引进机制，导致该机制在市场经济中运转不畅。二是人才引进的市场化程度不高。目前，海外人才引进主要靠政府部门，很少通过中介市场引进。中介市场本身不够成熟，管理体系不健全，缺少市场上人才供需信息的反馈机制，难以做到科学的人才需求预测。企业主要通过网络和现场招聘会的方式引进人才难度很大。国际猎头公司尚未得到广泛使用。三是缺乏统一科学的人才评价体系。依然存在标准不科学、程序不规范、手段不先进的情况，基层部门的人员配备、资金支持等均有限，无法建立高端人才评价的专家库和国际化的评价体系。四是缺乏人才信息共享机制。人才信息资源相对分散、层次较低，没有形成统一开放的人才信息交流平台，难以进行有效对接。

二、引进海外人才政策、制度不够系统、专业

近几年来，中央有关部委和各省市区，都针对引进海外人才推出了很多政策，但缺乏系统、可操作的中长期海外人才引进计划，任用过程中也未考虑相应的配套团队。高额的个人所得税等也是国际人才引进的一大阻碍，相比韩国

36％、日本 37％ 和新加坡 22％ 的最高税率,中国 45％ 的最高税率在一定程度上降低了中国引进国际人才工作的竞争力。

三、引进海外人才的平台偏少,渠道单一

以学术论坛、创新创业大赛等为平台引进的人才,总体数量偏少、层次不高,企业、科研院所、高校、人才中介机构等组织机构的参与度不够,未充分发挥官方渠道与民间渠道、虚拟市场与实体市场的作用。政府和企事业单位很少主动到国外各大高校进行实地宣讲、开招聘会等,引进渠道较为单一。

四、引进海外人才的软环境需不断优化

社会整体开放度,与国际接轨程度,国际化教育、医疗和国际化社区建设方面有待提高。比如,海外人才在中国的居留许可大部分需逐年办理,期限短且次年能否获批也存在不确定性,在一定程度上影响其在中国长期投资和创新创业。

五、缺乏经营国际人才引进的中介公司

中国人力资源产业处在发育成长阶段,特别是国际人力资源合作经营公司起步晚、水平低,业内绝大多数公司只是在向国外派遣国内中低端劳务,高端劳务派遣不多,引进海外人才的更是少之又少。

第四节　大力发展海外人才引进的对策建议

一、完善海外人才引进政策法规

海外人才引进是一项复杂的系统工程,应当包括人才评价、入境签证、就业管理、永久居留、社会融入等多元化工作环节,是一个统一的系统。通过引入市场评价、积分制、外国人工作指导目录、配额管理等机制,将来华工作的外国人分类管理、分类引进,并逐步完善永久居留管理制度和社会融入制度,从而实现中国海外人才引进机制系统化、法治化、高效化运转,使海外人才真正引得进、留得住,在日趋激烈的国际人才竞争中占据优势。

二、发挥市场机制作用，突出用人单位的主体地位

学习深圳"政府为主导、用人单位为主体、人才资源市场化配置"的原则。在市场经济条件下，利用国际化人才必须发挥市场机制的作用，突出用人单位的主体地位，改变政府主导引进海外人才的状况，做到政府、市场和用人单位各司其职，实现良性互动。

——政府，主要职能是提供相应的政策制度框架，通过健全引进海外人才的服务网络体系、完善人才引进渠道、定期发布人才信息、支持人才市场发展等多种方式，为海外人才招聘单位创造良好的外部环境。

——市场，是为海外人才资源的流动和配置提供平台，人才中介公司、咨询服务机构等提供人才有关信息，进行人才价值认定，促进人才的合理有序流动和优化配置。

——企业、科研院所、产业园区等人才使用单位，是利用海外人才的主体，要根据各自发展的需要，提出引进海外人才的类型、数量、专业、技术水平和职业能力等具体要求，并制定出个性化的人才引进措施以及有关的福利待遇。

三、政府扶持培育一批有条件的国际人才中介公司

依上文所述，目前引进海外人才主要是政府部门在忙碌，不重视发挥市场机制作用，很少通过中介引进。这是海外人才引进体系中最大的缺陷。

深圳市重视市场机制作用，"引进和培育一批国际猎头公司机构"是一项很有效的政策举措。希望各地政府机关能学习深圳，积极地引进和培育中介机构，从政策扶持上给予大力支持，及时传递政策法规、人才需求等信息资料。

中国有 30 000 多家从事人力资源服务的中介机构。其中，有商务部对外劳务合作资质的企业 700 多家，它们具有开展对外人力资源合作的人才队伍和经营管理经验，但是想要担当国际人才引进的重任，大多数还需要做出调整。首先，是公司定位的调整，由劳务外派转到国际人力资源中介的定位上来，就是由劳务的单向派出向既派出又引进的双向流动转变，其中国际人才引进将成为重要一环。其次，是人才队伍更新和新经营模式的创立。引进国际化的人才与劳务派遣有很大差别，对经营者的要求也大不一样。

外资人力资源服务中介公司，一般都具有较为深厚的业务积累和遍布世界各地的广泛的工作渠道，如果政策措施到位，它们将是一支海外人才引进的重

要力量。

四、按市场配置原则,建立国际人才交流合作平台

在政府主导下,由国际人力资源中介公司市场化运营国际人才引进业务,需要新的运行机制和新的合作模式做支撑、相配套,需要具体务实的行动方案。

(1)建立中外方中高端人才磋商、合作机制。一是中外方多边、长效交流平台,如论坛、研讨会、电子通信平台等。二是通过与境外中介机构建立资源互用合作关系,做好境外人才资源搜索与储备,建立人力资源双向流动数据库。三是组织机构合作框架——"中国经营公司+境外人力资源中介机构+网络服务平台"。

(2)创立规模化人才双向流动合作模式,包括中国从境外引进模式和中国向境外派出模式(详见第二章第三节)。

(3)由政府主管部门或人才行业商会、协会牵头,联络境外对口商会、协会或人才中介机构,合作举办两国或多国人才机构参加的人才流动交易会。意向流动的专业人才的来源,一是中介机构储备的数据资料,二是通过主办者渠道和社会广告宣传招募的符合条件者。

第九章
中国经营公司内部建设

　　《对外劳务合作管理条例》对国际人力资源合作经营公司订立并履行对外合同、出国工作人员素质培训和维护其合法权益等方面制定了具体、严格的规定，加大了经营公司开发、管理劳务合作项目的责任。当前中国国际人力资源合作行业的结构性缺失、行业发展的困难局面，特别是新冠肺炎疫情的冲击下市场上的种种挑战与机遇以及日本市场政策上的重大变革等，是对经营公司整体管理体系、管理水平和风险防范能力的严峻考验，也必将带来整个行业经营管理上的重大变化，引起原有业态、格局及模式的大调整、大洗牌。

　　面对新的局面，展望中国将进入新发展阶段的新形势，经营公司应该如何转变观念、做好准备、迎接大考呢？

　　唯物辩证法认为，内因是事物变化发展的根据，外因是事物变化发展的条件，外因通过内因起作用。内因，即事物的内在矛盾性，是事物存在的内在根据；外因是事物发展变化的外部原因，即外部条件。内因既是事物存在和发展的根据，又是一事物区别于他事物的内在本质，它决定着事物发展的方向。事物的发展首先是事物本身的运动和变化，是事物内部矛盾双方相互作用的表现和结果。经营公司内部建设相当于事物发展的内因，是引起事物变化的根本原因，是推动经营公司发展的内在动力。

　　一个人要成就大事业，必要磨炼心志，修身养性。而一家企业想做大做强，基业长青，则要苦练"内功"，下大气力搞好内部建设，从优化经营要素上下足功夫，于转型升级中寻找出路，在塑造品牌形象上长期积累。这是对外人力资源合作经营公司打造核心竞争力，实现长足发展的唯一正确道路。

第一节　打造企业核心竞争力

什么是企业的核心竞争力？有人说，是公司的品牌，是公司产品的品牌形象对消费者的持续影响力；有人说，是公司的质量，质量是企业赢得市场的决定因素；有人说，是公司的"软件"，或叫内在机制，由公司内部机制所产生的动力是核心竞争力所在；还有人说，是人，人是最终的决定因素……

1990 年，美国密歇根大学商学院教授普拉哈拉德（C. K. Prahalad）和伦敦商学院教授哈默尔（G. Hamel）在《哈佛商业评论》上发表的论文《企业核心竞争力》（*The Core Competence of the Corporation*）中，提出了企业核心竞争力的概念。他们认为："核心能力是组织中的积累性学识，特别是如何协调不同的生产技能和有机结合多种技术流派的学识。"他们提出的是一个很有价值的概念，却是一个不够严密的定义。

在中国，流传最广的定义要算张氏定义。北京大学光华管理学院张维迎教授认为企业核心竞争力具有"偷不去，买不来，拆不开，带不走，溜不掉"的特点。张教授的定义听起来通俗易懂，但仔细琢磨，人们可能还是弄不明白"核心竞争力"到底为何物。按一般说法，企业核心竞争力就是企业长期形成的，蕴涵于企业内质中的，企业独具的，支撑企业过去、现在和未来竞争优势，并使企业在竞争环境中能够长时间取得主动的核心能力。

以笔者粗浅认识，公司核心竞争力是形成竞争优势之源的核心能力，是一系列技能、知识和多种能力的聚合，是公司形成的综合竞争优势。从其具体表现形式分析，企业核心竞争力主要包括以下五项内容：

（1）文化竞争力。文化竞争力是由共同的价值观念、共同的思维方式和共同的行事方式构成的一种整合力，它直接起着协调公司组织的运行，整合其内、外部资源的作用。

（2）员工竞争力。公司组织的各项工作必须由员工来承担。只有当员工的能力达到一流，做好工作的意愿充分发挥，才能保证处处得方、事事到位，保障公司决策力和执行力的效率和效益。

（3）创新竞争力。商道上有一句话叫"一招鲜，吃遍天"。谁能不断地创新，谁就能在市场竞争中立于不败之地。

（4）流程竞争力。流程就是公司组织内部机构定岗定人做事方式的总和，它直接制约着公司内部组织运行的效率和效益。

（5）品牌竞争力。品牌需要以质量为基础，但仅有质量却不能构成品牌。品牌一旦形成，又直接是一种资源，因而它是构成公司核心竞争力的重要内容。

我们可以发现，公司的核心竞争力就在公司经营的诸多要素中，就在公司业务运行的各个环节中。对于对外人力资源合作经营公司来说，在公司经营要素中，员工素质、企业文化、制度体系和品牌建设是形成公司核心竞争力的主项；在经营业务的诸多环节中，市场营销、生源招收、素质培训和境外服务管理是提升质量、形成竞争优势的关键环节。

为此，笔者试图从发展创新入手，从练好内功着眼，抓住经营业务的四个关键环节，围绕公司经营要素的四大主项，从以下六个方面探讨中国人力资源合作经营公司形成核心竞争力的可能性。

一、把形成差异化竞争优势作为核心竞争力的驱动点

目前，中国业内经营公司广泛地存在着一种传统思想影响下形成的趋同性。我们可以看到，当前市场上无论是市场区域、行业工种还是营销模式、管理办法、培训方式，都不同程度地存在着趋同性，其后果是公司纷纷陷入价格战和促销战的泥潭之中。追求产品和营销模式的差异化已经成为经营公司走出泥潭，持续获得动态市场竞争优势的必然战略手段。

差异化竞争战略的重点是创造独特的优于市场上现有产品和服务的创新产品。通过实施产品差异化、服务差异化和形象差异化，以及营销手段差异化、广告方式差异化等战略措施，积极推进经营创新，驱动经营公司形成自身特有的核心竞争力。

二、把创新培训、打造名牌作为提升核心竞争力的着力点

国际人力资源市场的竞争实际上是出国工作人员素质的竞争。因此，素质培训是整个外派工作中非常重要的环节，也是企业经营的大战略、打造品牌的大工程。一是在选对人、选好人的前提下，通过培训学校的"精加工"，按照高标准、重效果和人性化原则，强化适应性培训。二是提升培训教育的目标，把培训教育提高到成才教育和人才培养的高度，把观念更新、成才教育、习惯培养作为重点教育和训练内容。通过创新培训理念，不断提升经营公司的产品质量和

服务质量,提高雇主的满意度,扩大经营公司知名度和产品覆盖面。

三、把创新境外服务管理作为保持核心竞争力的支撑

境外服务管理是整个管理链条中的重要一环,也是经营公司对其经营劳动力产品的一种售后服务行为。经营公司要在深刻认识境外服务管理本质特性的基础上,更新理念,确定原则,创建服务管理新格局。采取驻国外机构人员长期驻在服务管理、业务担当短期出国现场管理与国内业务部门实施远程服务管理相结合的办法,以形成全方位跟踪服务管理的系统。做到日常管理细致、到位,处理问题及时、高效,以满足雇主和出国工作人员的要求。

四、把建设企业文化作为培育核心竞争力的土壤

企业文化作为公司全体员工所共有的价值体系,成为直接或间接地提升经营公司核心竞争力的基础。

社会责任意识是企业文化的基石。在公司建设以社会责任为基础的文化氛围,把履行公司社会责任有机地融入经营工作中。公司理念是公司文化的灵魂。经营公司应始终信守"诚信、守约,全心全意为雇主和出国人员服务"和"以人为本"等经营理念,使其成为经营公司文化的核心价值观。

企业不仅是生产产品或提供服务的组织,更是培养人才的学校,是人才成长和施展才华的舞台。

五、把善待员工、凝心聚力作为提升公司核心竞争力的动力

公司凝聚力与公司文化、经营状况和员工态度等相关。一般情况下,能否把员工的事情处理好,是公司有无凝聚力的重要体现。

日本爱知县著名青年企业家板野丰和先生曾对笔者说:"要想让客户光顾你的企业,就要让客户觉得你的企业好;要想让客户觉得你的企业好,就要让你企业的员工对客户好;要想让你企业的员工对客户好,你的企业就要对员工好。"简单的逻辑关系,却包含企业文化的大道理。用"钱散人聚,钱聚人散"诠释企业凝聚力,一时成为社会的热议话题。而很多企业家推崇的"小胜靠智,大胜靠德"理念,不仅是企业对顾客、对员工的真诚态度,也是企业成长发展的长远之道。

然而,并不是所有的企业家都能真正明白这个简单的事理。有的企业往往迷信企业严格的规章制度,却没有认识到凝聚企业员工人心在经营活动中的重要作用。甚至有的企业视客户为上帝,拿员工当奴隶,连续发生员工跳楼事件。

六、着眼长远,创新模式,拓展生态空间,不断为核心竞争力注入新的活力

从华为、阿里巴巴、腾讯、百度、分众传媒、携程等我们看到,每一个颠覆传统行业、迅速崛起的企业,隐藏在它背后的都是创新。同样,对外人力资源合作经营公司的发展壮大也离不开创新。有资料显示,中国已经失去人口红利。经营公司务必以高瞻远瞩的战略眼光审视当前及今后国际、国内形势的发展,创新业务操作平台,及时转型升级,调整外派工作人员结构,掌握自身生存发展的主动权。

拓展国际人力资源中介领域,研发新的服务产品,谋求新的战略发展目标。在营销体系上,搭建新平台,创建新体系。把信息采集与专业服务的触角逐步向有关政府部门、社会机构和行业协会、商品批发市场等外围延伸。在营销产品上,设计新品种,拓展新空间,创造新市场。

创新是企业的生命,创新是永恒的主题。国际人力资源合作经营结构调整与商业模式创新,是打造中国经营公司核心竞争力的动力源泉,是一项系统工程,是一次深刻的理念更新、制度创新和流程再造。

第二节 经营公司制度体系建设

经营公司的制度体系就好像一架机器的运行控制程序,它决定了这台机器的工作性质和运转效率。

经营公司的制度体系建设,是以公司文化、公司经营理念为灵魂,以业务运行流程为主线,以 ISO 9002 质量管理文件为载体,以质量管理和绩效管理为目标,以出国工作人员的商品特殊性及其工作、生活环境的特殊性为基本立足点,对管理制度做出严密系统的规划与设计,形成一套完整的质量管理制度体系(图 9-1)。

```
          ┌                  ┌ 前期调研营销制度
          │  项目质量管理系统  ┤ 现场考察了解制度
          │                  └ 项目筹划论证程序
          │                  ┌ 合格供应商管理制度
          │  产品质量管理系统  ┤ 出国人员招选制度
          │                  └ 素质培训制度
          ┤                  ┌ 服务过程、服务质量控制程序
          │                  │ 境外服务管理工作制度
          │  服务质量管理系统  ┤ 对监理团体、用人会社的服务制度
          │                  └ 处理境外纠纷或突发事件的应急预案
          │  工作流程质量管理系统
          └  法律服务管理保证系统
```

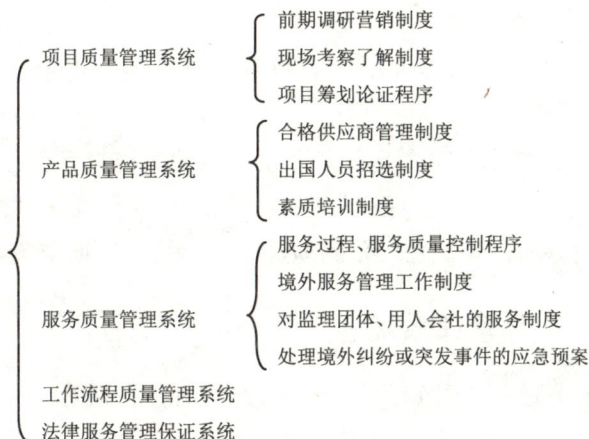

图 9-1　质量管理框架体系图示

一、项目质量管理系统

为保证项目的质量,首先要筛选项目信息,调查了解相关情况,在综合分析、做好项目前期调研工作的基础上,确定实施开发的项目。

其次,在项目开发的实施过程中,要制定一套规范运行的操作程序,特别是对项目评估阶段的工作程序做出具体规范,并纳入 ISO 9002 质量体系的程序文件加以控制。在项目的评估阶段,必须有当地商务主管部门或项目所在国使馆经济商务处的意见。如获批准,属派出人数较多的项目或属新工种、新地区,必须到用人雇主的工作现场考察了解。

再次,要制定项目筹划、设计、评审制度。为了保证新签项目的运行质量,应成立项目评审委员会。评审程序:① 业务部门在落实项目的具体情况后,以书面形式报公司,提报的材料包括项目基本情况,合同评审表,项目合作方名称、办公地址、电话、注册资本,项目收益分析,中国驻在大使馆经济商务处或领事馆和经营公司所在地商务主管部门意见;② 经审核具备评审条件的,召开评审委员会,根据评估项目的四个原则,依据评分标准打出具体分数,做出综合评审结论。

二、产品质量管理系统

(1)合格供应商管理制度。经营公司的供应商就是生源地的对外劳务合作服务平台或基地中介公司。为了保证生源的质量,必须建立对供应商的考察

评估制度,选择合格供应商。

(2)制定初选标准和选人工作的规范、程序,明确规定什么样的人不能选派。

(3)素质培训制度。建立起一套完整规范的学校教育运行、管理体系,从办学理念、管理制度到教学管理流程,从思想教育、观念改造、习惯养成到外语强化,从岗位责任制、教师职业规范到师资培训,等等(参见本书第五章)。

三、服务质量管理系统

(1)制定服务过程和服务质量控制程序,保证服务质量。

(2)境外服务管理工作制度(参见本书第六章第二节)。

(3)对中介或监理机关和雇主的服务制度。

四、工作流程质量管理系统

业务管理工作流程由高到低分为三个层次。

(1)业务工作总流程。工作程序包括:签对外合作合同、初试、面试、申办在留资格、培训、劳务培训合格证考试、收费、签证、出境送出、境外服务管理、回国述职并登录回国人员数据等。业务工作总流程表格式如表9-1所示。

表9-1 业务工作总流程表

序号	工作程序	工作内容和要求	工作依据	见证资料	备注
1					
2					
(以下省略)					

(2)总流程下的子系统工作流程。如项目开发环节的项目论证评估工作流程、选人环节的初试选人工作流程(参见本书第四章第三节)、培训环节的培训学校工作流程(参见本书第五章第七节)等。

(3)单项工作操作流程。如境外劳务纠纷或突发事件处理程序(参见本书第六章第二节)、派遣批次管理流程(以派遣项目的一个批次为管理对象,从项目接单开始,随项目进展,相继录入和审签合同信息、人员招收信息、收费信息、签订个人合同信息、公司审签信息等,批次流程完成后,方可统计和结算经营成果)等。

五、用合同约束为制度管理体系做保证

1. 管理需要约束力

约束是当事人必须为之或不得为之的状态。约束力或来源于道德规范,源于人们的自觉意识;或来源于规章制度;或来源于法律。法律约束力对人们的行为具有强制性。

无论企业内部员工还是出国工作人员,都不能只靠个人自觉。企业是一架有序运行的机器,道德约束力有限,必须有规章制度的规范和约束。只有通过制度规范行为,才能达到真正意义上的有效管理,收到切实的效果。

2. 合同约束力

规章制度在某些情况、特定时间和地点、特别对象境况下,会有约束不够的情况,这就需要法律约束力作为制度管理的补充和强化。与相对人签订合同对特定事项以责任条款的形式进行约定,是运用法律约束力的主要手段。合同是当事人之间关于设立、变更和终止民事权利义务关系的协议。合同约束力主要表现在:① 当事人不得擅自变更或者解除合同;② 当事人按合同约定履行其合同义务;③ 当事人应按诚实信用原则履行一定的合同外义务。

合同的法律约束力是法律赋予合同对当事人的强制力,即当事人如违反合同约定的内容,即产生相应的法律后果,包括承担相应的法律责任。

第三节　对外派遣业务合同管理

一、与出国人员签订合同的种类

1. 代理协议书

代理协议书是出国人员通过面试后与外派公司签订的委托代办出国人员自通过面试至出国工作之前有关手续及培训、实习等事项的一种契约。学员在面试成功后或在培训中,因个人原因退出,则视为违约行为。学员的违约行为必然会造成公司信誉和经济上的损失。对此,代理合同约定,签约双方应履行的责任、义务和违约处罚条款,包括出国工作服务费的分期支付方式,以及出现

问题或一方不能履行责任时的处置办法。

多数公司在入学时签培训协议书,就不再签订代理协议书。

2. 培训协议书

培训协议书在学员入学时与学员签订,约定经营公司方与学员方在校培训期间的责任及履行的义务,学员违反校规校纪的处罚条款,以及学员培训不达标或中途退学离校的处置约定。

出国培训学校实施强化培训,需要有高强度的约束力。工作实践中发现,有些特殊情况下,校规校纪的约束力显得苍白无力。出国培训学校曾因一批学员延期一度出现未经学校准假就擅自离校的严重情况。对此,修改培训协议文本为"学员两次无故离校旷课,开除学籍,所交的第一期费用用来赔偿雇主",从此消除了旷课现象。

3. 出国工作服务合同(个人合同)

出国工作服务合同的性质由《中华人民共和国合同法》第二十三章做出了规定。该合同由行业商会统一规范条款,并允许根据项目不同,部分条款由双方协商议定。该合同以《对外劳务合作管理条例》为依据,对合同双方的具体责任义务做出具体明确的规定。

4. 担保合同

《对外劳务合作管理条例》规定,不得要求出国人员提供财产担保。为保证合同的全面履行,制约出国人员在境外恶意违反合同行为,经营公司普遍采取履约保证担保的做法,要求担保人就出国人员在履行合同中的严重违约行为给相对人造成的损失提供担保。按照《中华人民共和国担保法》的规定,保证担保合同包括以下内容:① 被保证的主债权种类、数额;② 债务人履行债务的期限;③ 保证的方式;④ 保证担保的范围;⑤ 保证的期间;⑥ 双方认为需要约定的其他事项。

保证担保包括一般担保和连带担保。律师建议尽量明确为连带担保,避免争议。

因疫情导致合同履行期限的变更,依照《中华人民共和国担保法》第二十四条的规定:"债权人与债务人协议变更主合同的,应当取得保证人书面同意,未经保证人书面同意的,保证人不再承担保证责任。保证合同另有约定的,按照约定。"如果此后继续履行服务合同,应当另行签署担保合同。

二、合同签订和履行中需注意的问题

在出国劳务纠纷中,经常出现外派经营公司作为原告对违反合同约定的出国人员提起诉讼后又撤诉或者放弃起诉的情况。山东青天成律师事务所薛焕周律师根据多年诉讼实践经验做出分析并对经营公司提出很多有益的建议。他认为,这些情况大多是经营公司没有把握此类诉讼的主要特点,在拟定合同、厘清诉讼思路、准备证据等过程中存在瑕疵,导致证据难以支持自己的诉求,诉讼无法达到预期的目的。此外,还存在一些不利于经营公司的因素:

第一,从合同主体看,个人与公司双方并不是完全平等的。在纠纷案件审理中,无论从举证责任、证据的解释等方面,还是从法律规定及审判心理上看,都是对经营公司要求严一些。

第二,从合同的法律关系上看,服务合同、担保合同、雇佣合同等相互关联,一个违约行为会影响到多个合同关系的履行。不能全面考虑这些法律关系,会导致案件处理简单化,违约行为导致的损失单纯以服务合同的支出或减少认定,从而使经营公司的利益很难到保护。

第三,从证据的获取看,该类纠纷多发生在境外。对于合同履行过程中出现的问题,按照我国法律规定,在国外形成的证据必须经过公证、认证一系列手续,取证难度大。由于涉及劳务输入国当地的法律规定,大部分国外的雇主都不情愿配合给予证明,导致经营公司难以取得证据。

第四,从合同的格式看,经营公司大部分使用的是格式合同。格式合同又称标准合同、定型化合同,是指当事人一方预先拟定合同条款,对方只能表示全部同意或者不同意的合同。因此,对于格式合同的非拟定条款的一方当事人而言,要订立格式合同就必须全部接受合同条件,否则就不订立合同。为了避免格式合同有失公平合理,政府主管部门在审定时对经营公司一方做出很多制约性内容,增加了胜诉的难度。

针对上述问题,根据律师建议和纠纷处置经验,经营公司在合同签订和履行中应重点注意如下几点:

(1)签订合同前,经营公司必须认真审查对方的真实身份和履约能力,审查合同公章与签字人的身份,确保合同是有效的。比如,与担保人签订担保合同,业务人员必须到场查验证件,确保担保人身份真实。

（2）对外人力资源合作是在国内和出国工作地国家的法律规定下实施的，涉及国家间双边、多边协议，经营公司需要聘请相应专业领域的律师提供合同签订、执行和发生纠纷等环节的法律服务。

（3）合同约定不得违反所在国的法律、法规的强制性规定。

（4）合同用语要准确、严谨，切忌模棱两可、含糊笼统的词语，比如"大约""可能""赔偿损失""违约行为"等。这些词语在实践中容易引起歧义或者加重经营公司的举证责任等，导致合同看起来很容易理解并且符合法律规定，审理中却很难得到支持。特别是行为担保依法应当属于无效的。

（5）合同内容应与可以取得的证据保持一致。

三、用法律武器治理技能实习生"失踪"顽疾

由于担保不到位、合同瑕疵和胜诉案件执行不力等问题，近几年来，在日本工作的技能实习生私下串通或受当地一些非法组织和个人的蛊惑引诱，在合同期内逃离工作单位去"打黑工"或擅自出走返回中国的现象日益多发，成为出国劳务合作行业普遍存在的一个久治不愈的顽疾。这种行为不但违反了所在国的法律规定，影响技能实习生合作事业的正常开展，也给境外雇主和派遣公司造成了一定的经济损失。笔者所在公司这些年也相继发生多起技能实习生"失踪"事件。为了有效遏制这一现象，公司在常年法律顾问的指导下，深入技能实习生工作所在地和派出生源地调查了解第一手情况，与律师一起查看合同条款和担保书，深入分析以往案例，查找原因，制定出具体实施方案。

首先是通过法律诉讼追究违约者的法律责任。公司法律顾问从业国际经贸类案件代理工作 20 多年，具有非常丰富的工作经验。在律师的具体指导下，公司把几年来的多起出逃案件进行整理，分别于 2016 年起诉三起，全部胜诉并追回赔偿款；2017 年起诉六起（包括被抓获遭遣返回国和私自回国的），均获得胜诉，并已全部执行完结，追回了担保人的赔偿款。

其次是亡羊补牢，长线防守。在诉讼的同时，公司在内部管理上做了三方面工作：一是根据《对外劳务合作管理条例》规定，在律师的指导下，修改完善担保合同条款；二是监督担保人签署担保合同，责任落实到人；三是对在校和境外出国人员进行法律教育，用胜诉的案例告诫出国人员违约出逃的严重后果，提高出国人员的诚信守约意识。

通过宣传教育、正面引导；通过法律诉讼、重磅出击，九份法院判决书，九

个失踪逃跑被判赔偿的案例,让出国工作人员看到了违约的严重后果,起到了比较强的警示作用。目前,公司境外人员思想稳定,杜绝了恶意逃跑失踪事件。

为了让行业内企业共同行动起来,形成高压态势,笔者把"九战九捷"的经验包括律师的信息毫无保留地在山东省业内进行了宣传推广,很多企业行动起来,不断向笔者和公司法律顾问咨询。这对于推动行业公司依法诉讼、维护合同的严肃性、促进行业健康发展起到了积极作用。

第四节　业务人员基本工作规范

本节针对对外劳务合作经营公司的工作环境和工作内容的要求,重点围绕经营公司业务人员的基本素质、岗位职责和"八禁"规定,阐明业务人员应具备什么条件、应该干什么、不能干什么。

一、业务人员的十项基本素质(应具备什么条件)

(1)较好的外语水平。包括掌握国际商务、国际人力资源合作业务方面的专业外语知识。

(2)大学以上学历与良好的文化素养。文化素养不是学历水平,而是体现在言谈举止、写文办事等方面的文化涵养、修养,包括文化品位、人文情怀、审美情趣、道德修养和思想观念等,还包括对人力资源合作方国家文化的理解认识。文化素养需要长期修炼养成。

(3)人际交往、沟通能力。这是一种综合能力,不能仅仅理解为语言表达能力,它需要知识和经验的积累。

(4)敏锐的商业意识和永不消退的业务冲动。业务人员联络、开发、维护客户,就是不断播撒希望的过程。业务人员要善于搜寻信息和商机,要注意经常游览有关网站、信息平台搜集信息,学习知识,主要有国家商务部、出国工作人员派往国使馆经济商务处、中国对外承包工程商会、国内同行业大公司、有关国家政府和有关机构、业务合作方等。要把竞争意识、竞争行为贯穿于业务活动的全过程,做到"眼睛盯着客户,脑子里装着商业地图(如市场分布图、新市场开发规划图),心里想着竞争对手"。

(5)商务交流、谈判能力。学校里教不出谈判高手,书本里找不到谈判方案。商洽谈判能力来源于对行业知识的积累融会和对行情的了解掌握,是要靠艰苦努力换来的。试想,外贸业务员在进出口商品交易会上答不上所卖商品的知识,客户怎敢买他的东西?业务人员要坐在客户面前谈合作业务,就必须熟知中外两国政府的有关法规和人力资源市场的最新动态,了解本公司有关规定与做法、业内经营管理的有关情况,知道当前合作业务中出现的问题及应对办法,掌握生源基地的情况,等等。

(6)有较强的团队意识与协作配合能力。人力资源合作业务不同于外贸个体户,从市场开拓、选人面试、培训教育到境外服务管理,每一个业务环节、每一个岗位,都是整体系统中的有机组成部分,因此需要一个团队的密切配合、协同努力。

(7)严谨、扎实、一丝不苟的工作习惯,不能存有侥幸心理。

(8)养成记工作笔记的习惯。一是写业务工作日记;二是做阶段工作计划;三是列工作备忘录;四是随时记录商务洽谈或客户来电内容;五是马上记下临时想起的重要事情。

(9)快速反应能力。曾有一名业务员接到了他新联系的日本监理团体理事长的一份 12 页调查问卷,填写要求非常高。面对可能的商机,这名业务员在认真阅读理解表格后,立即开始填表,下班回家后继续填,一直工作到凌晨 2 点才完成,第二天一早发出。理事长没有想到他的回复会如此之快,并且对调查表填写的内容表示满意。后来这家日本监理团体成为这名业务员所在部门的大客户。

(10)具有强烈的提高业务能力的欲望,并懂得如何不断提高、完善自己。

二、业务人员的五项岗位职责(应该干什么)

业务人员应严格贯彻执行经营公司的经营方针,认真遵守各项规章制度,在部门经理的领导下履行以下工作职责:

(1)积极联络客户,主动开发市场。认真考察了解项目的具体情况:国际中介或雇主的基本情况;对方对经营公司的要求;中介公司考察选择雇主和管理出国工作人员的办法;出国工作人员的工作内容、工作要求、工作环境;雇主对出国工作人员的要求;是新项目还是老项目,如是老项目,要了解以前接收使用出国人员的情况、发生过什么问题、为何更换经营公司等。

(2)选拔、初试、把关,为中介或雇主面试做好充分准备。要与生源基地进行详细、具体的交流沟通,使其充分理解和把握外方用人条件与经营公司选人要求。外方面试成功与否的关键,是初试与面试前的准备工作。初试的过程应该是去伪存真、去粗取精的过程(参见本书第四章第三节)。

(3)配合培训学校抓好素质培训。学员入校时,向班主任介绍项目及学员的有关情况,提出培训的要求。培训中,不定期到学校了解学员的表现情况和学习成绩,按学习进度进行必要的抽查与考核。出国前,进行项目说明和合同教育,提出到国外后的各项具体要求,与学员签个人合同。在培训结业时,综合培训学校提供的情况,对学员做出能否派出的评估。

(4)对在外工作人员实施经常性服务管理。① 了解情况,如通过电话询问了解,通过外方来面试时当面了解,通过回国生了解,通过其家庭了解,等等。② 对于了解到的情况要及时向部门经理汇报,并提出处置意见。③ 定期看望在外工作人员,或通过驻在机构了解情况,积极参与解决存在的问题。④ 在公司及部门经理领导下,处置境外突发事件。

(5)耐心细致地做好出国工作人员在各个阶段的思想工作。① 培训阶段,配合学校重点抓好学员在校纪律,讲明培训的必要性和时间的紧迫性,培养团队协作、互帮互爱精神。② 在外工作阶段,要教育出国工作人员通过学习钻研尽快适应工作,正确对待加班、收入,克服工作、生活上的不适应。③ 对于遇到困难的出国工作人员,先帮其解决实际问题,同时辅之以思想工作。④ 对于犯错误的出国工作人员,要把批评教育与思想工作相结合,帮助其分析犯错误的原因,促使其认识错误、改正错误。

三、业务人员"八禁"(不能干什么)

(1)严格遵守国家法规和经营公司制度,学习和遵守技能实习生派往国的有关法规,禁止违法违规。

(2)严格按规定标准收费,严禁额外私下加收钱款、中饱私囊。

(3)严格执行廉洁奉公的规定,禁止接受生源基地和出国工作人员的贿赂。

(4)严格遵守公司经营秩序,禁止不正当恶性竞争。

(5)洁身自好,远离"黄赌毒"。

(6)严格执行"以人为本"原则,尊重出国工作人员的基本权利,禁止发生侮辱、骚扰(侵犯)出国工作人员的言行。

（7）严格执行收费入账办法。由交款者直接付款至公司指定账户，严禁以个人收取现金或付款至个人银行账户的方式中转。

（8）严格遵守财务报销制度，发生借款的业务活动结束后及时办理报销手续，禁止超出规定时间变相占用公款。

第五节　青年业务人员如何健康成长

年轻人的健康成长，事关经营公司的兴旺发达与传承延续。我们可以从三个方面来看：第一，青年是未来的希望。一项事业、一个企业最终要靠现在的青年，必须培养一批开创未来的后备干部。第二，对外经营公司需要一批年富力强、斗志旺盛的青年才俊去创新发展，拓展疆域。第三，从多数经营公司的情况看，40岁以下的年轻人占员工的大部分，年轻人的成长直接关系到经营公司的后续发展。因此，如何让年轻人尽快成长起来，成为业务骨干、团队领导，是经营公司面临的一个十分重要和紧迫的问题。

笔者认为，解决这个问题，需要领导"传帮带"，公司搭平台，年轻人的个人努力是关键。

一、领导要"传帮带"

（1）言传和身教。没有言传的身教，不知其所以然；没有身教的言传苍白无力，没有说服力。《论语·子路》记载，孔子说："其身正，不令而行；其身不正，虽令不从"，说的是身教重于言传。

（2）实战演练。在充分思想交流与业务探讨的前提下，对具体业务工作进行安排指导，结合实际工作进行经验和技能的讲解传授。根据青年业务人员的能力、经验情况，适当安排给他们一些独立操作业务的机会，而不能总是让他们去做一些零星工作。当领导的不传授，有两个原因：一是有私心——把部门业务当成个人私有财产，不想让别人插手；二是不称职——领导与员工没有能力差别。

（3）表扬与批评。一方面，领导对年轻人要表扬鼓励，更要不断地批评指正年轻人的问题与不足。批评是进步成长的必修课，是苦口的良药。另一方面，年轻人要正确对待批评。能当面、及时指出你缺点错误的人，是家里爱你的亲人，单位里关心你的领导、同事，社会上帮助你的挚友；看到你的缺点错误不跟你讲,而在背后议论,或专门等着看你笑话的人,是小人。

二、公司搭建年轻人成长的平台

(1)创造年轻人健康成长的文化氛围。公司应该积极倡导推进"四风":

——提倡信息共享与学习讨论的学风。

——推崇尊师爱徒的传统世风。

——激发争先创优、比学赶帮超的新风。

——提倡业务创新作风。创新是企业的生命力,只会跟在别人后面的经营公司必定没有前途。年轻人要在打造扎实业务功底的前提下,成为业务创新的先锋,如项目操作模式创新、业务经营模式创新、工作流程创新,通过创新再造,达到提高工作效率与工作质量、扩大经营规模、提升项目营利能力的目的。

如果这"四风"能够兴起来,将会更加有利于年轻人的健康成长。

(2)打造能使优秀年轻人脱颖而出的考评和管理制度平台。把能上能下、优胜劣汰、人尽其才的原则变成具有操作性的公司制度。什么样的人上,什么样的人下,应有明确规定。对于个人积极努力、又有工作业绩的年轻人,要重点培养,大胆提拔使用。

(3)实施有计划、多形式的培训,如定期组织业务专题研讨会、邀请专家授课等。

(4)安排年轻人到国外工作岗位锻炼成长,如担任驻在事务所轮岗驻在、派到国外的合作单位工作实习、安排参加出国团组等。

三、年轻人自己要发奋成才

按照唯物辩证法的观点,"外因是变化的条件,内因是变化的根据,外因通过内因而起作用",领导"传帮带"和公司搭平台只是个人进步成长的外部条件,个人的努力发奋才是进步成长的根据和关键原因。

年轻人在国际人力资源合作经营公司这样的外部条件下,如何努力成才?笔者给年轻人提出如下建议。

1. 做事先做人

加强思想修养,培养仁爱之心,树立公德意识,保持健康心态,展现阳光形象,这是人才培养的思想基础,也是人才成长的思想前提。

诚实做人，诚信经营。牢固树立"小胜靠智，大胜靠德"的经营理念。做生意就是交朋友，"买卖不成仁义在"。过于商业化不会长远，应该真心实意地与客户或潜在客户交朋友。

2. 深度进入工作状态

第一，应具有做好业务工作的强烈欲望，要有"想方设法""千方百计"和"千山万水""千难万险"的劲头。

第二，要有扎实认真的工作态度。做到去除侥幸心理，不要把希望寄托到客户或竞争对手出现对我方有利的改变上，做最扎实最认真的工作；善于透过现象看本质地对事态进行深入分析，在权衡取舍时进行全面的利弊得失分析；全面充分地做好业务准备。

第三，要把握好业余时间。利用业余时间弥补自身的不足，如报班"充电"；主动利用业余时间做工作时间没有做好的事情。

第四，要勤于思考，善于交流。思考工作中尚不明白的问题；思考下步工作可能会出现的问题是什么，该如何解决；多问"为什么"，探究"所以然"。学会在交流中了解，在交流中感受，在交流中理解，在交流中交友。问问题要放在自己独立思考之后，这样会提高问题的质量，加深对答案的理解。

第五，通过"六多"（多跑、多见、多问、多记、多想、多干），逐步实现"六积累"（积累经历、积累见识、积累知识、积累方法、积累经验、积累能力）。

3. 做好案头功课，注重在实战中历练

针对具体业务项目，做好案头功课：一是通过网络和通信工具做好有关资料的搜集、整理、分析、归纳；二是研究制订书面工作方案或工作计划；三是做好函电联络沟通，增进了解，完善方案。笔者有一位叫泽边的日本朋友，为洽谈一个项目，六天查阅了 2 000 多页资料，由此掌握了谈判所需的大量信息资料。

在下足案头功夫的前提下，选准切入点实施营销措施，在充分联络交流、条件具备的情况下，进行实地考察接触，根据新情况实时修正原定方案、计划。业务实践即实战，是最好的培训，是最有效的提高途径。要多干、勤干，分内分外都积极干，并且在干的过程中体会、感悟、思考，实现从感性认识到理性认识的飞跃。

4. 向领导学习

经营公司的各级领导是业务工作的带头人,具有较丰富的工作经验和较强的工作能力。青年业务人员应自觉当好徒弟,以领导为师,向领导学习。一是主动站在领导的角度看问题、想工作。一项工作下来后,在领导考虑实施意见的同时,你也考虑一下自己如果是领导的话会怎么做。等领导的意见出来了,再把你的想法与领导的意见做对比,从中找出差距。这样日复一日、年复一年地长期做下来,你的水平能力就会一步步地得到提高。二是勤于动手,从干中学。主动帮领导做工作,在实际工作中感悟、领会、提高。如何帮领导做工作?笔者的体会是,首先要做到"想领导所想",进而"急领导所急",然后才能进入"帮领导所忙"的角色。三是善于动脑,自觉学。注意观察领导的一言一行,特别是对问题的看法和处理问题的方法。想想为什么领导要这么办而不那么办,领导这么办的理由是什么,等等。这样就可以在不知不觉中,在一次次观察思考中不断地学到新的东西。

5. 学会处理业务工作中的疑难杂症

在激烈的市场竞争中摸爬滚打出来的业务人员,往往抗风险的能力强,其业务的稳定性也强。20世纪末国家外贸政策向市场经济转型时期,那些"躺"在国家配额、许可证上不动脑筋的,最后都"完蛋"了。

年轻人面对难题难事,应学会思考,善于分析。

青岛环太出国人员培训学校曾发生一件令人惊愕的事情。一男一女两名有家有室的在校学员陷入了不正常的情感纠缠之中。在2008年4月的30天时间里,男生发送给女生的手机短信达508条之多,常常是从晚上发到凌晨,休息几个小时后又接着发,白天上课、自习时间也照发不误。学校发现两人的反常表现,遂把情况报到经营公司业务部。当时,女生已经出国,男生即将离校出国。

马上就要出国了,发生了这样的事情,这个人还能不能去日本了?在对外劳务实际工作中,业务人员可能都会碰到类似的情况。该项目担当不知所措地问笔者怎么办,又说要不问问外方。笔者告诉他,要学会动脑子,养成独立分析思考的习惯,出了问题先不要考虑监理团体、用人会社会是什么态度,会有什么反应。笔者问他:"对这个事情是日方清楚还是我们清楚?如果日方征求我们的意见的话,我们是什么意见?"项目担当马上认识到我们应该先拿出意见来。

笔者提醒他,对违纪者如何处理,去还是不去,结论应该在调查分析之后。

在进一步调查情况的基础上,笔者指导项目担当做了两点具体分析。一是要先搞清此事的性质。经分析认为,这不是一个简单的违纪事件,是一起严重的违反校规校纪、影响极坏的事件。两名各有家庭的男女同学,忘记了到学校是干什么,肆无忌惮地发展不正常关系。二是分析清楚去与不去的利与弊。经分析,如果取消这名男生的赴日资格,直接影响日方用人会社的用人计划,将对外产生不良影响。但如果让他去日本,弊端会更大,开了一个很不好的先例;在学校这样表现的人,到用人会社很难干好,容易出现问题;两人继续发展感情的可能性很大,可能导致两个家庭破裂。

经过这样的调查分析、权衡利弊,结论自然就出来了。于是,公司果断决定取消了这名男生的赴日资格。随后,笔者亲自带队前往监理团体和用人会社道歉,并具体说明不让这个人去的原因,不但取得对方的理解,还增加了用人会社对公司的信任,除了同意替补一名外,又增加了一个名额。最终,事件得到圆满解决。后来该用人会社又连续两次追加技能实习生的订单。

6. 正确看待吃苦,敢于面对挫折

人的一生不经历苦难的洗礼,精神世界不可能得到真正的升华,也难有大的作为。年轻人如果能把吃苦受难看成是人生的财富、资本,不怕吃苦,以苦为乐,说明他悟出了人生的苦乐观,具备了成长进步的基本条件。美国“股神”沃伦·巴菲特大学毕业后,硬是被父亲逼出家门,在经历了痛苦和失败后,获得父亲的认可,接管公司的故事令人深思。每一项事业的成功背后都有一段艰难曲折的奋斗过程。在美国几乎家喻户晓的“牛仔大王”李维·施特劳斯[①]的西部发迹史,往往只被我们当传奇故事听,其实,我们更应该学习他勇敢面对挫折、把逆境当成机会的积极心态。

李维·施特劳斯去西部淘金路上,一条大河挡住去路,苦等数日,被阻隔的人越来越多,有人奔往上游或下游绕道,有人打道回府。在一片怨声载道的气氛中,李维·施特劳斯想起曾有人传授给自己一个“思考制胜”的法宝,这个法宝其实是这样一段话:“太棒了,这样的事情竟然发生在我的身上,又给了我一次成长的机会!凡事的发生必有其因果,必有助于我。”于是他来到大河边,非

---

① 李维·施特劳斯(Levi Strauss,1829—1902),犹太人,LEVI'S 创始人。出生于德国一个小职员的家庭,自小聪明好学。1847 年从德国移民至美国。

常"兴奋"地大声重复着这段话。

果然，随后他真的有了一个绝妙的创业主意——摆渡。没有人因为一点小钱而不坐他的渡船过河。因此，他人生的第一笔财富居然是因为大河挡道而获得的。

不久，生意冷淡，李维·施特劳斯继续西去。西部到处是人，他找到一块空地开始淘金，却受到恶汉拳脚，一次次被赶出别人的势力范围。于是，他重复"思考制胜"法，一遍一遍地大声喊叫着、思考着……终于，一个新的想法产生了。他决定不再做那个遥不可及的金子梦，踏踏实实地定下心来，开了一家卖水和日用品的小店，不再从土里淘金，而是从淘金人身上开始自己新的梦想。很快生意红火起来。

后来开店的人多了，李维·施特劳斯受到同行的竞争和排挤，生意渐渐冷淡。终于有一天，他旁边的一个壮汉不让他卖了。他不听，结果被壮汉一顿暴打，小店和水车也被砸了。身上的伤口还在阵阵作痛，他伤心地看着被砸毁的小店，心情降到了冰点。这时，"思考制胜"法再次给了他勇气，他又振作起精神。在一遍一遍地喊叫和思考中，他突然想起碰到的一件事。几天前，一位淘金工人走来注视着他店里的帆布，他便连忙热情地问道："您是不是想买些帆布搭帐篷？"那工人摇摇头："我不需要再搭一个帐篷，我需要的是像帐篷一样坚硬耐磨的裤子，你有吗？""裤子？为什么？"李维·施特劳斯惊奇地问道。那工人告诉他，淘金的工作很艰苦，衣裤经常要与石头、沙土摩擦，棉布做的裤子不耐穿，几天就磨破了。"如果用这些厚厚的帆布做成裤子，肯定又结实又耐磨，说不定会大受欢迎呢！"

李维·施特劳斯知道，西部淘金人的衣服极易磨破，又发现到处都是废弃的帐篷，于是他又有了一个绝妙的好主意，把那些被废弃的帐篷收集起来，洗净，缝成了世界上第一条用帐篷做的裤子。后来，他又用当时滞销的厚帆布批量缝制特别结实耐用的棕色工作裤——牛仔裤，向矿工们出售。从此，他一发不可收，最终成为举世闻名的"牛仔大王"。当今，LEVI'S 在全球销售超过 35 亿条牛仔裤，被赋予了更多的精神和文化艺术气质，但其最初的野性、刚毅、叛逆与美国开拓者的精神，始终是穿着 LEVI'S 牛仔裤的人最欣赏的一种生活态度。

李维·施特劳斯的"思考制胜"法，不同于鲁迅笔下阿Q的"精神胜利"法。李维·施特劳斯在"精神胜利"之后，立即将自己的思想聚焦到积极寻找改变现状的方法上。李维·施特劳斯的传奇故事告诉我们，想要实现自己的成才目标,就不能惧怕困难与挫折,要主动接受艰难困苦的考验。成功者永远找方法,只有失败者在找借口。绝境能够变成机会,压力可以转为动力,瀑布是江河走投无路时创造的奇迹!

第六节 建设企业文化,打造百年商号

纵观中国开展国际人力资源合作事业的发展历程,笔者认为,秉持诚信经营理念,贯彻以质取胜方针,培育服务品牌,打造公司核心竞争力,是中国国际人力资源合作经营公司健康、长足发展的必由之路。

一、诚信经营理念

"守约、保质、薄利、重义"最早是中国对外经济援助工作的口号,也是开展对外经济合作的指导思想和对外劳务合作经营公司诚信经营的理念。

(1)守约。守约就是信守契约,做好工作,严格履行与境外雇主、出国工作人员所签的具有法律约束力的合同,严格遵守自己的承诺。守约是诚信的基本要求。

(2)保质。保质就是一丝不苟,保证选派的出国工作人员符合规定的条件和要求,保证对客户和出国工作人员的服务质量,以质取胜。保质是诚信的载体,是诚信要求的具体体现。

(3)薄利。所谓薄利,就是在科学分析经营成本的基础上,制定不高于国家规定、具有竞争优势的收费标准;就是通过奖励、补贴和救助等形式让利于出国工作人员;就是舍得在出国前培训和出国后境外服务管理上投入。

以笔者多年来的工作经历体会,如何挣钱,挣多少钱,大有学问。同样一笔生意,有的人能挣 10 元,他想尽一切办法挣 12 元;有的人老老实实没有别的想法,能挣 10 元,就挣 10 元;还有的人能挣 10 元,他只挣 8 元。结果会怎样呢?往往是挣了 12 元的,很难一直合作经营下去,因为别人也不傻,不会一直让他挣他不该挣的 2 元钱;挣 10 元是大多数人的选择,能够保持生意的一般延续;挣 8 元的,看似单笔利润较低,却在市场上赢得客户,经营规模稳步扩大,成为最后的赢家。需要指出的是,这种"薄利"模式,不是商业经营智慧,更不是同行业间的恶性竞争,是"让利于民",是经营公司积极履行社会责任的境界,是诚信理念的产物。

（4）重义。"义"的原意是公正合宜的道理、正义。在传统道德体系中，"义"是一个重要规范，仅次于诸德之纲的"仁"。儒家创始人孔子非常重视义，把义当成处理人际关系的基本原则。重义是诚信的灵魂。

重义，就是在经营活动中仗义做人，公道做事，讲商业道德，讲互利共赢；就是要有大局观念，有社会责任意识，不能以营利为唯一目的；就是要摆正利益关系，国家利益、出国工作人员利益、客户利益和经营公司利益的排序不能颠倒；就是把以人为本思想和人性化服务管理原则落实到国际人力资源合作的经营管理之中，把为境外雇主服好务、把实现出国工作人员"收益长远化，收获最大化"作为经营公司追求的目标。

二、社会责任意识

经营公司与社会的关系犹如鱼和水、植物与土壤。社会是公司赖以生存的基础，公司生于社会，长于社会，与社会共生共荣。公司是创造社会财富的主体，就必须为社会利益的增进贡献经济资源，使公司成为社会"公民"。公司利益与公司相关者的利益、社会进步的利益、社会和谐的利益、社会美好生活的利益同等重要。

经营公司社会责任意识是指公司为实现自身与社会的可持续发展，遵循法律、道德和商业伦理，自愿在运营过程中对利益相关方和自然环境负责，建立履行社会责任的长效机制，追求经济社会和环境的综合价值最大化的意识。经营公司社会责任按照公司自我选择的程度，可以划分为三个层次：必尽责任，指法律法规规定的必须承担的责任；应尽责任，指高于法律法规要求，利益相关方有明确的期望、有助于增强竞争力的、公司应承担的责任；愿尽责任，指法律法规没有明确规定，利益相关方没有明确期望，但有助于社会可持续发展的、公司自愿承担的责任。

2010 年 12 月发布的《中国对外承包工程行业社会责任指引》明确指出："社会责任是企业与其利益相关方实现共同发展的重要保障和路径选择。企业履行社会责任，将社会责任融入企业战略和日常管理，有利于提升企业长期盈利水平和持续发展能力，有利于维护员工和其他利益相关方的合法权益，有利于营造良好的外部经营环境，最终实现企业与社会、环境的共同、持续、和谐发展。"作为社会主义市场经济条件下属于政府特许经营的对外劳务合作经营公司，面对 21 世纪经济全球化和经济可持续发展的挑战，正视和积极实践经营公司社会责任,构建履行社会责任的长效机制,是经营公司进步发展的必然。

1. 以爱国主义作为倡导社会责任的思想基础

站在"国家兴亡,匹夫有责"的高度去认识经营公司的社会责任,树立为国家的富强、民族的兴旺增砖添瓦的责任感。经营公司作为社会公民,不仅要实践一般商业伦理和一般社会伦理,还必须实践美德伦理和高尚道德行为。首先,把爱国主义学习教育作为一项经常性活动,不断强化爱国主义思想意识。在爱国主义思想指导下,对员工进行公司和个人的社会责任教育,不断提高社会责任意识,积极参与社会的慈善捐助活动。其次,把爱国主义贯穿于公司经营活动之中,把履行社会责任有机地融入经营工作中;国家的利益高于一切,是公司经营的最高准则,不能以损害国家利益为代价去谋取公司利益。再次,特别要对出国工作人员进行爱国主义思想教育,教育他们到国外要为国家、民族增光添彩,不做有损国格、人格的事情。

2. 以诚信经营、守法经营作为承诺社会责任的根本原则

诚信经营不仅有利于商业活动的信誉和商业关系的稳定,有利于降低交易成本,而且有利于商业关系中信任的形成,有利于社会信任文化的形成。守法经营不仅仅包括遵守法律,还包括遵守文化道德规范、习惯、习俗等规则。经营公司跨国进行商业活动,既要遵守所在国法律,尊重所在国的文化宗教习惯和社会道德习俗,又要遵守国际商务规则和社会责任规则。

3. 以服务社会、回报社会作为践行社会责任的基本内容

经营公司的经营性质和市场定位决定了公司的发展目标、经营行为及应当承担的社会责任,经营公司而不能以营利为唯一目的。

国际人力资源合作事业为"三农"服务,是经营公司服务社会、回报社会的有效途径。把国际人力资源合作事业与帮困扶贫相结合,不能仅仅满足于"一人出国,全家脱贫",不能局限于对贫困家庭的救助或费用减免,应着眼于出国工作人员回国后的发展,为他们指引成长进步的路径,给他们学习、培训的帮助,鼓励和支持回国人员创办农业生产项目,让他们成为当地脱贫致富的示范者、带头人。

三、以质取胜方针

早在 20 世纪 90 年代,时任对外贸易经济合作部部长的吴仪同志就提出了"以质取胜"的方针。质量是企业立身之本,"以质取胜"是对外经济贸易合作企业的一项长期的发展战略。

国际人力资源合作属服务贸易,其质量体现在产品质量和服务质量两个方面。产品质量就是出国工作人员的质量,服务质量就是围绕国外雇主和出国工作人员的需求搞好服务与管理。贯彻"以质取胜"方针,就是以优良的产品质量和服务质量赢得国际人力资源,赢得客户市场,赢得公司发展。

根据"以质取胜"方针要求,经营公司强化管理,规范服务,最大限度地满足境外雇主与出国工作人员的期望和要求,维护出国工作人员的合法权益。

四、服务品牌战略

服务品牌战略是指将服务品牌作为经营公司核心竞争力,使经营公司在产品与服务日趋同质化的情况下,以彰显服务品牌优势创造差异化,以服务品牌较高的知名度、认知度、美誉度和忠诚度来占领市场。只有积极推动公司间的竞争从价格竞争逐渐向公司服务品牌间的竞争转化,把服务品牌战略作为公司发展战略的重要组成部分,经营公司才可能在今后的竞争中立于不败之地。

做服务品牌,是公司经营战略,是一项大工程、一篇长文章,是经营百年商号的必由之路。

(1)精心规划经营公司服务品牌发展战略。要看到品牌标志和品牌名称不仅仅是区分品牌的名称和符号,更是公司对外形象的体现。在服务品牌发展战略上,经营公司需要从品牌核心理念和品牌价值等方面做进一步探求,开展从商标图案的设计制作、申请注册,商标标识的宣传与应用,到公司形象的推广塑造、有关参评活动申报等各项具体工作,每一个环节、步骤甚至细节都应精心策划,认真实施。在此基础上,搞好商标的宣传、推介与培育,树立良好的商标形象,打造著名服务品牌。

(2)以质取胜,倾心塑造产品形象。贯彻质量方针和落实质量目标,通过严把选人关和培训学校的"精加工",通过细致到位、及时高效的境外服务管理,不断提升公司的产品质量和服务质量,提高客户的满意度,扩大产品的覆盖面。

（3）强化服务品牌意识，全面树立公司形象。公司形象是消费者对公司产品和行为的一种主观感觉，是对公司整体的认知与联想。良好的公司形象对消费者购买心理和行为产生直接的影响，树立良好的公司形象是制定市场营销战略不可或缺的要素。随着时代的变迁，客户已不再满足于高品质的产品，而更加强调品位和价值。因此，让客户从单纯的购买消费品向消费公司形象和公司文化转化，是今后国际人力资源合作市场的发展趋势。

业内不少知名公司对服务品牌的真知灼见，奠定了它们做强做大的基础。对服务品牌的认知程度决定着经营公司的工作力度，影响着经营公司发展的速度。首先，要清醒地认识到服务品牌是经营公司综合能力、全员素质的反映，涉及经营公司的市场认知度和影响力。其次，要敢于担当，凝聚心血。对每一项工作，都要认真对待，付出心血，投入热情。不要只看到投资少、见效快，还要承担起必要的公司责任和社会责任，否则，只能得到短期利益，却没有持久动力。再次，服务品牌是经营公司由自在阶段走向自为阶段的标志。服务品牌的根本出发点是服务，服务就是付出，付出财力、体力和精力，体现出良心，释放出善心。只有让出国工作人员满意，才能有满意的雇主客户，这是由自在阶段迈向自为阶段的关键一步。

（4）培育公司员工的品牌文化意识，为服务品牌提供深厚的思想文化支持。目前，中国的经营公司对服务品牌战略的认识还有待深入。培育公司员工的品牌文化意识，须先从改变其滞后的思想意识入手，从形式到内容，从感性到理性，从表面到深入，从高层领导到员工队伍，逐步建立服务品牌的价值理念。对于走出国门的国际人力资源合作经营公司来说，如何推进公司品牌文化建设，逐步形成具有中国特色的经营公司品牌文化，是当今一项十分重要的工作。

如果中国的经营公司都能够走服务品牌发展之路，不断创出中国国际人力资源的名牌和著名商标，必将大大提升中国进入国际人力资源市场工作者的整体素质，不断扩大中国人力资源在世界的影响力。

附录一

中华人民共和国国务院令
第 620 号

《对外劳务合作管理条例》已经 2012 年 5 月 16 日国务院第 203 次常务会议通过，现予公布，自 2012 年 8 月 1 日起施行。

总理　温家宝

二〇一二年六月四日

对外劳务合作管理条例

第一章　总　则

第一条　为了规范对外劳务合作，保障劳务人员的合法权益，促进对外劳务合作健康发展，制定本条例。

第二条　本条例所称对外劳务合作，是指组织劳务人员赴其他国家或者地区为国外的企业或者机构（以下统称国外雇主）工作的经营性活动。

国外的企业、机构或者个人不得在中国境内招收劳务人员赴国外工作。

第三条　国家鼓励和支持依法开展对外劳务合作，提高对外劳务合作水平，维护劳务人员的合法权益。

国务院有关部门制定和完善促进对外劳务合作发展的政策措施，建立健全对外劳务合作服务体系以及风险防范和处置机制。

第四条　国务院商务主管部门负责全国的对外劳务合作监督管理工作。国务院外交、公安、人力资源社会保障、交通运输、住房城乡建设、渔业、工商行政管理等有关部门在各自职责范围内,负责对外劳务合作监督管理的相关工作。

县级以上地方人民政府统一领导、组织、协调本行政区域的对外劳务合作监督管理工作。县级以上地方人民政府商务主管部门负责本行政区域的对外劳务合作监督管理工作,其他有关部门在各自职责范围内负责对外劳务合作监督管理的相关工作。

第二章　从事对外劳务合作的企业与劳务人员

第五条　从事对外劳务合作,应当按照省、自治区、直辖市人民政府的规定,经省级或者设区的市级人民政府商务主管部门批准,取得对外劳务合作经营资格。

第六条　申请对外劳务合作经营资格,应当具备下列条件:

(一)符合企业法人条件;

(二)实缴注册资本不低于600万元人民币;

(三)有3名以上熟悉对外劳务合作业务的管理人员;

(四)有健全的内部管理制度和突发事件应急处置制度;

(五)法定代表人没有故意犯罪记录。

第七条　申请对外劳务合作经营资格的企业,应当向所在地省级或者设区的市级人民政府商务主管部门(以下称负责审批的商务主管部门)提交其符合本条例第六条规定条件的证明材料。负责审批的商务主管部门应当自收到证明材料之日起20个工作日内进行审查,作出批准或者不予批准的决定。予以批准的,颁发对外劳务合作经营资格证书;不予批准的,书面通知申请人并说明理由。

申请人持对外劳务合作经营资格证书,依法向工商行政管理部门办理登记。

负责审批的商务主管部门应当将依法取得对外劳务合作经营资格证书并办理登记的企业(以下称对外劳务合作企业)名单报至国务院商务主管部门,国务院商务主管部门应当及时通报中国驻外使馆、领馆。

未依法取得对外劳务合作经营资格证书并办理登记,不得从事对外劳务合作。

第八条　对外劳务合作企业不得允许其他单位或者个人以本企业的名义

组织劳务人员赴国外工作。

任何单位和个人不得以商务、旅游、留学等名义组织劳务人员赴国外工作。

第九条 对外劳务合作企业应当自工商行政管理部门登记之日起5个工作日内,在负责审批的商务主管部门指定的银行开设专门账户,缴存不低于300万元人民币的对外劳务合作风险处置备用金(以下简称备用金)。备用金也可以通过向负责审批的商务主管部门提交等额银行保函的方式缴存。

负责审批的商务主管部门应当将缴存备用金的对外劳务合作企业名单向社会公布。

第十条 备用金用于支付对外劳务合作企业拒绝承担或者无力承担的下列费用:

(一)对外劳务合作企业违反国家规定收取,应当退还给劳务人员的服务费;

(二)依法或者按照约定应当由对外劳务合作企业向劳务人员支付的劳动报酬;

(三)依法赔偿劳务人员的损失所需费用;

(四)因发生突发事件,劳务人员回国或者接受紧急救助所需费用。

备用金使用后,对外劳务合作企业应当自使用之日起20个工作日内将备用金补足到原有数额。

备用金缴存、使用和监督管理的具体办法由国务院商务主管部门会同国务院财政部门制定。

第十一条 对外劳务合作企业不得组织劳务人员赴国外从事与赌博、色情活动相关的工作。

第十二条 对外劳务合作企业应当安排劳务人员接受赴国外工作所需的职业技能、安全防范知识、外语以及用工项目所在国家或者地区相关法律、宗教信仰、风俗习惯等知识的培训;未安排劳务人员接受培训的,不得组织劳务人员赴国外工作。

劳务人员应当接受培训,掌握赴国外工作所需的相关技能和知识,提高适应国外工作岗位要求以及安全防范的能力。

第十三条 对外劳务合作企业应当为劳务人员购买在国外工作期间的人身意外伤害保险。但是,对外劳务合作企业与国外雇主约定由国外雇主为劳务人员购买的除外。

第十四条　对外劳务合作企业应当为劳务人员办理出境手续,并协助办理劳务人员在国外的居留、工作许可等手续。

对外劳务合作企业组织劳务人员出境后,应当及时将有关情况向中国驻用工项目所在国使馆、领馆报告。

第十五条　对外劳务合作企业、劳务人员应当遵守用工项目所在国家或者地区的法律,尊重当地的宗教信仰、风俗习惯和文化传统。

对外劳务合作企业、劳务人员不得从事损害国家安全和国家利益的活动。

第十六条　对外劳务合作企业应当跟踪了解劳务人员在国外的工作、生活情况,协助解决劳务人员工作、生活中的困难和问题,及时向国外雇主反映劳务人员的合理要求。

对外劳务合作企业向同一国家或者地区派出的劳务人员数量超过100人的,应当安排随行管理人员,并将随行管理人员名单报中国驻用工项目所在国使馆、领馆备案。

第十七条　对外劳务合作企业应当制定突发事件应急预案。国外发生突发事件的,对外劳务合作企业应当及时、妥善处理,并立即向中国驻用工项目所在国使馆、领馆和国内有关部门报告。

第十八条　用工项目所在国家或者地区发生战争、暴乱、重大自然灾害等突发事件,中国政府作出相应避险安排的,对外劳务合作企业和劳务人员应当服从安排,予以配合。

第十九条　对外劳务合作企业停止开展对外劳务合作的,应当对其派出的尚在国外工作的劳务人员作出妥善安排,并将安排方案报负责审批的商务主管部门备案。负责审批的商务主管部门应当将安排方案报至国务院商务主管部门,国务院商务主管部门应当及时通报中国驻用工项目所在国使馆、领馆。

第二十条　劳务人员有权向商务主管部门和其他有关部门投诉对外劳务合作企业违反合同约定或者其他侵害劳务人员合法权益的行为。接受投诉的部门应当按照职责依法及时处理,并将处理情况向投诉人反馈。

第三章　与对外劳务合作有关的合同

第二十一条　对外劳务合作企业应当与国外雇主订立书面劳务合作合同;未与国外雇主订立书面劳务合作合同的,不得组织劳务人员赴国外工作。

劳务合作合同应当载明与劳务人员权益保障相关的下列事项:

（一）劳务人员的工作内容、工作地点、工作时间和休息休假；

（二）合同期限；

（三）劳务人员的劳动报酬及其支付方式；

（四）劳务人员社会保险费的缴纳；

（五）劳务人员的劳动条件、劳动保护、职业培训和职业危害防护；

（六）劳务人员的福利待遇和生活条件；

（七）劳务人员在国外居留、工作许可等手续的办理；

（八）劳务人员人身意外伤害保险的购买；

（九）因国外雇主原因解除与劳务人员的合同对劳务人员的经济补偿；

（十）发生突发事件对劳务人员的协助、救助；

（十一）违约责任。

第二十二条 对外劳务合作企业与国外雇主订立劳务合作合同，应当事先了解国外雇主和用工项目的情况以及用工项目所在国家或者地区的相关法律。

用工项目所在国家或者地区法律规定企业或者机构使用外籍劳务人员需经批准的，对外劳务合作企业只能与经批准的企业或者机构订立劳务合作合同。

对外劳务合作企业不得与国外的个人订立劳务合作合同。

第二十三条 除本条第二款规定的情形外，对外劳务合作企业应当与劳务人员订立书面服务合同；未与劳务人员订立书面服务合同的，不得组织劳务人员赴国外工作。服务合同应当载明劳务合作合同中与劳务人员权益保障相关的事项，以及服务项目、服务费及其收取方式、违约责任。

对外劳务合作企业组织与其建立劳动关系的劳务人员赴国外工作的，与劳务人员订立的劳动合同应当载明劳务合作合同中与劳务人员权益保障相关的事项；未与劳务人员订立劳动合同的，不得组织劳务人员赴国外工作。

第二十四条 对外劳务合作企业与劳务人员订立服务合同或者劳动合同时，应当将劳务合作合同中与劳务人员权益保障相关的事项以及劳务人员要求了解的其他情况如实告知劳务人员，并向劳务人员明确提示包括人身安全风险在内的赴国外工作的风险，不得向劳务人员隐瞒有关信息或者提供虚假信息。

对外劳务合作企业有权了解劳务人员与订立服务合同、劳动合同直接相关的个人基本情况，劳务人员应当如实说明。

第二十五条 对外劳务合作企业向与其订立服务合同的劳务人员收取

服务费,应当符合国务院价格主管部门会同国务院商务主管部门制定的有关规定。

对外劳务合作企业不得向与其订立劳动合同的劳务人员收取服务费。

对外劳务合作企业不得以任何名目向劳务人员收取押金或者要求劳务人员提供财产担保。

第二十六条 对外劳务合作企业应当自与劳务人员订立服务合同或者劳动合同之日起10个工作日内,将服务合同或者劳动合同、劳务合作合同副本以及劳务人员名单报负责审批的商务主管部门备案。负责审批的商务主管部门应当将用工项目、国外雇主的有关信息以及劳务人员名单报至国务院商务主管部门。

商务主管部门发现服务合同或者劳动合同、劳务合作合同未依照本条例规定载明必备事项的,应当要求对外劳务合作企业补正。

第二十七条 对外劳务合作企业应当负责协助劳务人员与国外雇主订立确定劳动关系的合同,并保证合同中有关劳务人员权益保障的条款与劳务合作合同相应条款的内容一致。

第二十八条 对外劳务合作企业、劳务人员应当信守合同,全面履行合同约定的各自的义务。

第二十九条 劳务人员在国外实际享有的权益不符合合同约定的,对外劳务合作企业应当协助劳务人员维护合法权益,要求国外雇主履行约定义务、赔偿损失;劳务人员未得到应有赔偿的,有权要求对外劳务合作企业承担相应的赔偿责任。对外劳务合作企业不协助劳务人员向国外雇主要求赔偿的,劳务人员可以直接向对外劳务合作企业要求赔偿。

劳务人员在国外实际享有的权益不符合用工项目所在国家或者地区法律规定的,对外劳务合作企业应当协助劳务人员维护合法权益,要求国外雇主履行法律规定的义务、赔偿损失。

因对外劳务合作企业隐瞒有关信息或者提供虚假信息等原因,导致劳务人员在国外实际享有的权益不符合合同约定的,对外劳务合作企业应当承担赔偿责任。

第四章 政府的服务和管理

第三十条 国务院商务主管部门会同国务院有关部门建立对外劳务合作

信息收集、通报制度,为对外劳务合作企业和劳务人员无偿提供信息服务。

第三十一条 国务院商务主管部门会同国务院有关部门建立对外劳务合作风险监测和评估机制,及时发布有关国家或者地区安全状况的评估结果,提供预警信息,指导对外劳务合作企业做好安全风险防范;有关国家或者地区安全状况难以保障劳务人员人身安全的,对外劳务合作企业不得组织劳务人员赴上述国家或者地区工作。

第三十二条 国务院商务主管部门会同国务院统计部门建立对外劳务合作统计制度,及时掌握并汇总、分析对外劳务合作发展情况。

第三十三条 国家财政对劳务人员培训给予必要的支持。

国务院商务主管部门会同国务院人力资源社会保障部门应当加强对劳务人员培训的指导和监督。

第三十四条 县级以上地方人民政府根据本地区开展对外劳务合作的实际情况,按照国务院商务主管部门会同国务院有关部门的规定,组织建立对外劳务合作服务平台(以下简称服务平台),为对外劳务合作企业和劳务人员无偿提供相关服务,鼓励、引导对外劳务合作企业通过服务平台招收劳务人员。

国务院商务主管部门会同国务院有关部门应当加强对服务平台运行的指导和监督。

第三十五条 中国驻外使馆、领馆为对外劳务合作企业了解国外雇主和用工项目的情况以及用工项目所在国家或者地区的法律提供必要的协助,依据职责维护对外劳务合作企业和劳务人员在国外的正当权益,发现违反本条例规定的行为及时通报国务院商务主管部门和有关省、自治区、直辖市人民政府。

劳务人员可以合法、有序地向中国驻外使馆、领馆反映相关诉求,不得干扰使馆、领馆正常工作秩序。

第三十六条 国务院有关部门、有关县级以上地方人民政府应当建立健全对外劳务合作突发事件预警、防范和应急处置机制,制定对外劳务合作突发事件应急预案。

对外劳务合作突发事件应急处置由组织劳务人员赴国外工作的单位或者个人所在地的省、自治区、直辖市人民政府负责,劳务人员户籍所在地的省、自治区、直辖市人民政府予以配合。

中国驻外使馆、领馆协助处置对外劳务合作突发事件。

第三十七条 国务院商务主管部门会同国务院有关部门建立对外劳务合

作不良信用记录和公告制度,公布对外劳务合作企业和国外雇主不履行合同约定、侵害劳务人员合法权益的行为,以及对对外劳务合作企业违法行为的处罚决定。

第三十八条 对违反本条例规定组织劳务人员赴国外工作,以及其他违反本条例规定的行为,任何单位和个人有权向商务、公安、工商行政管理等有关部门举报。接到举报的部门应当在职责范围内及时处理。

国务院商务主管部门会同国务院公安、工商行政管理等有关部门,建立健全相关管理制度,防范和制止非法组织劳务人员赴国外工作的行为。

第五章 法律责任

第三十九条 未依法取得对外劳务合作经营资格,从事对外劳务合作的,由商务主管部门提请工商行政管理部门依照《无照经营查处取缔办法》的规定查处取缔;构成犯罪的,依法追究刑事责任。

第四十条 对外劳务合作企业有下列情形之一的,由商务主管部门吊销其对外劳务合作经营资格证书,有违法所得的予以没收:

(一)以商务、旅游、留学等名义组织劳务人员赴国外工作;

(二)允许其他单位或者个人以本企业的名义组织劳务人员赴国外工作;

(三)组织劳务人员赴国外从事与赌博、色情活动相关的工作。

第四十一条 对外劳务合作企业未依照本条例规定缴存或者补足备用金的,由商务主管部门责令改正;拒不改正的,吊销其对外劳务合作经营资格证书。

第四十二条 对外劳务合作企业有下列情形之一的,由商务主管部门责令改正;拒不改正的,处5万元以上10万元以下的罚款,并对其主要负责人处1万元以上3万元以下的罚款:

(一)未安排劳务人员接受培训,组织劳务人员赴国外工作;

(二)未依照本条例规定为劳务人员购买在国外工作期间的人身意外伤害保险;

(三)未依照本条例规定安排随行管理人员。

第四十三条 对外劳务合作企业有下列情形之一的,由商务主管部门责令改正,处10万元以上20万元以下的罚款,并对其主要负责人处2万元以上5万元以下的罚款;在国外引起重大劳务纠纷、突发事件或者造成其他严重后果

的,吊销其对外劳务合作经营资格证书:

（一）未与国外雇主订立劳务合作合同,组织劳务人员赴国外工作;

（二）未依照本条例规定与劳务人员订立服务合同或者劳动合同,组织劳务人员赴国外工作;

（三）违反本条例规定,与未经批准的国外雇主或者与国外的个人订立劳务合作合同,组织劳务人员赴国外工作;

（四）与劳务人员订立服务合同或者劳动合同,隐瞒有关信息或者提供虚假信息;

（五）在国外发生突发事件时不及时处理;

（六）停止开展对外劳务合作,未对其派出的尚在国外工作的劳务人员作出安排。

有前款第四项规定情形,构成犯罪的,依法追究刑事责任。

第四十四条 对外劳务合作企业向与其订立服务合同的劳务人员收取服务费不符合国家有关规定,或者向劳务人员收取押金、要求劳务人员提供财产担保的,由价格主管部门依照有关价格的法律、行政法规的规定处罚。

对外劳务合作企业向与其订立劳动合同的劳务人员收取费用的,依照《中华人民共和国劳动合同法》的规定处罚。

第四十五条 对外劳务合作企业有下列情形之一的,由商务主管部门责令改正;拒不改正的,处 1 万元以上 2 万元以下的罚款,并对其主要负责人处 2 000 元以上 5 000 元以下的罚款:

（一）未将服务合同或者劳动合同、劳务合作合同副本以及劳务人员名单报商务主管部门备案;

（二）组织劳务人员出境后,未将有关情况向中国驻用工项目所在国使馆、领馆报告,或者未依照本条例规定将随行管理人员名单报负责审批的商务主管部门备案;

（三）未制定突发事件应急预案;

（四）停止开展对外劳务合作,未将其对劳务人员的安排方案报商务主管部门备案。

对外劳务合作企业拒不将服务合同或者劳动合同、劳务合作合同副本报商务主管部门备案,且合同未载明本条例规定的必备事项,或者在合同备案后拒不按照商务主管部门的要求补正合同必备事项的,依照本条例第四十三条的规定处罚。

第四十六条 商务主管部门、其他有关部门在查处违反本条例行为的过程中,发现违法行为涉嫌构成犯罪的,应当依法及时移送司法机关处理。

第四十七条 商务主管部门和其他有关部门的工作人员,在对外劳务合作监督管理工作中有下列行为之一的,依法给予处分;构成犯罪的,依法追究刑事责任:

(一)对不符合本条例规定条件的对外劳务合作经营资格申请予以批准;

(二)对外劳务合作企业不再具备本条例规定的条件而不撤销原批准;

(三)对违反本条例规定组织劳务人员赴国外工作以及其他违反本条例规定的行为不依法查处;

(四)其他滥用职权、玩忽职守、徇私舞弊,不依法履行监督管理职责的行为。

第六章 附 则

第四十八条 有关对外劳务合作的商会按照依法制定的章程开展活动,为成员提供服务,发挥自律作用。

第四十九条 对外承包工程项下外派人员赴国外工作的管理,依照《对外承包工程管理条例》以及国务院商务主管部门、国务院住房城乡建设主管部门的规定执行。

外派海员类(不含渔业船员)对外劳务合作的管理办法,由国务院交通运输主管部门根据《中华人民共和国船员条例》以及本条例的有关规定另行制定。

第五十条 组织劳务人员赴香港特别行政区、澳门特别行政区、台湾地区工作的,参照本条例的规定执行。

第五十一条 对外劳务合作企业组织劳务人员赴国务院商务主管部门会同国务院外交等有关部门确定的特定国家或者地区工作的,应当经国务院商务主管部门会同国务院有关部门批准。

第五十二条 本条例施行前按照国家有关规定经批准从事对外劳务合作的企业,不具备本条例规定条件的,应当在国务院商务主管部门规定的期限内达到本条例规定的条件;逾期达不到本条例规定条件的,不得继续从事对外劳务合作。

第五十三条 本条例自 2012 年 8 月 1 日起施行。

关于加快发展人力资源服务业的意见

人社部发〔2014〕104 号

各省、自治区、直辖市及新疆生产建设兵团人力资源社会保障厅(局)、发展改革委、财政(财务)厅(局),副省级市人力资源社会保障局、发展改革委、财政局:

为贯彻落实《国家中长期人才发展规划纲要(2010—2020 年)》(中发〔2010〕6 号)和《国务院关于加快发展生产性服务业促进产业结构调整升级的指导意见》(国发〔2014〕26 号)等文件的部署和要求,促进人力资源服务业持续健康发展,现提出如下意见。

一、重要意义

人力资源服务业是为劳动者就业和职业发展,为用人单位管理和开发人力资源提供相关服务的专门行业,主要包括人力资源招聘、职业指导、人力资源和社会保障事务代理、人力资源培训、人才测评、劳务派遣、高级人才寻访、人力资源外包、人力资源管理咨询、人力资源信息软件服务等多种业务形态。伴随着人力资源配置市场化改革进程,我国人力资源服务业从无到有,取得长足发展,多元化、多层次的人力资源服务体系初步形成。但总体看,规模偏小、实力不强、专业化程度不高、支撑保障能力不足,还难以有效满足产业结构调整升级的需要,以及经济社会发展对人力资源服务的需求,亟待加快发展。

人力资源服务业具有高技术含量、高人力资本、高成长性和辐射带动作用强等特点,关系各类劳动者就业创业和职业发展,关系企事业单位的人力资源管理和创新能力提升,是国家确定的生产性服务业重点领域。加快发展人力资源服务业,是优先开发与优化配置人力资源,建设人力资源强国的内在要求,是实现更加充分和更高质量就业的重要举措,对于推动经济发展方式向主要依靠科技进步、劳动者素质提高、管理创新转变具有重要意义。

二、总体要求

(一)指导思想

全面落实党的十八大和十八届三中、四中全会精神,以邓小平理论、"三个代表"重要思想、科学发展观为指导,深入贯彻习近平总书记系列重要讲话精神,按照党中央、国务院关于实施人才强国战略、就业优先战略和大力发展服务业的决策部署,紧紧围绕转变经济发展方式、实现产业结构优化升级对人力资源开发配置的需要,以产业引导、政策扶持和环境营造为重点,不断完善人力资源服务体系,提升人力资源开发配置水平,激发市场主体活力,为经济社会可持续发展提供强有力的人力资源支撑保障。

(二)基本原则

市场主导,需求引领。发挥市场在人力资源配置中的决定性作用和更好发挥政府作用,面向多样化、多层次人力资源服务需求,鼓励各类人力资源服务机构提供专业化、规范化、标准化优质高效的人力资源服务。

鼓励创新,提升服务。强化科技支撑,鼓励发展新兴服务业态,开发服务产品,拓展服务内容,创新服务方式,提升人力资源服务供给水平。

深化改革,增强活力。加快人力资源市场体制改革,处理好政府与市场的关系,增强行业发展的内生动力。

依法管理,规范发展。加大政策支持力度,加强宣传引导,坚持促进发展与规范管理两手抓,在鼓励发展的同时,保障市场规范运行。

(三)发展目标

到2020年,建立健全专业化、信息化、产业化、国际化的人力资源服务体系,实现公共服务充分保障,市场经营性服务逐步壮大,高端服务业务快速发展,服务社会就业创业与人力资源开发配置能力明显提升。

——规模逐步壮大。人力资源服务业结构更加合理,服务主体进一步多元化,各类业态发展协同性进一步增强,从业人员达到50万人,产业规模超过2万亿元。

——服务能力明显提升。人力资源服务市场化水平和国际竞争力大幅提升,服务产品日益丰富,服务质量显著提升,规模化、品牌化和网络化水平不断提高。

——发展环境不断优化。统一规范灵活的人力资源市场进一步健全,体制机制充满活力,政策法规体系、诚信服务体系、服务标准体系基本建立,监管机制规范高效。

三、重点任务

(一)发展各类人力资源服务机构。坚持政府引导、市场运作、科学规划、合理布局,构建多层次、多元化的人力资源服务机构集群,增加人力资源服务供给。支持通过兼并、收购、重组、联盟、融资等方式,重点培育一批有核心产品、成长性好、竞争力强的人力资源服务企业集团,发挥大型人力资源服务机构的综合性服务功能。鼓励发展有市场、有特色、有潜力的中小型专业人力资源服务机构,积极发展小型微型人力资源服务企业。到2020年,重点培育形成20家左右在全国具有示范引领作用的龙头企业和行业领军企业。

(二)增强人力资源服务创新能力。实施人力资源服务能力提升计划,推进人力资源服务领域的管理创新、服务创新和产品创新。鼓励人力资源服务企业设立研发机构,加强人力资源服务理论、商业模式、关键技术等方面的研发和应用,丰富服务渠道和服务模式。加强人力资源服务业信息化建设,鼓励运用云计算和大数据等技术,推动人力资源服务业务应用和移动互联网的进一步结合。培育服务需求,鼓励用人单位通过人力资源服务企业引进高端急需紧缺人才和购买专业化的人力资源服务。引导人力资源服务企业打破"大而全""小而全"的格局,细化专业分工,向价值链高端延伸,重点鼓励人力资源外包、高级人才寻访、人才测评、人力资源管理咨询等新兴业态快速发展。

(三)培育人力资源服务品牌。鼓励企业注册和使用自主人力资源服务商标,开展自主品牌建设,形成一批知名企业和著名品牌。支持人力资源服务企业参选本地区服务业重点企业名录。建立人力资源服务机构分类和评估指标体系,组织开展人力资源服务水平等级认证工作。举办人力资源服务供需对接、服务产品推介等活动,搭建人力资源服务品牌推广平台。

(四)推进人力资源服务业集聚发展。加强人力资源服务产业园的统筹规划和政策引导,依托重大项目和龙头企业,培育创新发展、符合市场需求的人力资源服务产业园,形成人力资源公共服务枢纽型基地和产业创新发展平台。加强园区建设,完善和落实产业园扶持政策,加大招商力度,充分发挥园区培育、孵化、展示、交易功能,促进人力资源服务业集聚发展和产业链延伸。加强园区管理,制定完善园区管理办法。重点在全国范围内建设一批有规模有影响,布局合理、功能完善的人力资源服务产业园。

（五）加强人力资源服务业人才队伍建设。加大人力资源服务业高层次人才的培养引进力度,将其纳入相关人才计划和人才引进项目,享受相关优惠政策。实施人力资源服务业领军人才培养计划,加强人力资源服务机构经营管理人员研修培训,依托著名高校、跨国公司,建立人力资源服务培训基地和实训基地,多层次、多渠道培养和引进人力资源服务业急需的高层次人才。开展人力资源服务业专业技术人员继续教育,纳入专业技术人才知识更新工程。完善人力资源服务业从业人员和相关服务领域的职业水平评价制度,加大职业培训力度,提高从业人员专业化、职业化水平,打造一支素质优良、结构合理的人力资源服务业人才队伍。

（六）加强人力资源服务业管理。依法实施人力资源服务行政许可,加强事中事后监管,将设立人力资源服务机构许可由工商登记前置审批改为后置审批,优化流程,提高效率。探索建立企业年度报告公示和经营异常名录等制度。深入推进人力资源服务机构诚信体系建设,健全诚信管理制度。加快人力资源服务标准化建设,建立健全包括基础术语、机构评价、服务规范、人员资质、服务技术在内的人力资源服务标准体系。鼓励各地和行业协会开展人力资源服务新兴业态标准的研究工作。建立人力资源市场信息共享和综合执法制度,充分利用信息跟踪、市场巡查、受理投诉举报等监管手段,加大监管力度。

（七）推进公共服务与经营性服务分离改革。深化人力资源市场体制改革,实现人力资源市场领域的管办分离、政企分开、事企分开、公共服务与经营性服务分离。推进政府所属公共就业和人才服务机构设立的人力资源服务企业脱钩,鼓励以委托经营、公司性改造、吸引社会资本等多种方式,推行产权制度改革,完善法人治理结构,真正成为自主经营实体,加快社会化、市场化改制步伐。对具有经营优势的,要注意保持服务品牌,鼓励其做大做强,发挥示范带动作用。

（八）夯实人力资源服务业发展基础。完善行业统计调查制度,逐步建立科学、统一、全面的人力资源服务业统计制度,建立覆盖各级的人力资源服务机构数据库,加强数据的分析与应用。定期发布人力资源服务业行业发展报告,引导行业发展。培育发展人力资源服务行业协会组织,充分发挥行业协会在行业代表、行业自律、行业协调等方面的功能。加强人力资源服务业的理论研究和宣传,扩大人力资源服务业的知名度、美誉度和社会影响力。

四、政策措施

(一)加大财政支持力度。研究通过中央财政服务业发展专项资金、国家服务业发展引导资金对人力资源服务业发展重点领域、薄弱环节和生产性服务业创新团队给予支持。有条件的地方也应通过现有资金渠道,加大对人力资源服务业发展的支持力度,并探索采取政府股权投入、建立产业基金等市场化方式,切实提高资金使用效率。

(二)落实税收优惠政策。加快推进营业税改征增值税改革,消除人力资源服务中间环节的重复征税问题。人力资源服务企业的总、分机构不在同一县(市),但在同一省(区、市)范围内的,经省财政、税务部门批准,可由总机构汇总申报缴纳增值税。符合离岸服务外包业务免税条件的人力资源服务企业,提供离岸服务外包业务免征增值税。在国务院批准的 21 个中国服务外包示范城市内的人力资源服务企业,符合现行税收政策规定的技术先进型服务企业条件的,经认定后,可按规定享受税收优惠政策。

(三)拓宽投融资渠道。鼓励符合条件的人力资源服务企业进入资本市场融资,支持符合条件的人力资源服务企业上市或发行集合信托以及公司债、企业债、集合债、中小企业私募债等公司信用类债券融资。进一步放宽人力资源服务业的市场准入,鼓励各类社会资本以独资、合资、收购、参股、联营等多种形式,进入人力资源服务领域,提高人力资源服务领域的社会资本参与程度。

(四)完善政府购买人力资源公共服务政策。各地要从实际出发,逐步将适合社会力量承担的人力资源服务交给社会力量。要稳步推进政府向社会力量购买人力资源服务,研究将人力资源服务纳入政府购买服务的指导目录,明确政府购买人力资源服务种类、性质和内容,并在总结经验的基础上及时进行动态调整。通过竞争择优的方式选择承接政府购买人力资源服务的社会力量,确保具备条件的社会力量平等参与竞争。要建立健全政府向社会力量购买人力资源服务各项制度,切实提高财政资金使用效率,加强监督检查和科学评估。

(五)扩大对外开放与交流。加强国际交流合作,稳步推进人力资源市场对外开放,积极构建公平稳定、透明高效、监管有力、与国际接轨的人力资源服务业外商投资管理体制。深入推进与香港、澳门、台湾地区的人力资源服务合作。鼓励有条件的本土人力资源服务机构"走出去",与国际知名人力资源服务机构开展合作,在境外设立分支机构,大力开拓国际市场,积极参与国际人才竞争与合作。

(六)健全法律法规体系。加快制定人力资源市场条例及配套规章,完善体现权利公平、机会公平、规则公平的人力资源市场法律法规体系。依法全面履行政府职能,着力打破人力资源市场中存在的地区封锁、市场分割等各种壁垒,纠正设置行政壁垒、分割市场、妨碍公平竞争的做法。鼓励各地按照建立统一规范灵活的人力资源市场要求,制定完善相关法规。建设专业化、职业化的高素质人力资源市场执法队伍,提升市场执法和监管水平。加大人力资源市场法律法规宣传力度,营造良好舆论氛围。

促进人力资源服务业发展是一项综合性工作,涉及面广,各地要加强人力资源服务业发展的组织领导,建立健全促进人力资源服务业发展的工作机制,协同配合,形成合力。要探索建立由政府分管领导牵头的工作协调机制,进一步加强人力资源服务业的统筹规划,及时研究解决人力资源服务业发展中的重大问题。要研究制定本地区推进人力资源服务业发展配套政策,将人力资源服务业发展纳入本地区服务业和人才工作综合考核评价体系,确保促进人力资源服务业发展的各项举措落到实处。

人力资源社会保障部　国家发展改革委　财政部

2014 年 12 月 25 日

附录三

国际劳工组织

国际劳工组织（International Labour Organization, ILO），成立于 1919 年，是一个处理劳工问题的专门机构，总部位于瑞士日内瓦，它的培训中心位于意大利都灵，秘书处被称为国际劳工局。它是根据 1919 年《凡尔赛和约》，并作为国际联盟的附属机构而成立的。1946 年 12 月 14 日，国际劳工组织成为联合国的一个专门机构，现在拥有 187 个成员国。官网：http://www.ilo.org。

一、组织概述

国际劳工组织的组织机构：

——国际劳工大会。国际劳工大会是国际劳工组织的最高权力机构，每年召开一次会议。闭会期间理事会指导该组织工作，国际劳工局是其常设秘书处。主要活动有从事国际劳工立法、制定公约和建议书、技术援助和技术合作。

——理事会。理事会是国际劳工组织的执行委员会，每三年经大会选举产生，在大会休会期间指导该组织工作，每年 3 月、6 月和 11 月各召开一次会议。

——国际劳工局。国际劳工局设在瑞士日内瓦。国际劳工组织是以国家为单位参加的国际组织，但在组织结构上实行独特的"三方性"原则，即参加各种会议和活动的成员国代表团由政府 2 人，工人、雇主代表各 1 人组成，三方都参加各类会议和机构，独立表决。

1. 宗旨

促进充分就业和提高生活水平；促进劳资合作；改善劳动条件；扩大社会保障；保证劳动者的职业安全与卫生；获得世界持久和平，建立和维护社会正义。

2. 原则

1944 年第 26 届国际劳工大会在美国费城通过的《关于国际劳工组织的目标和宗旨的宣言》(《费城宣言》),重申了国际劳工组织的基本原则:劳动者不是商品;言论自由和结社自由是不断进步的必要条件;任何地方的贫困对一切地方的繁荣构成威胁;反对贫困的斗争需要各国在国内以坚持不懈的精神进行,还需要国际社会做持续一致的努力。

《费城宣言》明确,全人类不分种族、信仰或性别,在自由、尊严、经济保障和机会均等的条件下谋求物质福利和精神发展,为实现此目标而创造条件应成为各国和国际政策的中心目标。国际劳工组织有义务按照此目标来检查和考虑国际间一切经济与财政政策和措施。

《费城宣言》通过后,作为《国际劳工组织章程》的附件,与《国际劳工组织章程》一起成为国际劳工组织开展活动的依据和指导性文件。

3. 职责

国际劳工组织是联合国的一个专门机构,旨在促进社会公正和国际公认的人权和劳工权益。它以公约和建议书的形式制定国际劳工标准,确定基本劳工权益的最低标准,其涵盖结社自由、组织权利、集体谈判、废除强迫劳动、机会和待遇平等以及其他规范整个工作领域工作条件的标准。

国际劳工组织主要在下列领域提供技术援助:职业培训和职业康复、就业政策、劳动行政管理、劳动法和产业关系、工作条件、管理发展、合作社、社会保障、劳动统计和职业安全卫生。它倡导独立的工人和雇主组织的发展并向这些组织提供培训和咨询服务。

二、历史沿革

——国际劳工组织是在 1919 年第一次世界大战结束后召开的和平大会上成立的,这次和平大会首先在巴黎举行,尔后又在凡尔赛举行。1919 年 4 月和平大会通过了《国际劳工组织章程》。

——创立国际劳工组织首先是出于人道的目的。工人对工作条件日益不能接受,大量的工人遭受剥削,雇主根本不考虑工人的身体、家庭生活和个人发展。《国际劳工组织章程》在序言中鲜明地反映了人们对这种情况的关注,指出"现有的劳动条件使很多人遭受不公正、苦难和贫困"。其次是出于政治目的。如果不改善工人的工作条件,那么,随着工业化进程的发展,工人的人数将不断增加，可能因此而造成社会不安定，甚至出现革命。序言指出，不公正"产生如此巨大的动荡，使世界和平与和谐遭受危害"。再次是出于经济目的。由于改善工作条件不可避免地对生产成本带来影响，任何进行社会改良的行业或国家可能会发现自己被置于竞争中不利的地位。序言指出："任何一国不实行合乎人道的劳动条件，会对愿改善本国条件的其他国家构成障碍。"

——第二次世界大战中期，来自41个国家的政府、雇主和工人代表出席了在费城召开的国际劳工大会。代表们通过了《费城宣言》，它作为《国际劳工组织章程》的附件，至今仍然是关于国际劳工组织宗旨和目标的宪章。国际劳工组织于1969年纪念其成立50周年之际，被授予诺贝尔和平奖。

——2012年10月，时任国际劳工组织副总干事（国际劳工局执行局长）的盖·莱德当选新任总干事。

——2019年5月8日，在瑞士日内瓦，联合国秘书长古特雷斯、国际劳工组织总干事盖·莱德等参加国际劳工组织成立100周年纪念活动。

三、主要活动

1. 举行国际劳工大会、理事会和召开各种产业和部门专业会议

2. 日常事务

（1）国际劳工立法：制定国际劳工公约和建议书供成员国批准实施。自成立至今的历届劳工大会已制定了188项公约和203项建议书。

（2）技术援助与技术合作：向成员国提供劳动领域的资金、技术和咨询援助与合作。

（3）研究和出版：开展劳动科学领域理论与实践的研究工作，出版散发各类有关期刊、专著和宣传材料。

四、国际劳工标准

1. 标准

国际劳工组织的一项重要活动是从事国际劳工立法，即制定国际劳工标准。国际劳工标准采用两种形式：国际劳工公约和国际劳工建议书。公约是国际条约，以出席国际劳工大会2/3以上代表表决通过的方式制定。此后，经成员国自主决定，可在任何时间履行批准手续，即对该国产生法律约束力，对不批准的国家则无约束力。建议书以同样方式制定，但无须批准，其作用是供成员国在有关领域制定国家政策和法律、法规时参考。在实践中，多采用在制定一

个公约的同时,另外制定一个同样名称但内容更为详尽具体的补充建议书的办法。

2. 分类

国际劳工标准按其内容可分为下列各类:

(1)基本劳工人权,指结社自由和集体谈判权,主要是指建立工会的自由、废除强迫劳动、实行集体谈判、劳动机会和待遇的平等、废除童工劳动。

(2)就业、社会政策、劳动管理、劳资关系、工作条件,包括工资、工时、职业安全卫生、社会保障(工伤赔偿、抚恤、失业保险)。

(3)针对特定人群和职业,包括妇女、童工和未成年工、老年工人、残疾人、移民工人、海员、渔民、码头工人等。

长期以来,国际劳工组织重视国际劳工标准的制定,促进成员国对国际劳工公约的批准实施,对维护各国工人和其他劳动者的基本权益起到了积极作用。进入 20 世纪 90 年代,国际劳工组织更采取了一系列措施推动对公约的批准进程。

由于历史原因,整个国际劳工标准体系主要以发达国家的社会经济发展水平和需要为基础。因此,尽管国际劳工组织称其为国际劳工最低标准,并标榜标准的普遍性和灵活性,但是广大发展中国家在公约的制定及批准实施方面仍有不少困难,与发达国家存在许多矛盾。特别是近年来,少数西方国家的工会组织和政府主张将各国执行劳工公约的状况与其国际贸易和市场准入相联系,在劳工组织中引起一片反对之声。

五、主要出版物

国际劳工组织的主要出版物有《国际劳工评论》(*International Labour Review*)、《正式公报》(*Official Bulletin*)、《劳工统计公报》(*Bulletin of Labor Statistics*)、《劳工统计年鉴》(*Year Book of Labor Statistics*)、《劳动世界》(*World of Work*)。以上刊物均用英语、法语、西班牙语出版,《劳动世界》有中文版。

六、国际劳工组织与中国的关系

中国是国际劳工组织的创始成员国,也是该组织的常任理事国。1971 年,中国恢复了在该组织的合法席位。1983 年以前,中国未参加该组织的活动。1983 年 6 月,中国派出由劳动人事部部长率领的代表团出席了第 69 届国际劳工大会,正式恢复了中国在国际劳工组织的活动。自1983年至今,中国每年均派代表团出席各种会议,并积极参与该组织在国际劳工立法和技术合作方面的活动。十几年来,中国与国际劳工组织的关系得到较大发展,开展了包括人员互访、考察、劳工组织派专家来华举办研讨会和讲习班、制定实施技术合作计划以及援助中国建立职业技术培训中心等各类活动。

中国批准的国际劳工公约涉及就业年龄、工资、工时与休息时间、海员劳动条件、男女同工同酬和残疾人就业等内容。1985年1月,国际劳工组织在中国设立派出机构——国际劳工组织北京局,负责与中国有关政府机关、工会组织、企业团体、学术单位等的联系,以及执行对中国的技术援助和合作项目。

参考文献

[1] 金钢. 中日技能实习生合作实务创新 [M]. 北京: 对外经济贸易大学出版社, 2013.

[2] 易发久. 不是不可能 [M]. 上海: 上海世界图书出版公司, 2002.

[3] 中国对外承包工程商会, 对外经济贸易大学. 中国对外劳务合作发展 40 年 1979—2018 [R]. 北京: 中国对外承包工程商会, 2018.

[4] 中华人民共和国商务部, 中国对外承包工程商会. 中国对外劳务合作发展报告 2018—2019 [R/OL]. (2020-05-11) [2020-06-10]. https://www. chinca. org/CICA/DROCEI/TP/20051109211311.

后　记

2013年3月,笔者出版了《中日技能实习生合作实务创新》一书,成为我国国际人力资源合作行业第一本业务专著,受到国家商务部主管国际劳务合作部门领导、行业商会中日研修生协力机构、日本国国际研修协力机构和业内同行的好评。山东省国际承包劳务商会主办的《山东外经》杂志分期刊登全书内容,亦产生较好社会效应。

七年来,世界经济格局与中国社会经济发生了巨大变化,在内外部形势的交相作用下,在2020年初的这场新冠肺炎疫情的沉重打击下,笔者作为行业内的一员,深感中国国际人力资源合作行业到了最危难时刻。面对行业发展前途与种种难题、痛点,笔者的思想被聚焦到一些事关行业生死存亡的重大问题上,引发浓厚地理论思考与业务模式设计推演的兴趣,深入地研判、思考,取得不少收获。有一些形成了笔者的理论观点,有一些浓缩成一篇篇论文,还有一些成为所在公司业务工作的方案、计划,或者是业务工作成果。

决定要写这样一本业务专著,与中国海洋大学出版社编辑邓志科先生有直接关系。邓编辑曾经为笔者担任过两本书的责任编辑,得到他很多具体指导。2019年4月底,笔者与邓编辑会面交谈时问能不能出版一本论文集。邓编辑回答说,出版论文集是可以的,但是按笔者具备的条件,出版一本业务专著更有价值和分量,专著也更系统。一句话让笔者明确了方向,于是决定写作此书。

为了实现写作本书的初衷,笔者以40多年从事对外贸易与国际经济合作领域工作积淀,25年领导国际人力资源合作公司经营实践,以及十几年担任国际劳务合作专家、中国国际劳务合作行业发展委员会委员的经验总结,作为搭建全书框架的基础资源,以笔者在全球五大洲50多个国家实地考察,到几百家境外有关机构、经营组织的访问接洽,高频度与境内外同业人士交流探讨中积累的大量第一手业务资讯与数据为素材,以东南亚、中东、欧洲、大洋洲、北美洲,尤其是"一带一路"沿线和中国内地等人力资源的需求和供给市场为目标,面向国际人力资源合作全产业链各业务环节,在深入考察了解、分析研究的基础上,较为全面地论述行业发展、业务经营的规律、特点、商业运营模式以及具体的工作方案和流程。

两位作者不到一年完成近 30 万字书稿,有两个意外因素。2019 年 4 月底的那次决定,计划是三年完成。然而,5 月上旬意外的机会来了。笔者出差南通时不慎崴脚导致两处骨裂,干不了别的,只好在家写书,一口气完成一半进度。转过年来,又遇到"史上最长"春节假期,加上业务停顿的空闲,又完成了剩下一半。想想挺有意思,骨裂、疫情损失很大,却又因此完成了一本书,也算是一种心理平衡。

在本书即将出版之际,深深地感谢所有为本书的写作提供帮助的各位领导和朋友;特别感谢中国管理科学研究院常务副院长兼学术委员会主任、研究员,我国著名知识经济研究专家、管理学专家,人民日报社理论部原副主任卢继传先生所给予的具体指导;深深地感恩 20 多年来给予笔者无私帮助指导的商务部、山东省商务厅、青岛市商务局和国家、省、市行业商协会。

在本书的体系安排和内容分布上,笔者尽力做到以理论为先导和依据,同时围绕创新发展这条主线,密切联系业内热点、难点和业务实际问题,以求达到思想、理论上较强的科学性和工作实务操作上较强的指导性。然而,受限于笔者水平,本书难免有错误、遗漏和不足之处,在此恳请领导、专家和业内同行批评指正,也十分期待各位朋友就关注的话题进行探讨交流。

作者联系方式:

邮箱:2418819045@qq.com,297342371@qq.com

QQ 号:2418819045,297342371(Jacky)

微信号:jg1752,jacky19850425

微信公众号:金津乐道

金　钢

2020 年 5 月 17 日于青岛